I0644472

Déchiffrements

DECIPHERMENTS

فك الشفرات

Dans la même collection :

Nessim Henry Henein, مار جرجس. نجع بصعيد مصر, 2022.

Anita Quiles, Bassem Gehad (eds), *Proceedings of the First International Conference on the Science of Ancient Egyptian Materials and Technologies (SAEMT)*, 2022.

Carine Juvin (éd.), *Gaston Wiet et les arts de l'Islam*, جاستون فييت والفن الإسلامي, 2021.

Michèle Broze, René Preys, *La porte d'Amon. Le deuxième pylône de Karnak I. Études et relevé épigraphique (Ka2Pyln nos 1-33)*, 2021.

Christophe Thiers, Charlie Labarta, Anaïs Tillier, *La chapelle-reposoir de barque de Philippe Arrhidée à Karnak*. I. *Relevé épigraphique* ; II. *Relevé photographique (Arrhidée, nos 1-209)*, 2020.

Laurent Coulon, Mélanie Cressent (éd.), الحفائر الفرنسية في مصر, 2020.

Laurent Coulon, Mélanie Cressent (éd.), *French Archaeology in Egypt: Research, Cooperation, Innovation*, 2020.

Laurent Coulon, Mélanie Cressent (éd.), *Archéologie française en Égypte*, 2019.

BIBLIOTHECA ALEXANDRINA
مكتبة الإسكندرية

مركز دراسات الخطوط
Writing & Scripts Center

Cet ouvrage a été réalisé grâce à la collaboration de la Bibliotheca Alexandrina.
Il accompagne l'exposition *Déchiffrements* présentée à Alexandrie à partir du 10 octobre 2022.

© Institut français d'archéologie orientale, Le Caire, 2022.
© Musée Champollion – Les Écritures du monde de Figeac, 2022.
Création graphique et mise en page : Michaël Kawiecki

DANGER LE PHOTOCOPILLAGE TUE LE LIVRE

Tous droits de traduction, d'adaptation et de reproduction par tous procédés, réservés pour tous pays. Toute reproduction ou représentation intégrale ou partielle, par quelque procédé que ce soit, des pages publiées dans le présent ouvrage, faite sans l'autorisation de l'éditeur, est illicite et constitue une contrefaçon. Seules sont autorisées, d'une part, les reproductions strictement réservées à l'usage privé du copiste et non destinées à une utilisation collective et, d'autre part, les courtes citations justifiées par le caractère scientifique ou d'information de l'œuvre dans laquelle elles sont incorporées (art. L. 122-4, L. 122-5 et L. 335-2 du code de la propriété intellectuelle).

FRANÇOISE BRIQUEL CHATONNET (ÉD.)
CÉLINE RAMIO (ÉD.)

Déchiffrements
DECIPHERMENTS
فك الشفرات

Traduction du français vers l'anglais : Colin Clement
Traduction arabe : Ahmed Mansour

Musée Champollion
FIGEAC Les Écritures du Monde

INSTITUT FRANÇAIS D'ARCHÉOLOGIE ORIENTALE
المعهد العلمي الفرنسي للآثار الشرقية

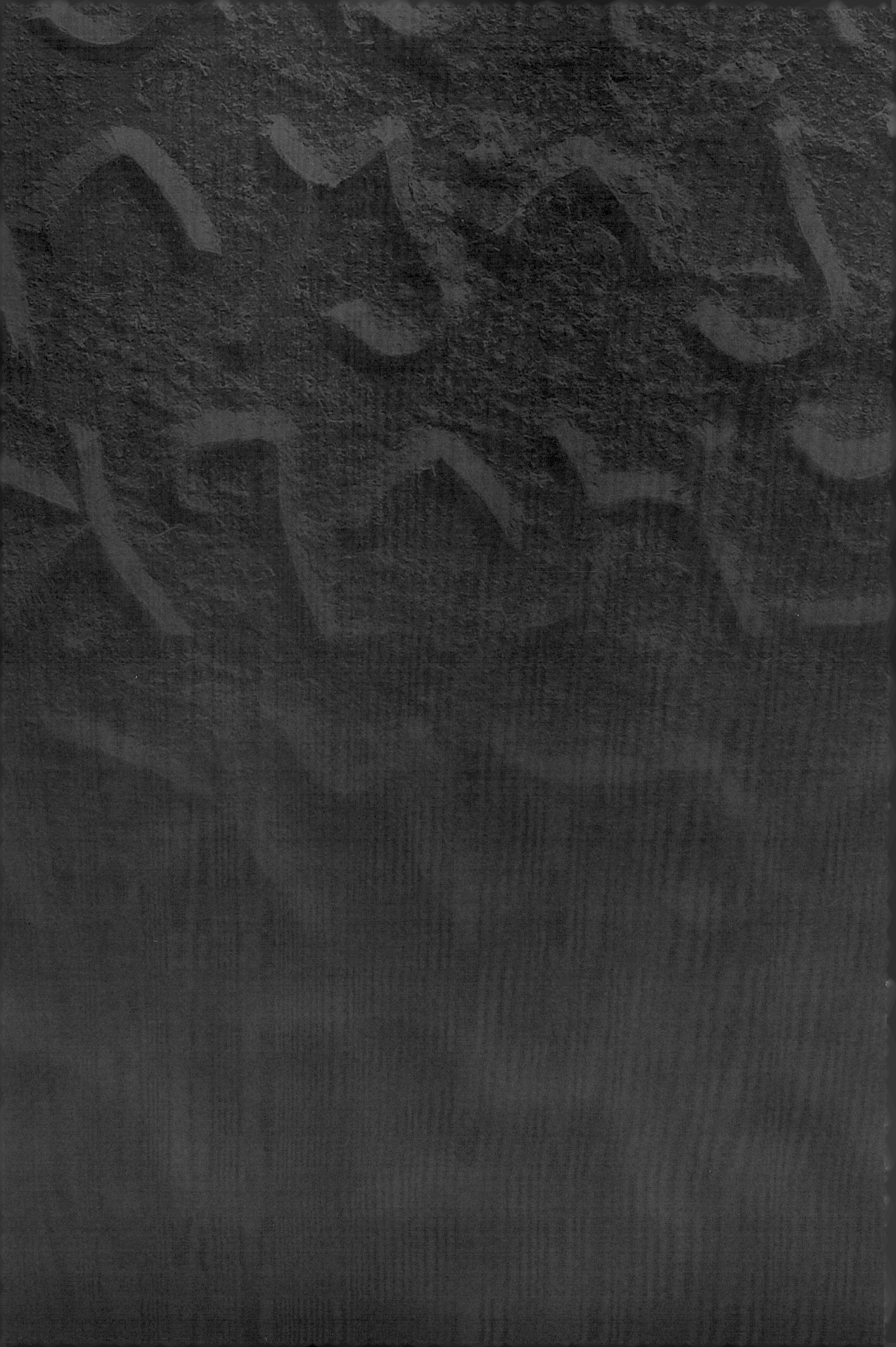

Sommaire

Summary

Édito

Edito

En cette année 2022, alors que le monde célèbre le bicentenaire du déchiffrement des hiéroglyphes par Jean-François Champollion, Figeac, sa ville natale, se devait de commémorer dignement les travaux du plus célèbre de ses enfants.

Ainsi, au Musée Champollion – Les Écritures du Monde, installé dans la maison natale de l'égyptologue et dédié à l'histoire des écritures, c'est à la démarche intellectuelle du chercheur que nous avons souhaité rendre hommage.

Comment ce fils de libraire, que rien ne prédestinait à un tel avenir a-t-il réussi là ou tant d'autres ont échoué ? Quelle méthodologie, quelles démarches, quels prérequis, sont-ils nécessaires pour percer le mystère d'une écriture inconnue ?

Autour de la figure centrale de Champollion, l'exposition *Déchiffrements*, invite le visiteur à se plonger dans la fabuleuse aventure de la recherche et de la découverte, sur les pas des plus grands déchiffreurs d'écriture.

Nous saluons une fois encore la générosité des prêteurs et le soutien renouvelé de l'État et du groupe La Poste qui permettent à notre ville de Figeac de présenter des œuvres exceptionnelles. Nous remercions aussi chaleureusement les auteurs de ce catalogue qui nous offrent la possibilité de percer le mystère des écritures.

Puisse cet ouvrage prolonger l'aventure de l'exposition et peut être susciter des vocations !

This year, 2002, as the world celebrates the bicentenary of the decipherment of hieroglyphs by Jean-François Champollion, Figeac, the town of his birth, is honoured to commemorate the work of its most famous son.

The Musée Champollion–Les Ecritures du Monde, established within the egyptologist's family home and dedicated to the history of writing, wishes to pay homage to the intellectual endeavours of the scholar.

How was it that this librarian's son, for whom such an adventure was far from preordained, managed to succeed where so many others had failed? What methodology, what thought processes, what preconditions were necessary to unveil the mysteries of this unknown script?

Around the central figure of Champollion, the exhibition *Decipherments* invites the visitor to dive into a fabulous adventure of research and discovery, following the steps of the greatest decipherers of writing.

We wish to acknowledge once more the generosity of those who have lent artefacts, as well as the support of the State and of La Poste Group, which has allowed our town of Figeac to present such exceptional works. We would also like to express our warmest thanks to the authors of this catalogue who have made it possible for us to see into the wonders of writing.

We hope that this work will add to the adventure of the exhibition and perhaps help others to find their vocation!

André Mellinger

Maire de Figeac
Mayor of Figeac

Buste de Jean-François Champollion

Bonabes de Rougé, 1863, Marbre, 64 x 35 cm
Figeac, Musée Champollion – Les Écritures du Monde
Inv. 92.5.1

Bust of Jean-François Champollion

Bonabes de Rougé, 1863, Marble, 64 x 35 cm
Figeac, Musée Champollion–Les Écritures du Monde
Inv. 92.5.1

Avant-propos

Foreword

La pratique de la communication non verbale remonte à l'aube de l'histoire de l'humanité. Dans l'Antiquité, les plus anciennes formes de communication humaine consistaient à parler ou à émettre des sons, à dessiner ou à peindre, à danser, à jouer la comédie et à utiliser des symboles. Les idées étaient transmises visuellement au moyen de représentations picturales d'êtres humains, de plantes ou d'objets. Puis l'invention de l'écriture intervient dans la seconde moitié du IVe millénaire avant notre ère en Égypte et en Mésopotamie, où le développement du commerce et l'urbanisation de ces sociétés créent de nouveaux besoins : listes d'inventaire, comptabilités, ou documents de propriété. Cette étape a représenté une véritable révolution dans l'histoire de l'humanité, car l'écriture est la principale technologie utilisée par l'homme pour collecter, exploiter, stocker, récupérer, communiquer et diffuser des informations.

Cependant, l'écriture et la langue de l'Égypte ancienne ont été vouées au silence lorsque l'empereur Justinien a ordonné la fermeture des temples de Philae entre 535 et 537 de notre ère ; dès lors, la langue de l'Égypte ancienne est devenue aphone, si l'on excepte sa survivance à travers le copte. Dès lors, la culture de l'Égypte ancienne est devenue mystérieuse et énigmatique pendant presque quinze siècles. Les érudits médiévaux arabes et européens de la Renaissance ont déployé de grands efforts pour découvrir la langue égyptienne ancienne.

The practice of using interactive non-verbal communication goes back to the dawn of human history. The oldest forms of human communication in ancient times included talking or making sounds, drawing or painting, dancing, acting, and using symbols. Ideas were transmitted visually in the form of symbols by means of pictorial representations of human beings, plants or objects. Then the invention of writing came in the second half of the IVth millennium BCE in Egypt and in Mesopotamia, where the development of commerce and the urbanization in these societies created new needs: inventory lists, accountant lists, or property documents. This stage represented a true revolution in the history of humanity, because writing is humankind's main technology for collecting, operating, storing, recovering, communicating and spreading information.

However, the writing and language of ancient Egypt turned into silence when the Emperor Justinian ordered the closure of the temples of Philae between 535–537 CE; henceforward the language of ancient Egypt became voiceless, except for its survival in Coptic. Consequently, the culture of ancient Egypt became mysterious and enigmatic for almost fifteen centuries. Indeed, medieval Arab as well as European Renaissance scholars expended great efforts to unlock the ancient Egyptian language.

Mais ce n'est qu'en 1822, lorsque Jean-François Champollion (1790 - 1832) a rendu publique sa méthode révolutionnaire pour lire les hiéroglyphes de l'Égypte ancienne sur la pierre de Rosette, que la voie fut ouverte à l'établissement moderne de l'égyptologie.

Il est certain que ces deux cents années si productives de l'égyptologie (1822-2022) constituent une période marquante de l'histoire de la culture. Au cours des deux derniers siècles, l'égyptologie a connu une importante évolution et s'est diffusée dans le monde entier. Cette célébration scientifique du bicentenaire du déchiffrement des hiéroglyphes de l'Égypte ancienne par Champollion en 1822 est une grande opportunité pour exprimer les liens de collaboration scientifique entre la Bibliotheca Alexandrina et l'Institut Français d'Archéologie Orientale au cours des dernières années sur plusieurs aspects : formations communes, conférences, publications et projets de recherche. Dans ce contexte, la Bibliotheca Alexandrina est honorée de collaborer avec l'IFAO et le Musée Champollion – Les écritures du monde (Figeac) pour célébrer le 200e anniversaire (1822-2022) du déchiffrement de la langue égyptienne ancienne. À cette occasion, la BA a entrepris, il y a deux ans, la traduction en arabe de plusieurs ouvrages liés à la langue égyptienne ancienne et à sa philologie. Par exemple, « Les Hiéroglyphes de Champollion : Philologie et conquête du monde » de Markus Messling et « Egyptian Hieroglyphs for Complete Beginners » de Bill Manley.

Finally, in 1822, when Jean- François Champollion (1790–1832) declared his revolutionary methodology to read the ancient Egyptian hieroglyphs on the Rosetta Stone, the way was paved for the modern establishment of Egyptology.

Certainly, these two hundred productive years of Egyptology (1822-2022) constitute a significant period in the history of culture. Over the past two centuries, Egyptology has witnessed the evolution and dissemination of its discipline throughout the world. This scientific celebration of the bicentenary of the decipherment of the ancient Egyptian hieroglyphs by Champollion in 1822 is a great opportunity to express the links of scientific collaboration between the Bibliotheca Alexandrina and the Institut Français d'Archéologie Orientale over the last few years on several aspects : mutual training courses, conferences, publications, and research projects. In this context, Bibliotheca Alexandrina is honored to collaborate with both IFAO and Musée Champollion – Les écritures du monde (Figeac) to celebrate the 200th anniversary (1822-2022) of the decipherment of the ancient Egyptian language. On this occasion, the BA undertook, two years ago, the translation of several books into Arabic that are related to the ancient Egyptian language and its philology. For example, "Les Hiéroglyphes de Champollion: Philologie et conquête du monde" authored by Markus Messling and "Egyptian Hieroglyphs for Complete Beginners" authored by Bill Manley.

De plus, afin de s'engager dans la transition numérique et préserver le patrimoine culturel de l'Egypte, la Bibliotheca Alexandrina a entrepris la préservation du Lexique de la Langue Egyptienne écrit par feu Ahmed Pasha Kamal (1851-1923), qui fut le fondateur de l'École Nationale d'égyptologie, le premier conservateur égyptien du Musée Egyptien du Caire et l'auteur du premier dictionnaire arabe de l'égyptien ancien. La numérisation, telle qu'elle est entreprise pour ce dictionnaire, est considérée comme l'un des outils les plus importants utilisés pour préserver les manuscrits rares, les publications et les documents importants qui peuvent être perdus ou endommagés avec le temps ou en raison d'échanges fréquents.

Enfin, le Centre de l'Écrit et des Écritures de la Bibliotheca Alexandrina a eu une action au long cours depuis 2004 pour la promotion et l'étude des inscriptions et des écritures du monde entier à travers les âges – de la période prédynastique jusqu'à l'ère numérique. L'idée d'établir le centre est venue du mur de granit de la BA qui est couvert de signes alphabétiques sculptés à la main et qui symbolisent la multitude des cultures du monde; les lettres ont été prises dans autant d'alphabets qu'il a été possible de trouver. Un total de 6000 mètres carrés de panneaux et 2400 tonnes de pierre ont été intégrés au bâtiment. Le centre s'efforce de se distinguer dans son domaine de spécialisation, en propageant l'intérêt pour l'histoire des écritures et leur développement, ainsi qu'en favorisant la préservation et la documentation numérique de l'histoire de l'écriture, qui est considérée comme la mémoire de l'humanité.

Moreover, in order to enter the digital age and preserve Egypt's cultural heritage, Bibliotheca Alexandrina is undertaking the preservation of the Lexique de la Langue Egyptienne authored by the late Ahmed Pasha Kamal (1851-1923), who was the Founder of the Egyptian National School of Egyptology, the first Egyptian curator of the Egyptian Museum in Cairo and the author of Egypt's first Ancient Egyptian Dictionary. Digitalization, as undertaken for this dictionary, is considered one of the most important tools used for preserving rare manuscripts, publications, and important documents that can be lost or damaged over time or due to frequent exchanges.

Finally, the Writing and Scripts Center in Bibliotheca Alexandrina has had a long journey since 2004 in promoting and studying and inscriptions and scripts from all over the world throughout the ages—from the pre-dynastic period to the digital age. The idea of establishing the center came from the BA granite wall which is covered with hand carved alphabetic signs that symbolize the world's multitude of cultures; the letters have been taken from as many alphabets as could be found. A total of 6000 square meters of stone paneling and 2400 tons of stone were mounted on the building. The Center strives to be unique and distinguished in the field of its specialization, spreading the interest in the history of writings and their development and the preservation and digital documentation of the history of writing, which is considered to be the memory of humanity.

Prof. Ahmed A. Zayed

Directeur de la Bibliotheca Alexandrina
Director, Bibliotheca Alexandrina

Préface

Foreword

L'égyptologie, dont nous célébrons en 2022 les deux cents ans, est une aventure scientifique qui, dès son origine, lie indissociablement la France et l'Égypte. Nourri des découvertes de l'expédition napoléonienne, en premier lieu la pierre de Rosette, le déchiffrement des hiéroglyphes auquel est parvenu Champollion lui a permis de « lire » le passé de l'Égypte sur les rives mêmes du Nil, lors du voyage qu'il y effectua en 1828-1829. L'entreprise scientifique franco-égyptienne se poursuivit au milieu du XIXe siècle avec Auguste Mariette, fondateur du Service des Antiquités et du Musée égyptien du Caire, puis, au moment de sa disparition, avec la création de l'Institut Français d'Archéologie Orientale du Caire, dont nous venons de fêter les 140 ans. La célébration du bicentenaire de ce déchiffrement ne pouvait dès lors que se concevoir qu'en miroir des deux côtés de la Méditerranée, ce qui a motivé l'initiative conjointe de l'Ifao, du Centre d'Études Alexandrines, de la Bibliotheca Alexandrina et du Musée Champollion de Figeac, ville natale de Champollion, de fêter à Alexandrie les deux siècles de la science égyptologique.

Egyptology, which in this year of 2022 is celebrating its 200th anniversary, is a scholarly adventure that has, from the very beginning, inseparably linked the countries of France and Egypt. Inspired and informed by the discoveries of Bonaparte's Expedition, including, first and foremost, the Rosetta Stone, Champollion's success in deciphering hieroglyphs allowed him to "read" Egypt's past along the very banks of the Nile as he travelled through the country in 1828-1829. The Franco-Egyptian scientific endeavour continued in the mid-19th century with Auguste Mariette, founding director of the Antiquities Service and the Egyptian Museum in Cairo, and then, on his death, with the creation of the Institut Français d'Archéologie Orientale (IFAO), which has just enjoyed its 140th year. Thus, the bicentennial of the decipherment of hieroglyphs could only be conceived of as an event mirrored on both sides of the Mediterranean. This motivated a joint initiative of the IFAO, the Centre d'Études Alexandrines, the Bibliotheca Alexandria and the Musée Champollion of Figeac, Champollion's birthplace, to celebrate two centuries of egyptology in Alexandria.

Dirigé par Françoise Briquel-Chatonnet et Céline Ramio, cet ouvrage est la déclinaison bilingue français-anglais, enrichie d'un long résumé en arabe, du catalogue de l'exposition *Déchiffrements* montée initialement à Figeac en juillet 2022 avant d'être adaptée à la Bibliotheca Alexandrina. La visée était d'élargir la perspective, au-delà du seul cas de l'écriture hiéroglyphique et de Champollion, aux autres entreprises de déchiffrements des écritures anciennes, abouties ou toujours en cours, et aux autres grandes figures de déchiffreurs. Les succès individuels de ces illustres savants ne se comprennent que dans le contexte de leur époque et cet ensemble permet de comparer les circonstances historiques, les méthodes et les obstacles qui accompagnent ces processus de recherche, qui, quand ils sont couronnés de succès, transforment radicalement les connaissances sur les civilisations concernées.

L'ouvrage montre également en quoi, plus de deux siècles après les premiers déchiffrements, et notamment ceux de l'abbé Barthélemy, les chercheurs actuels poursuivent inlassablement l'enquête sur les écritures, qu'elles soient déchiffrées ou non… ou plutôt « pas encore » ! Le colloque organisé à Alexandrie du 10 au 13 octobre 2022, en parallèle à l'exposition, s'intitule *Les hiéroglyphes au XXI*[e] *siècle*, signe que ce champ de recherches ouvert par le déchiffreur figeacois reste fécond et irrigué par les développements les plus récents dans le domaine des sciences humaines et des humanités numériques.

This publication, directed by Françoise Briquel-Chatonnet and Céline Ramio, is a French-English bilingual version, enhanced with a long summary in Arabic, of the catalogue that accompanied an exhibition entitled *Déchiffrements*, initially mounted at Figeac in July 2022 before being adapted for the Bibliotheca Alexandrina. The intention was to widen perspectives beyond the sole case of hieroglyphic writing and Champollion, and to encompass other endeavours in deciphering ancient scripts, whether accomplished or still underway, and other great decipherers. The individual achievements of these famous scholars can only be understood within the context of their eras, and these articles allow us to compare the historical circumstances, the methods and obstacles that accompanied each research process, which, when crowned with success, can radically transform our knowledge of the civilisations in question.

This book also shows how, more than 200 years after the first decipherments, most notably that of Abbé Barthélemy, present- day scholars are still tirelessly studying scripts whether deciphered or not. Or rather "not yet"! The conference held in Alexandria from 10 to 13 October 2022 in parallel with the exhibition and entitled Hieroglyphs in the 21st century is a sign that this field of research, which was opened by the son of Figeac, remains fertile and is nourished by some of the most recent developments in the world of social sciences and digital humanities.

Laurent Coulon

Directeur de l'IFAO
Director, IFAO

Portrait de Jean-François Champollion
Eugène Champollion
XIXe siècle, Gravure sur papier, 15 x 11,5 cm
Figeac, Musée Champollion – Les Écritures du Monde
Inv. 03.01.1

Portrait of Jean-François Champollion
Eugène Champollion
19th century, engraving on paper, 15 x 11.5 cm
Figeac, Musée Champollion–Les Écritures du Monde
Inv. 03.01.1

Les déchiffreurs d'écritures
The decipherers of scripts

Céline Ramio*

* Directrice du Musée Champollion
Les Écritures du Monde

* Director of the Musée Champollion
Les Écritures du Monde

L'année 2022 marque le bicentenaire du déchiffrement des hiéroglyphes par Jean-François Champollion. Par cette découverte, l'égyptologue figeacois ouvrait la voie à l'égyptologie. Si la réussite de Champollion fascine autant encore aujourd'hui, au-delà de l'intérêt que suscite l'Égypte ancienne, c'est surtout qu'il a pu comprendre une écriture oubliée de tous depuis des siècles. C'est aussi pour l'aura un peu mystique qui s'est développée autour de lui, en raison de son succès, de sa mort prématurée, de sa personnalité et de sa grande culture. Il est en ce sens la figure la plus emblématique de ceux que l'on peut nommer «les déchiffreurs». Mais il n'est pas le seul à avoir réussi l'exploit de déchiffrer une écriture oubliée. Ils sont nombreux ceux qui ont tenté de percer le mystère de ces écrits venant de cultures anciennes, et une poignée seulement à avoir mener à bien ces recherches. Encore aujourd'hui, des hommes et des femmes travaillent sur les écritures non déchiffrées car le déchiffrement d'une écriture oubliée est primordial pour l'étude des civilisations du passé. L'écrit ouvre la voie à la compréhension de leur histoire, de leurs croyances, de leurs modes de vie et de l'Histoire en général.

Mais comment aborder une écriture dont on a tout oublié, dont on ignore le système utilisé, la langue transcrite ? En étudiant de plus près les méthodes employées par les différents déchiffreurs d'écritures, il est intéressant de remarquer que, même si chaque déchiffrement apparaît comme une aventure en soi, on peut relever des éléments communs nécessaires à l'aboutissement de ces recherches.

This year, 2022, marks the bicentenary of the decipherment of hieroglyphics by Jean-François Champollion. Through his discovery, this son of Figeac opened the door to the modern discipline of egyptology. If Champollion's achievement still captures the imagination today it is because, beyond any fascination that Ancient Egypt exercises, he managed to understand a writing system that had been forgotten by all for centuries. There is also the somewhat mystical aura that surrounds him, engendered by his success, his premature death, his personality, and his great learning. He is, in this sense, the most emblematic of all those who might be called "the decipherers". But he is not the only person who has managed to decipher a forgotten script. Many have tried to pierce the mysteries of writing systems handed down by ancient cultures, but only a handful has been successful in their research. Still today men and women are working on undeciphered scripts because the comprehension of forgotten writing system is essential for the study of past civilisations. Their writing reveals their story, their beliefs, their ways of life, and history in general.

But how does one tackle a script about which all has been forgotten, when one does not know the system being used, not even the language transcribed? It is interesting to note through close study of the methods employed by the different decipherers that, while each act of decipherment appears as an adventure of its own, certain common elements are necessary for a successful conclusion.

Jean-François Champollion
Étude sur la pierre de Rosette
Volume imprimé
Figeac, Musée Champollion – Les Écritures du Monde
Dépôt de l'Imprimerie Nationale, Paris

Jean-François Champollion
Studies on the Rosetta Stone
Printed volume
Figeac, Musée Champollion – Les Écritures du Monde
Loaned by the Imprimerie Nationale, Paris

En tant que précurseur, l'abbé Barthélemy est très représentatif de la figure du déchiffreur. Homme savant, il maîtrisait parfaitement plusieurs écritures anciennes et contemporaines, ce qui lui permit de faire des comparaisons et des suppositions qui s'avèreront justes. Tous ont ainsi ce point commun d'être polyglottes. Ventris maitrisait six langues européennes ainsi que le latin et le grec ; Champollion avait étudié le latin, le grec, l'hébreu, le copte, l'amharique, le syriaque, le chaldéen, l'arabe, le persan et même le chinois ; Oppert connaissait l'hébreu, l'arabe et avait étudié le vieux perse, etc.

Tous ont également mis en place une méthodologie particulière pour aborder ces écrits et ont accepté de faire des suppositions au risque de se tromper. Le déchiffrement d'une écriture est ainsi avant tout le résultat d'une méthode rigoureuse, qui peut être propre à chacun, mais qui reprend généralement les mêmes bases.

Ainsi, aucun déchiffrement ne peut s'envisager sans le rassemblement d'un corpus le plus complet possible des textes disponibles. En effet, plus le nombre d'écrits de longueur suffisante sera important, plus les chances de réussir seront grandes. Cela permet d'avoir une vision plus représentative des signes employés et de leurs récurrences. Cela permet également de vérifier les propositions de déchiffrement.

Le « graal » étant de trouver une inscription bi- ou trilingue, même si cela n'est pas toujours suffisant et si, comme l'abbé Barthélemy put le vérifier, les traductions entre plusieurs textes ne sont pas toujours littérales.

Il est ensuite nécessaire de déterminer le système d'écriture. On estime généralement qu'une trentaine de signes employés représente un système alphabétique, qu'entre quarante et une centaine de signes on a plutôt affaire à un système syllabique et que plusieurs centaines de signes sont nécessaires à un système idéographique. C'est là que le corpus de textes est important car si l'on ne possède que peu d'inscriptions, on ne peut déterminer avec certitude la diversité des signes. Il ne faut pas oublier non plus que les écritures peuvent combiner plusieurs systèmes. C'est sur ce point-là notamment que les savants se sont heurtés longtemps pour déchiffrer les hiéroglyphes. C'est en comprenant que le système hiéroglyphique combinait à la fois des idéogrammes et des signes phonétiques que Champollion comprit la clé de la lecture de l'égyptien ancien.

As a forerunner, Jean-Jacques Barthélemy is a highly representative of the decipherer. An Enlightenment scholar, he had perfectly mastered several ancient and contemporary scripts, allowing him to make comparisons and develop suppositions that were to prove correct. All of the deciphers share the quality of being polyglot. Ventris knew six European languages as well as Latin and Greek; Champollion had studied Latin, Greek, Hebrew, Coptic, Amharic, Syriac, Chaldean, Arabic, Persian and even Chinese; Oppert knew Hebrew, Arabic and had studied Old Persian.

In addition, they all developed a particular methodology for approaching the scripts and accepted that assumptions that might be mistaken should be made. Deciphering unknown writing is thus, above all, the result of a rigorous method, which may be specific to each case, but is generally built upon similar foundations.

Moreover, no decipherment can be envisaged without gathering together the most complete possible corpus of available texts. Indeed, the larger the number of writings of sufficient length, the greater the chances of success. The corpus provides a more representative view of the signs that are used and of their recurrence. It also aids in the verification of proposed decipherments.

The "grail", of course, is to find a bi- or even trilingual inscription, even though this is not always sufficient and, as Barthélemy could affirm, translations across several texts are not always literal.

One must then determine the writing system. It is generally accepted that the use of about 30 signs represents an alphabetic system, between 40 and 100 signs means that one is likely dealing with a syllabic system, and that several hundreds of signs are required for an ideographic system. In this, the corpus of texts is important since, if one has merely a few inscriptions one cannot determine with any certainty the diversity of the signs. Moreover, one should not forget that scripts can combine more than one system. It was precisely this point that left scholars confounded for quite some time as they tried to decipher hieroglyphics. Champollion grasped the key to reading Ancient Egyptian once he understood that the hieroglyphic system combined both ideograms and phonetic signs.

Il faut également comprendre le sens d'écriture. Le contexte historique et/ou linguistique peut en ce sens donner des indications. On sait, par exemple, que les langues sémitiques s'écrivent généralement de droite à gauche. Il est cependant important de garder en tête qu'une écriture peut avoir plusieurs sens, horizontal ou vertical, de droite à gauche ou inversement et même combiner les deux dans un même texte, comme ce peut être le cas dans le grec ancien avec le boustrophédon, ou encore le boustrophédon inversé pour l'écriture rongorongo de l'île de Pâques.

Enfin, les chercheurs commencent généralement leur travail en repérant les séquences répétées qui peuvent représenter des formules, des noms propres ou des noms de lieux. C'est notamment là qu'une bi- ou trilingue peut être intéressante car elle donne un point de départ primordial. On pense ainsi au cartouche de la pierre de Rosette reprenant le nom de Ptolémée et traduit phonétiquement en hiéroglyphes qui sera l'un des maillons de la découverte de Champollion.

En définitive, il ne faut pas oublier non plus qu'un déchiffreur n'est jamais seul. Avant lui et en parallèle, d'autres chercheurs travaillent sur les mêmes sujets. Ventris aurait-il déchiffré le linéaire B si avant lui Alice Kober n'avait posé les bases en remarquant l'existence de variantes pour certains mots et supposé qu'il transcrivait une langue flexionnelle ? Et si Joseph de Guignes n'avait formulé une hypothèse erronée concernant le lien entre le chinois et les hiéroglyphes égyptiens, Champollion se serait-il intéressé au chinois et aurait-il ainsi pu remettre en cause l'unicité de la valeur d'un même signe ?

Le déchiffrement d'une écriture est ainsi le résultat de la somme de toutes les recherches menées conjointement par les déchiffreurs, de l'émulation aussi que la concurrence peut apporter, des erreurs, des fausses pistes et des intuitions géniales qui font avancer les idées.

The direction of the writing must also be discovered. The historical and/or linguistic context can provide clues. We know for example that Semitic languages are generally written from right to left. Nonetheless, it is important to bear in mind that a script may run in several directions, horizontal or vertical, from right to left or the other way round, and might even combine two within the same text, as was the case of Ancient Greek boustrophedon, and even the reverse boustrophedon of the rongorongo script from Easter Island.

Scholars would generally begin their work by isolating repeated sequences that might represent set formulas, the names of individuals or places. Here, the existence of a bi- or trilingual text can be interesting since it provides a basic starting point. One immediately thinks of the cartouche on the Rosetta Stone repeating the name of Ptolemy translated phonetically into hieroglyphs, which was a key element in Champollion's discoveries.

In the end, one should not forget that a decipherer is never alone. Other scholars have worked or are working at the same time on the same subject. Would Ventris have managed to decipher Linear B if Alice Kober had not already laid the foundations by noticing variants for certain words and supposing that the system transcribed an inflected language? And if Joseph de Guignes had not proposed the mistaken theory regarding links between Chinese and Egyptian hieroglyphs would Champollion have taken an interest in Chinese and then questioned the unique value of a single sign?

Deciphering a script is thus the result of all the research jointly conducted by the decipherers, involving all that emulation and competition can bring, with the errors, red herrings, and lucky guesses that push ideas along.

Fragment du Livre des morts de Nériou

Inscription en hiératique, Encre sur lin tissé
Figeac, Musée Champollion – Les Écritures du Monde

Fragment from the Book of the Dead of Neferiu

Hieratic script, ink on linen fabric
Figeac, Musée Champollion – Les Écritures du Monde

Jean-Jacques Barthélemy (1716-1795)

Par Zéphirin Belliard

Lithographie - XIXe siècle - 41,2 x 29,5 cm
Versailles, châteaux de Versailles et de Trianon
Inv. LP83.108.1

Jean-Jacques Barthélemy (1716-1795)

By Zéphirin Belliard

Lithograph - 19th century - 41.2 x 29.5 cm
Versailles, Châteaux de Versailles et de Trianon
Inv. LP83.108.1

L'abbé Barthélemy, auteur des premiers déchiffrements

Jean-Jacques Barthélemy and the first successful decipherment

Françoise Briquel-Chatonnet*

* Historienne, directrice de recherche au CNRS au laboratoire Orient et Méditerranée, spécialiste des manuscrits syriaques et de l'épigraphie sémitique, membre de l'Institut (Académie des Inscriptions et Belles Lettres).

* Historian, director of research at the CNRS Laboratoire Orient et Méditerranée, specialist in Syriac manuscripts and Semitic epigraphy, member of the Académie des Inscriptions et Belles Lettres.

Parmi les langues et les écritures utilisées dans l'Antiquité, certaines ont continué d'être lues et écrites, au moins dans le monde savant ou ecclésiastique, durant les siècles qui ont suivi leur abandon comme langue vivante et sont donc restées connues : c'est le cas bien sûr du latin ou du grec, mais aussi par exemple du copte, la langue liturgique des coptes, du syriaque pour les chrétiens de plusieurs Églises du Proche-Orient ou de l'hébreu pour les juifs. Toutes ces langues ont suscité un grand intérêt à la Renaissance et la plupart ont fait partie en France dès le XVIe siècle du programme d'enseignement du Collège royal, ancêtre du Collège de France.

D'autres langues ont été abandonnées, avec les écritures qui les notaient, non seulement parce qu'elles n'étaient plus parlées, mais aussi parce qu'elles ont été remplacées comme vecteur culturel et religieux. C'est le cas de l'akkadien, définitivement abandonné juste avant notre ère car supplanté par l'araméen et le grec, mais aussi de l'égyptien : l'édit de Théodose interdisant les cultes païens a fait disparaître un système graphique et une langue intimement liés à la religion égyptienne.

Some of the languages and writing systems that were used in antiquity continued to be written and read, at least within scholarly and ecclesiastical circles, during the centuries that followed their abandonment as a living language. Thus they were not lost. Such is clearly the case of Latin and of Greek, but also of Coptic, the liturgical language of the Copts, of Syriac for the Christians of several Near Eastern churches, and of Hebrew for the Jews. All of these languages received considerable attention during the Renaissance and, from the 16th century in France, most of them were included in the educational curriculum of the Collège Royal, precursor to the Collège de France.

Other languages were abandoned along with their written notation, not only because they were no longer spoken, but also because they had been replaced as a cultural and/or religious medium. Such was the case of Akkadian, which was definitively abandoned just before the Common Era, having been supplanted by Aramaic and Greek. Egyptian too was lost: the Edict of Thessalonica prohibited pagan cults and resulted in the disappearance of a language and writing system that were intimately linked to the Egyptian religion.

Dalle funéraire

Inscription en palmyrénien, calcaire
Musée du Louvre
Département des antiquités orientales

Funerary slab

Inscription in Palmyrene, limestone
The Louvre
Département des antiquités orientales

Parmi les langues notées en écriture alphabétique, le phénicien a cessé d'être employé en Orient au Ier siècle avant notre ère, au profit du grec et de l'araméen. Il a été écrit dans le monde punique au moins jusqu'au IIIe siècle et a sans doute été parlé plus longtemps puisque saint Augustin mentionne encore des fidèles à qui on doit s'adresser en cette langue. Mais son usage s'est perdu, comme celui de certains dialectes et certaines graphies de l'araméen, notamment à Palmyre dans les suites de la prise de la ville par Aurélien en 272. On pourrait citer aussi le nabatéen, ou les alphabets nord et sud-arabiques qui ont été remplacés par l'arabe. Les voyageurs qui allaient au Proche-Orient, en pèlerinage ou pour le commerce, découvraient des inscriptions mystérieuses, héritage du passé.

À partir du XVIIe et surtout du XVIIIe siècle, des érudits ont cherché à percer les mystères de ces écritures disparues, et particulièrement de l'égyptien et du phénicien. Pour ce dernier alphabet, Guillaume Postel, au milieu du XVIe siècle avait déjà noté sa ressemblance avec celui des Samaritains, qui était toujours en usage dans la communauté samaritaine, autour de Sichem. De fait l'alphabet samaritain est l'ultime vestige de l'alphabet hébreu de l'époque royale, qui est à l'origine le même que l'alphabet phénicien. C'est à partir de la déportation à Babylone que les Judéens ont adopté un alphabet araméen, d'où dérive l'alphabet hébreu « carré » actuel. Plusieurs érudits, dont Edouard Bernard et le P. de Montfaucon, se sont donc fondés sur l'alphabet samaritain pour interpréter le phénicien. Mais sur plus de mille ans et dans un espace qui s'étend à travers toute la Méditerranée et de l'Anatolie à l'Égypte, l'alphabet phénicien avait connu des évolutions différentes, dont ne pouvait rendre compte une écriture connue par des documents samaritains bien plus tardifs. Comme le note l'abbé Barthélemy dans son mémoire sur le phénicien, « Les lettres Phéniciennes ne sont pas essentiellement distinguées des Samaritaines ; mais la plupart ont, suivant la différence des pays et des temps, éprouvé tant de variations qu'on perd très souvent la trace de leur origine ». L'analyse de l'écriture par la comparaison des formes se révélait une impasse. De fait l'inscription bilingue de Malte sur laquelle le déchiffrement s'est finalement fondé avait été, à partir d'une mauvaise copie, et suivant ce principe de l'analogie des formes, interprété comme le récit d'une pêche de corail durant laquelle les Tyriens avaient été dérangés par des Lydiens, sur lesquels ils avaient remporté l'avantage.

Among the languages written in an alphabetic script, Phoenician stopped being used in the East in the 1st century BC in favour of Greek and Aramaic. It continued to be written within the Punic world at least until the 3rd century and was most probably spoken for even longer since Saint Augustine mentions churchgoers who used this language. It was eventually lost, as were certain dialects and writing systems of Aramaic, notably at Palmyra after the town was taken by Aurelian in 272. One should also note the case of Nabataean, when the North and South Arabian alphabets were replaced by Arabic. Travellers to the Middle East on pilgrimage or for trade would discover mysterious inscriptions, legacies of the past.

From the 16th century, but especially in the 17th, scholars sought to unlock the mysteries of these illegible writing systems, particularly Egyptian and Phoenician. As regards this latter, in the mid-16th century Guillaume Postel had already noted its resemblance to that of the Samaritans, which was still in use within the Samaritan community around Shechem. In fact, the Samaritan alphabet is the last vestige of the Paleo-Hebrew alphabet of the Royal Period, which was originally the same as the Phoenician. Following the Babylonian exile, the Judeans adopted the Aramaic script, from which the current "square" Hebrew alphabet is derived. Thus, several scholars, including Edward Bernard and Dom Bernard de Montfaucon, turned to the Samaritan alphabet in order to read Phoenician. However, the Phoenician alphabet had experienced multiple developments over the course of more than 1000 years and across an area stretching throughout the Mediterranean and from Anatolia to Egypt: a script known from much later Samaritan documents simply could not account for such evolutions. As Abbé Barthélémy noted in his work on Phoenician, "Phoenician letters are not essentially distinct from Samaritan; however, most of them have, according to differences of country and time, undergone so many variations that one very often loses trace of their origin". Script analysis based on form comparison proved to be a dead end. Indeed, on the principle of form analogy, and using a bad copy, the bilingual inscription from Malta, upon which the decipherment of Phoenician was eventually based, was interpreted as an account of coral fishing during which some Tyrians were disturbed by some Lydians whom they chased away.

C'est au XVIIIe siècle que les premiers déchiffrements d'écritures dont le sens était perdu furent menés à bien. Ils se situent dans l'ambiance scientifique du siècle des lumières et furent l'œuvre de l'abbé Jean-Jacques Barthélemy. Celui-ci procéda de manière entièrement différente et élabora une méthode, dont il expose les principes à la fin des deux publications où il rend compte de ses déchiffrements, et dont les principes ont servi de base à tous les déchiffrements ultérieurs.

Originaire d'Aubagne, Jean-Jacques Barthélemy est né à Cassis en 1716 et a étudié à Marseille. Il s'oriente d'abord vers l'Église et étudie au séminaire, où il apprend aussi l'hébreu et l'arabe, qu'il complète plus tard par le syriaque et le copte. Mais, se rendant compte que la prêtrise n'était pas sa voie, il change de projet et part en 1744 pour Paris, avec en poche une recommandation pour Claude Gros de Boze, garde du Cabinet du Roi et secrétaire de l'Académie des Inscriptions et Belles-Lettres. Celui-ci l'associe au classement et au catalogue des collections de médailles du Roi. Barthélemy lui succède dans cette fonction dix ans plus tard et se consacre jusqu'à la fin de sa vie au classement, à l'accroissement et à la publication de ces collections de monnaies, médailles et antiques du Cabinet du Roi, ancêtre de l'actuel Cabinet du même nom à la Bibliothèque nationale de France.

L'abbé Barthélemy est un érudit parfaitement représentatif de ce siècle des lumières. Il fut l'hôte assidu du salon de madame du Deffand, selon les modes de sociabilité intellectuelle de l'époque. Élu dès 1747 à l'Académie des Inscriptions et Belles Lettres, il fut surtout connu comme l'auteur du *Voyage du Jeune Anacharsis en Grèce*, un roman historique publié pour la première fois en 1788 reproduisant le récit de voyage imaginaire d'un jeune Thrace à travers la Grèce du IVe siècle avant J.-C. L'ouvrage, qui rassemblait tout ce que l'on savait alors de la Grèce et fournissait ainsi une initiation à la civilisation grecque, rencontra un immense succès et fut maintes fois réédité. Il lui valu d'être élu en 1789 à l'Académie française et d'être hautement considéré des révolutionnaires, fervents de culture classique. Il mourut en 1795.

La première écriture à laquelle il s'est intéressé est l'écriture palmyrénienne. Palmyre, au milieu du désert de Syrie, était un site mythique, mais dans les faits quasi inaccessible sans une forte escorte. Avant toute exploration, son écriture n'était connue que par quelques inscriptions laissées par des légionnaires palmyréniens en poste à travers l'empire, dont certaines étaient à Rome.

The first successful decipherment of scripts whose significance had been lost occurred during the 18th century against the backdrop of the scientific advances of the Enlightenment: this was the work of Abbé Jean-Jacques Barthélemy. He took an entirely different approach and developed a particular method, the principles of which he set out at the end of the two publications presenting his results: these principles served as a foundation for all further decipherment.

Barthélemy was born in Cassis in 1716, raised in Aubagne, and studied in Marseille. He was initially destined for the church and entered a seminary where he also learnt Hebrew and Arabic, to which he later added Syriac and Coptic. He eventually realised that the priesthood was not his calling and in 1744 he changed direction and headed for Paris, bearing a letter of introduction to Claude Gros de Boze, Keeper of the Royal Collections and Secretary of the Académie des Inscriptions et Belles-Lettres. Gros de Boze set him to work classifying and cataloguing the collections, and, ten years later, Barthélemy succeeded his mentor and devoted the rest of his life to the organisation, expansion and publication of the coins, medals and antiquities within the *Cabinet du Roi*, the ancestor of the collections of the same name currently held in the Bibliothèque Nationale de France.

Barthélemy was a perfect example of an Enlightenment scholar. In keeping with the contemporary trends of intellectual society he regularly attended the salon hosted by the Marquise du Deffand, and he was elected to the Académie des Inscriptions et Belles Lettres in 1747. Barthélemy was particularly well known as the author of *Travels of Anacharsis the Younger in Greece*, a historical novel first published in 1788 recounting the imaginary travels throughout 4th-century BC Greece of a young man from Thrace. The book encompassed everything that was then known about Ancient Greece and effectively provided an introduction to Greek civilisation. The work was a huge success and was reprinted on numerous occasions. It became instrumental in Barthélemy's election to the Académie Française

Barthélemy affirme le premier principe qui doit mener à un travail solide : disposer de copies fidèles des inscriptions.

C'est sur ce matériel là que quelques essais de déchiffrement avaient été tentés, parfois assez poétiques (*Tremuit senectus, vacillavit planta pedis…*, « la vieillesse a tremblé, la plante du pied a vacillé » pour une inscription en l'honneur d'un notable), mais sans fondement.

Plusieurs savants avaient supposé que la langue et l'écriture étaient des formes d'arabe. Barthélemy affirme le premier principe qui doit mener à un travail solide : disposer de copies fidèles des inscriptions. La publication en 1753 par les anglais Robert Wood et James Dawkins de leur ouvrage *Les Ruines de Palmyre, autrement dite Tedmor au désert*, écrit en français, fournit à Barthélemy le matériel dont il avait besoin. Cet ouvrage était le fruit d'un voyage en 1751 durant lequel les deux voyageurs avaient passé quinze jours à faire des relevés sur place parmi lesquels ceux de treize inscriptions dont huit bilingues en grec et palmyrénien, que l'on pouvait supposer avoir le même contenu. Dès 1754, Barthélemy publie dans les *Mémoires de littérature tirés des registres de l'Académie royale des Inscriptions et Belles Lettres*, puis dans un fascicule séparé, son premier déchiffrement intitulé « Réflexions sur l'Alphabet et sur la Langue dont on se servoit autrefois à Palmyre ». Avant même de donner la clé de lecture de ces inscriptions, il pose quelques principes :

- ne pas partir de la comparaison graphique avec d'autres alphabets voisins et surtout pas en mélangeant plusieurs alphabets, mais tâcher de se fonder sur des inscriptions bilingues.

- se fonder sur les anthroponymes, surtout s'ils sont répétés dans une inscription : on doit aussi les trouver répétés dans l'inscription que l'on tente de déchiffrer.

- tenir compte du fait que dans les alphabets orientaux, certaines lettres à valeur différente se ressemblent, comme en hébreu le B et le K, le D et le R.

- tenir compte également du fait que les alphabets orientaux (il connaissait l'hébreu, l'arabe et le syriaque) ne notent pas les voyelles.

Barthélemy laid down the first principle required for a solid result: have access to faithful copies of the inscriptions.

in 1789 and to the high regard in which he was held by the revolutionaries, who were passionate about classical culture. He died in 1795.

The first writing system that attracted Barthélemy's interest was that of Palmyra, an almost mythical city in the middle of the Syrian Desert and more or less inaccessible without a strong escort. Before exploration of the site, the writing was only known from a few inscriptions left by Palmyrene legionnaires posted around the Empire, some of which were at Rome.

A few attempts at deciphering this material had been made, with rather poetic results (*Tremuit senectus, vacillavit planta pedis...*, "Old age trembled, the sole of the foot faltered..." for an inscription in honour of a dignitary), but without any real basis.

Certain scholars supposed that the language and the writing were some form of Arabic. Barthélemy laid down the first principle required for a solid result: have access to faithful copies of the inscriptions. When Robert Wood and James Dawkins published a French edition of *The ruins of Palmyra, otherwise Tedmor in the desart* (sic) in 1753, Barthélemy had the material he needed. This book was the result of a journey in 1751 during which the two travellers had spent a fortnight surveying and drafting the ruins *in situ*, and it contained reproductions of 13 inscriptions, eight of which were bilingual, in Greek and Palmyrene, and could be supposed to hold the same content. In 1754 Barthélemy published his first decipherment under the title "Réflexions sur l'Alphabet et sur la Langue dont on se servoit autrefois à Palmyre" within a volume of the *Mémoires de littérature tirés des registres de l'Académie royale des Inscriptions et Belles Lettres*, and then in a separate monograph. Before even presenting the key for interpreting the inscriptions, he laid down certain principles:

- do not base the work on a graphic comparison of other similar alphabets and especially not by mixing several alphabets, but endeavour to build upon bilingual inscriptions.

- rely upon anthroponyms, especially if they are repeated in an inscription: one should also find them repeated in the inscription one is attempting to decipher.

- take into account the fact that in Eastern alphabets, certain letters of different value resemble each other, for example B and K, and D and R in Hebrew.

- also take into account the fact that Eastern alphabets [he knew Hebrew, Arabic and Syriac] do not note vowels.

Partant de ces principes, il analyse le début d'une inscription honorifique dont la version grecque commençait par ΣΕΠΤΙΜΙΟΝ ΟΥΟΡΩΔΗΝ ΤΟΝ ΚΡΑΤΙΣΤΟΝ ΕΠΙΤΡΟΠΟΝ, *Septimion Ouorôdèn ton kratiston epitropon*, c'est à dire « Septimius Worod, le très puissant procurateur ». Partant de l'hypothèse que l'inscription palmyrénienne commence par le même nom propre et que comme toute écriture alphabétique sémitique elle est écrite de droite à gauche, il essaie d'appliquer les consonnes correspondantes SPṬMYWS. De fait, la 7e lettre était la même que la première. Pour le deuxième mot, dont il note qu'il s'agit du nom propre perse *worod*, il propose la lecture WRWD et remarque que le W correspond bien à sa forme dans le premier mot et que les R et D sont semblables, comme ils le sont dans les autres alphabets comme l'hébreu ou le syriaque. Toutes ces remarques corroboraient donc son hypothèse. Pour le troisième mot, QRṬSṬS à part le Q, toutes les lettres avaient déjà été déchiffrées auparavant : on pouvait donc reconnaître une transcription du mot grec *kratiston*. Quant au 4e mot, 'PṬRP', il était évidemment l'équivalent d'*epitropon*, et l'abbé Barthélemy pouvait remarquer qu'il est transcrit de la même façon en syriaque. Ainsi, dès la première ligne, le savant avait fixé la valeur de dix lettres sur les vingt-deux de l'alphabet sémitique en usage à Palmyre. Les deux mots suivants donnant d'autres fonctions de *Septimius Worod* lui permirent de la même façon d'ajouter le N, le B et le G. Sa connaissance du syriaque lui permis de reconnaître le verbe 'QYM qui signifie « il a dressé, érigé », ce qui convenait bien pour la dédicace d'un monument et confirmait la lettre Q. Dans une autre inscription, le grec donnait le nom du père d'un personnage. Or « fils de » se dit *bar* en araméen : le savant avait ainsi la confirmation du déchiffrement du B et du R. Ainsi, de proche en proche a-t-il pu, en se fondant sur cette inscription et d'autres, reconnaître toutes les lettres de l'alphabet palmyrénien.

Cippe de Melqart

Inscription bilingue en grec et phénicien, marbre
Musée national d'archéologie, La Valette, Heritage Malta, Malte

Cippus of Melqart

Bilingual inscription in Greek and Phoenician, marble
National Museum of Archaeology, Valetta, Heritage Malta, Malta

Using these principles, he analysed the beginning of an honorific inscription: the Greek version started with ΣΕΠΤΙΜΙΟΝ ΟΥΟΡΩΔΗΝ ΤΟΝ ΚΡΑΤΙΣΤΟΝ ΕΠΙΤΡΟΠΟΝ, *Septimion Ouorôdèn ton kratiston epitropon*, which reads, "Septimius Worod, most powerful procurator". Based on the supposition that the Palmyrene inscription began with same personal name and that like all Semitic writing it was written from right to left, he tried to recognise consonants corresponding to SPṬMYWS. Indeed, the seventh letter was the same as the first. For the second word, which he noted was a Persian name, he proposed a reading of WRWD and remarked that the W corresponded with the same form in the first word, and that the R and the D were similar, as they are in other alphabets like Hebrew and Syriac. All of this effectively confirmed his theory. Looking at the third word, QRṬSṬS, all the letters apart from Q had already been deciphered, and one could thus recognise a transcription of the Greek word *kratiston*. As for the fourth word, ʾPṬRPʾ, it was clear that it was the equivalent of *epitropon*, and Barthélemy noted that it was transcribed in the same way in Syriac. Thus, from the very first line, he had established the value of ten letters out of the 22 in the Semitic alphabet used at Palmyra. The two subsequent words telling of Septimius Worod's other functions allowed him to discover the N, B and G in the same manner. His knowledge of Syriac meant that he could recognise the verb ʾQYM, meaning, "he raised, erected", which was appropriate for the dedication of a monument and confirmed the letter Q. The Greek version of another inscription gave the name of the father of an individual. Since "son of" is *bar* in Aramaic, Barthélemy thus managed to decipher the B and confirm the R. In such a manner, using this and other inscriptions, he was gradually able to recognise all the letters of the Palmyrene alphabet. As each new word was deciphered, it confirmed the theories developed from the preceding letters. He concluded that the Palmyrene alphabet consisted of 22 letters, that it was written from right to left, that the language was very close to Syriac, and that both were variants of Aramaic.

Chaque nouveau mot déchiffré venait confirmer les hypothèses faites sur les lettres précédentes. Il put ainsi conclure que l'alphabet palmyrénien comprend bien vingt-deux lettres, qu'il s'écrit de droite à gauche, que la langue est très proche du syriaque, et de fait ce sont deux variantes de la langue araméenne.

À la fin de son mémoire, l'auteur note que les inscriptions ne sont guère riches en contenu historique. Il espère que l'interprétation de l'alphabet permettra un jour de traduire une inscription d'intérêt majeur. Mais il affirme en même temps que l'interprétation du moindre monument, même mineur, est importante : « On ne sauroit prévoir les avantages que l'alphabet Palmyrénien procurera dans la suite. Comme une chaîne insensible unit tous les objets de la Littérature, ne pourroit-il pas conduire un jour à quelque découverte plus essentielle ? Mais quand même il seroit à jamais borné à l'éclaircissement de quelque inscription ou de quelque médaille, auroit-il fallu le négliger ? Au milieu des ténèbres répandues sur l'ancienne Littérature Orientale, n'avons-nous pas un rayon de lumière de plus & un mystère de moins ? C'est se tromper également que de mettre un trop grand prix, ou de n'en pas mettre assez, à des découvertes isolées en apparence. Ce grand tout historique, objet de nos travaux, ne sera jamais que le résultat d'une infinité de recherches & d'observations particulières ».

The author noted at the end of his article that the inscriptions held little historical content. He hoped that the discovery of the alphabet would one day lead to the translation of an inscription of major interest, but at the same time stated that even the interpretation of monuments of lesser significance was important. "One cannot foresee the advances that the Palmyrene alphabet may provide in the future. Just as an imperceptible chain unites all the objects of Literature, might it not one day lead to a more significant discovery? Nevertheless, even if it will merely serve to clarify this or that inscription or medal, should it be neglected? In the midst of the widespread obscurity that covers the Ancient Literature of the East, do we not have one more ray of light & one less mystery? We deceive ourselves equally by placing too great a value or not placing enough on seemingly isolated discoveries. The Great Whole of History, which is the object of our works, will never be other than the sum of an infinity of particular researches and observations."

Suite à ce premier déchiffrement, l'abbé Barthélemy s'attaque à plus difficile, l'alphabet phénicien. Dans les mêmes *Mémoires de littérature tirés des registres de l'Académie*, en 1758, il publie ses « Réflexions sur quelques monumens phéniciens et les alphabets qui en résultent ». Son travail est cette fois fondé sur deux types de documents. D'une part, il a pu étudier des monnaies phéniciennes conservées au Cabinet du Roi, qui portaient le nom de la cité émettrice à la fois en grec et en phénicien : il savait donc lesquelles étaient de Tyr et lesquelles de Sidon, et connaissait le nom des cités dans la Bible, Ṣor et Ṣidon, qui sur les monnaies étaient précédées de la préposition L « appartenant à ». Il avait donc ainsi reconnu la valeur de 5 signes, D, L, N, Ṣ et R et confirmé que cet alphabet aussi s'écrivait de droite à gauche.

De l'autre il a travaillé sur une inscription en double exemplaire, bilingue grecque et phénicienne, gravée sur deux cippes posés sur des bases moulurées qui avaient été découverts à Malte. Des copies de ces inscriptions avaient déjà été utilisées pour des essais de déchiffrement. Mais la piètre qualité des copies et le manque de méthode n'avaient pas permis de trouver la solution. L'abbé Barthélemy comprit la nécessité de disposer d'une copie fiable et, séjournant en Italie, il envisagea de pousser jusqu'à Malte. Mais il obtint, par l'intermédiaire du comte de Caylus, des moulages en plâtre sur lesquels il put se fonder.

Les deux versions de l'inscription étaient bien moins conformes l'une à l'autre que pour la bilingue palmyrénienne sur laquelle il avait établi son déchiffrement quatre ans plus tôt. Le texte phénicien se lit ainsi sur le cippe conservé à Malte :

1. L'DNN LMLQRT B'L ṢR 'Š NDR 'BDK
A notre Seigneur à Milqart, maître de Tyr ce qu'a voué (qu'ont voué) ton (tes ?) serviteur
2. 'BD'SR W'ḤY 'SRŠMR ŠN BN
'Abdosir et son (mon ?) frère Osirshamor les deux fils
3. 'SRŠMR BN 'BD'SR KŠM' QLM
de Osirshamor fils de 'Abdosir, car il a entendu leur voix
4. YBRKM
qu'il les bénisse.

After this first successful decipherment, Barthélemy tackled something more difficult: the Phoenician alphabet. In the same periodical – *Mémoires de littérature tirés des registres de l'Académie*, – he published in 1758 "Réflexions sur quelques monumens phéniciens et les alphabets qui en résultent". This time his work was based upon two types of document. On the one hand, he studied Phoenician coins held in the royal collections which bore the name in both Greek and Phoenician of the city that minted them. Thus, he knew which were from Tyre and which were from Sidon, and he knew the names of these cities from the Bible, Ṣor and Ṣidon, which were preceded on the coins by the preposition L "belonging to". So, he had recognised the value of five signs, D, L, N, Ṣ and R, and confirmed that this alphabet was also written from right to left. The other source was a bilingual, Greek and Phoenician, inscription in two examples engraved on a pair of *cippi* set upon sculpted bases that had been discovered on Malta. Attempts to decipher Phoenician had already used copies of these inscriptions but the poor quality of the copies and the lack of a rigorous method had led to failure. Barthélemy understood the necessity of having a reliable copy and whilst staying in Italy he proposed travelling on to Malta. However, he was able to obtain accurate plaster moulds through the good offices of the Comte de Caylus.

The two versions of the inscription were considerably less congruent than the bilingual Palmyrene example which he had used to establish the decipherment four years earlier. The Phoenician text on the *cippus* held in Malta read:

1. L'DNN LMLQRT B'L ṢR 'Š NDR 'BDK
To our lord Melqart, dedicated by
2. 'BD'SR W'ḤY 'SRŠMR ŠN BN
your servant Abd' Osir and his brother 'Osirshamar
3. 'SRŠMR BN 'BD'SR KŠM' QLM
both sons of 'Osirshamar, son of Abd' Osir, for he heard their voice,
4. YBRKM
may he bless them

Tandis que la version grecque est :

ΔΙΟΝΥΣΙΟΣ ΚΑΙ ΣΑΡΑΠΙΩΝ ΟΙ
Dionysios et Sarapion, les (fils de)
ΣΑΡΑΠΙΩΝΟΣ ΤΥΡΙΟΙ
Sarapion, Tyriens
ΗΡΑΚΛΕΙ ΑΡΧΗΓΕΤΕΙ
à Héraclès archégète.

L'ordre des éléments de la phrase n'est pas le même, le dieu dédicataire est en tête en phénicien, à la fin en grec, tandis que le nom des dédicants est en tête en grec, mais vient ensuite en phénicien, suivant en cela les habitudes propres à chaque langue. De plus, les noms propres aussi bien humains que divins ne sont pas simplement transcrits, mais adaptés au contexte grec : Milqart, dieu poliade de Tyr, est interprété en Héraclès, ce que notait déjà Hérodote au Ve siècle avant J.-C., disant qu'il avait visité à Tyr le temple de l'Héraclès tyrien. Quant aux deux frères, Osirshamor et 'Abdosir, qui portent en phénicien des noms théophores formés sur celui du dieu Osiris, ils ont adopté dans le monde grec des noms propres plus familiers au public hellénophone, même s'ils gardent une saveur en lien avec l'Égypte : Dionysios était considéré comme l'interprétation grecque d'Osiris et Sarapis est une divinité dont le nom combine celui d'Osiris et celui du dieu Apis et dont le culte a été fondé par la dynastie lagide qui régna en Égypte à la suite de la conquête d'Alexandre. Barthélemy connaissait le nom phénicien du dieu de Tyr, qui était transmis par Eusèbe de Césarée. Il reconnut le nom de Tyr, déjà noté sur les monnaies. Enfin, il remarqua les syntagmes répétés des noms des dédicants et de leur père et grand-père. Il sait que le mot « fils de », en phénicien probablement comme en hébreu, se dit BN. A partir de là, il traduit l'inscription phénicienne et interprète aussi toute une collection de monnaies ainsi que quelques inscriptions qui avaient été trouvées à Chypre par l'Anglais Pococke.

Il reste deux erreurs dans son déchiffrement, la lettre Š qu'il n'a pas reconnue et qu'il a interprétée comme un H. Celle-ci n'est pas attestée dans l'inscription, pas plus que le G. Il n'a donc reconnu que dix-neuf lettres sur les vingt-deux de l'alphabet phénicien et c'est notamment W. Gesenius, quelque quatre-vingts ans plus tard, qui achève le déchiffrement. Mais le pas décisif était accompli et le phénicien pouvait être lu, et reconnu comme très proche de l'hébreu.

Whereas the Greek version read:

ΔΙΟΝΥΣΙΟΣ ΚΑΙ ΣΑΡΑΠΙΩΝ ΟΙ
Dionysios and Sarapion, the (sons of)
ΣΑΡΑΠΙΩΝΟΣ ΤΥΡΙΟΙ
Sarapion, Tyrenes
ΗΡΑΚΛΕΙ ΑΡΧΗΓΕΤΕΙ
to Heracles the founder.

The order of the elements in the sentence is not the same: the dedicatory deity is mentioned first in Phoenician but last in Greek, while the names of those dedicating the object come first in Greek but second in Phoenician, which in fact reflects the standard usages of the two languages. Moreover, the names, both human and divine, are not simply transcribed but are adapted into a Greek context: Melqart, the tutelary god of Tyre, is interpreted as Heracles, as Herodotus had already noted in the 5th century BC, stating that when in that city he had visited the temple of Tyrian Heracles. As for the two brothers 'Abdosir and Osirshamor, who bear theophoric names based upon Osiris in Phoenician, in translation they are given names that would be more familiar to Greek speakers, even if they retain an Egyptian flavour: Dionysos was considered to be the Greek interpretation of Osiris, and Serapis was a divinity whose name combined those of Osiris and the god Apis, and whose cult was founded by the Ptolemaic Dynasty that ruled Egypt after the conquests of Alexander. Barthélemy knew the Phoenician name of the god of Tyre since it had been passed down by Eusebius of Caesarea. He recognised the name of Tyre, already mentioned on the coins, and he will have remarked the repeated syntagmata of the names of the dedicants and their father and grandfather. He knew that the word for "son of" was most probably the same in Phoenician as Hebrew: BN. From this he translated the Phoenician inscription and also deciphered a whole collection of coins, as well as some other inscriptions that had been found on Cyprus by the British traveller Richard Pococke.

There were two mistakes in his decipherment: he did not recognise the letter Š and he interpreted it as an H. It, along with the G, does not appear in the inscription. Thus he only recognised 19 letters out of the 22 in the Phoenician alphabet and it was Wilhelm Gesenius some 80 years later who completed the decipherment. Nonetheless, a decisive step forward had been taken and Phoenician could be read and understood as being very close to Hebrew.

Dès 1752, dans un article du *Recueil d'antiquités égyptiennes, étrusques, grecques et romaines du Comte de Caylus*, dont il était en fait, l'auteur, il avait affirmé : « Pour retrouver l'alphabet d'une langue qu'on ne parle plus, il faut savoir au moins que cette langue a bien des rapports avec quelqu'une de celles que l'on connaît. Comment pourrait-on autrement faire des analyses et des combinaisons ? Comment fixer la quantité de lettres qu'on doit réunir pour en composer un mot ? ». Dans les mémoires consacrés à ses déchiffrements il insiste sur la nécessité de se fonder sur des textes bilingues, de disposer de copies fiables, de repérer les noms propres et il termine son mémoire sur le phénicien en insistant sur la nécessité de se fonder sur le copte pour un jour déchiffrer l'égyptien. Il avait ainsi largement ouvert la voie à Champollion.

In 1752, in an article that appeared in the *Recueil d'antiquités égyptiennes, étrusques, grecques et romaines of the Comte de Caylus*, of which he was in fact the author, Barthélemy stated, "In order to rediscover the alphabet of a language that is no longer spoken one must at least know that the language in question has a relationship with one of those that is known. How could one otherwise establish analyses and combinations? How could one establish the number of letters required to compose a word?" In the articles dedicated to his decipherment he insisted on the need to work upon bilingual texts, to have access to reliable copies, to recognise personal names, and he ended his monograph on Phoenician by stressing the necessity of examining Coptic in order, one day, to decipher Egyptian. In so doing, he opened the way for Champollion.

Barthélemy termine son mémoire sur le phénicien en insistant sur la nécessité de se fonder sur le copte pour un jour déchiffrer l'égyptien. Il avait ainsi largement ouvert la voie à Champollion.

Barthélemy ended his monograph on Phoenician by stressing the necessity of examining Coptic in order, one day, to decipher Egyptian. In so doing, he opened the way for Champollion.

Mort et résurrection de l'écriture hiéroglyphique

The death and resurrection of hieroglyphic writing

Dominique Farout*

* Egyptologue, chargé de cours à l'École du Louvre et chercheur associé au musée du Louvre

* Egyptologist, lecturer at the École du Louvre, and associate researcher, The Louvre

En 391, l'empereur Théodose décrète que l'Empire romain est chrétien et que les temples païens doivent fermer. C'est le dernier acte de la lente agonie de l'écriture pharaonique qui accompagne celle du paganisme. L'extrême sud de l'Égypte résiste encore quelque temps. Sur les parois du temple d'Isis à Philae, les derniers hiéroglyphes datent de 394 et la dernière inscription démotique de 452 ; à la fin du ve siècle, tout est fini, perdu, oublié pour toujours. Pourtant, nombreux sont les auteurs grecs et latins qui y ont porté de l'intérêt, mais leurs explications sont loin d'être suffisantes, ni claires, lorsqu'elles ne sont pas fantaisistes. Cependant, la langue égyptienne persiste, véhiculée par l'alphabet grec allongé de quelques signes démotiques. Elle résiste à l'arabe, parlé et écrit par les envahisseurs musulmans qui désignent les indigènes comme « qubti » (قبطي), transcription du nom grec *Aigytioi* (Aἰγύπτιοι) qui qualifie les habitants de la vallée du Nil, les « Coptes ». Lorsque l'arabe finit par la remplacer au cours du XIVe siècle, elle persiste comme langue d'Église, encore utilisée de nos jours. De ce fait, comme Seth avec Osiris, le christianisme tueur de l'écriture pharaonique sera le vecteur de sa résurrection. « Coptes » finit par qualifier uniquement les chrétiens d'Égypte. C'est le cas aujourd'hui.

In 391 Emperor Theodosius decreed that the Roman Empire was Christian. It was the final act in the slow death of Pharaonic writing that would accompany the end of paganism. The extreme south of Egypt resisted for a short time: the last hieroglyphs, written on the walls of the temple to Isis at Philae, date to 394, and the last inscription in Demotic was in 452. By the end of the 5th century it was all over, lost, forgotten forever. Nevertheless, many Greek and Latin writers expressed an interest, but their explanations were far from adequate or enlightening and often simply fanciful. Meanwhile, the Egyptian language survived, conveyed by the Greek alphabet with the addition of a few Demotic signs. It withstood the written and spoken Arabic of the Muslim invaders, who called the locals "qubti" (قبطي), a transcription of the Greek word *Aigytioi* (Aἰγύπτιοι), which designated the inhabitants of the Nile Valley, the "Copts". When Arabic finally replaced the native language during the 14th century, it lived on as a language of the Church, still used to this day. In this way, just like Seth with Osiris, Christianity, the killer of Pharaonic writing, would be the means of its resurrection. The word "Copt" would end up referring solely to the Christians of Egypt, as is still the case.

Statue cube de Harsomtouemhat

Inscription en hiéroglyphes égyptiens
Basalte, Musée national d'archéologie, Madrid

Block statue of Harsomtusemhat

Inscription in Egyptian hieroglyphs
Basalt, National Archaeological Museum, Madrid

Certains savants arabes s'intéressent aux hiéroglyphes, par le biais de la tradition hermétique — des écrits attribués à Hermès trismégiste, transcription grecque du dieu du savoir égyptien Thot trois fois grand. De fait, leurs interprétations des signes pharaoniques n'ont aucun rapport avec leur sens originel. Cette science ésotérique porte un nom dérivé de la racine égyptienne *km*, « être complet, riche, parfait », qui donne *Km.t*, « Égypte », en copte *kémé* (ⲕⲏⲙⲉ), *ḫémi* (ϫⲏⲙⲓ), et aussi *kmy.t*, « La Somme (du savoir) », un ouvrage qui exprime les connaissances indispensables au scribe de qualité. L'arabe *al-kimiya*, (الكمية) , *al-ḫimiya* (الخمية), notre « alchimie », la science pharaonique transmise par Hermès trismégiste, contenue dans ses livres ésotériques, est donc qualifiée à la fois comme « l'égyptienne » et « la somme (du savoir) », « l'encyclopédie ».

Malgré leurs élucubrations ésotériques, les Arabes transmettent une information fondamentale : le copte est la langue des Anciens Égyptiens, ce dont témoigne un des noms qu'ils attribuent à l'écriture pharaonique : *qalâm qubty* (قلام قبطي) « écrit copte ». Un autre terme, *qalâm el-ṭayr* (قلام الطير) « écrit des oiseaux », est probablement le souvenir du classement des consonnes égyptiennes exprimées par des noms d'oiseaux suivant un ordre *h-l-ḥ-m*.

C'est encore aujourd'hui l'ordre des « abjad » sud-arabiques. Le premier nom de cet « alphabet » pharaonique, *hby*, « ibis », est l'animal effigie de Thot. Ce ne peut être anodin. La place de cet oiseau emblématique, ainsi qu'un ostracon portant une liste de lettres protosinaïtiques transposées en égyptien qui témoigne de l'existence de cet ordre « halahamique » dès le milieu de la XVIIIe dynastie, nous invitent à nous interroger quant à l'origine égyptienne éventuelle de ce dernier ; d'autant plus s'il s'est d'abord développé au Levant sud lors des prémices de l'invention de l'alphabet, au plus tard dans la première moitié du second millénaire avant Jésus-Christ. Quoi qu'il en soit, cette information, pourtant cruciale, ne servira pas lors du déchiffrement, puisqu'on ne l'a comprise que depuis quelques années.

Some Arab scholars were interested in hieroglyphs and approached them via the Hermetic tradition, that is, based on writings attributed to Hermes Trismegistus, a Greek transcription of the Egyptian god of knowledge Thoth Thrice Great. In fact, their interpretations of Pharaonic signs have no relation to their original meanings. This esoteric science bears a name derived from the Egyptian root *km* "to be complete, rich, perfect", which gives us *Km.t*, "Egypt", in Coptic *kēme* (ⲕⲏⲙⲉ), *ḫemi* (ϫⲏⲙⲓ), and also *kmy.t*, "The Sum (of knowledge)", a work that presented the essential knowledge for an accomplished scribe. The Arabic *al-kimiya* (الكمية), *al-ḫimiya* (الخمية), our "alchemy", the Pharaonic science transmitted by Hermes Trismegistus and contained in his esoteric books, is thus designated as both "Egyptian" and "the sum (of knowledge)", "the encyclopaedia".

Despite their rather wild imaginings, the Arabs passed on a fundamental piece of information: Coptic was the language of the Ancient Egyptians, as is suggested by one of the names they gave to Pharaonic writing: *qalâm qubty* (قلام قبطي) "Coptic script". Another term, *qalâm el-ṭayr* (قلام الطير) "bird script" is probably a memory of the classification of Egyptian consonants as expressed by bird names in the order *h-l-ḥ-m*.

This is the order of the South Arabian "abjad". The first noun of this Pharaonic "alphabet" hby, "ibis" is the sacred animal and image of Thoth. This cannot be insignificant. The presence of this emblematic bird, as well as an ostracon bearing a list of Proto-Sinaitic letters transposed into Egyptian, which is evidence of the existence of this "halaham" order from the mid-18th Dynasty, raises the question as to the eventual Egyptian origin of this latter. All the more so since it was first developed in the southern Levant around the time of the first beginnings of the alphabet, at the latest in the first half of the second millennium before Christ. Whatever the case, and no matter how critical this information may be, it would not help in deciphering hieroglyphs since it has only been understood in recent years.

À la Renaissance, le goût pour l'Antique ne se limite pas au monde gréco-romain. Les fouilles de Rome révèlent un nombre notable d'obélisques couverts de hiéroglyphes rapportés par les empereurs pour magnifier la capitale. Ces symboles mystérieux ne peuvent qu'exciter l'imagination des contemporains, d'autant plus qu'on prend connaissance des théories des auteurs antiques et des alchimistes arabes. L'ésotérisme est donc à l'honneur et va le rester longtemps. À cette époque, en raison du développement de la diplomatie et de l'espionnage, un mathématicien chiffre le courrier de chaque prince, le rendant incompréhensible à celui qui n'en connaît pas le code. À l'inverse, ce mathématicien doit décrypter le courrier des autres princes. Ce sont ces mathématiciens du chiffre qui analysent les hiéroglyphes en suivant les méthodes utilisées pour déchiffrer les courriers secrets. Notre expression «déchiffrer» une écriture antique tire son origine de là.

Le diplomate Blaise de Vigenère (1523-1596) écrit un traité de cryptographie inspiré de pensées ésotériques de toutes sortes, dont la cabale, l'alchimie, l'herméneutique, tout en suivant une logique rigoureuse et rationnelle. Il élargit sa réflexion à des questions plus générales concernant langage et écriture, traitant de différents alphabets, montrant la différence entre écriture ordinaire et écriture secrète, déguisée, tout en considérant que toute écriture est un chiffre à l'image des actions des hommes. C'est un précurseur concernant la relation entre langage pensé, parlé et écrit; la relation entre langue et écriture ainsi que leur évolution. Nul n'échappe à son temps: l'hébreu est encore l'écriture et la langue originelle, inventée par Dieu avant même la création. Cependant, il considère que les lettres ont évolué avec le temps et les aléas historiques. Bien entendu, il traite de l'écriture hiéroglyphique, et certaines de ses questions sont présentées avec une sagacité qui font de lui un lointain précurseur des penseurs du siècle des Lumières. Il initie le processus qui permettra à Barthélemy, deux cents ans plus tard, de mettre au point la méthode rationnelle de déchiffrement.

The fascination for antiquity during the Renaissance was not limited to the Graeco-Roman world. Excavations in Rome revealed a significant number of obelisks that had been transported by the emperors to embellish their capital: they were covered in hieroglyphs. Such mysterious symbols could only have excited the imagination of the onlookers, and all the more so as they learnt about the theories of ancient authors and Arab alchemists. A taste for the esoteric was much in favour and would last for a long time. Because of the development of diplomacy and of espionage in this era, mathematicians were employed to transform the correspondence of every prince into cipher, rendering it incomprehensible to anyone who did not know the code. By the same token, the mathematician was expected to decrypt the letters of other princes. It was these encrypting mathematicians who analysed hieroglyphs following methods used to decipher secret correspondence. Our use of the word "decipher" as applied to understanding an ancient writing system comes from there.

Blaise de Vigenère (1523-1596) was a diplomat who wrote a treatise on cryptography inspired by all manner of esoteric thought, the Kabbala, alchemy, hermeneutics, and yet he followed a rigorous and reasoned logic. He widened his considerations to more general questions concerning language and writing, tackling different alphabets, demonstrating the difference between ordinary scripts and secret disguised scripts, while maintaining that all writing is a cipher reflecting the actions of humankind.
This was a forerunner in reflections around the relationship between language as it is thought, spoken and written: the relationship between language and script as well as their development. He was, however, a creature of his time and viewed Hebrew as the original language and writing, invented by God before Creation itself. Nonetheless, he considered that letters had evolved with the passing of time and the vagaries of history. Naturally, he examined hieroglyphs and some of his questions display a wisdom that sets him as a distant precursor to the thinkers of the Enlightenment. He began the process that led, 200 years later, to Barthélemy devising a rational method of deciphering.

Contre-empreinte de la pierre de Rosette
Estampage à l'encre, début XIXe,
Vif, musée Champollion
inv. 2006.0.46

Imprint of the Rosetta Stone
Ink on paper, beginning of the 19th century,
Vif, Musée Champollion
Inv. 2006.0.46

Les échanges avec l'Extrême-Orient et la découverte des « Indes occidentales » dévoilent aux savants européens des écritures non alphabétiques, plus ou moins figuratives, alimentant de nouvelles réflexions concernant la nature de l'écriture et son évolution. Pourquoi est-ce en Europe que le déchiffrement a été inventé ? En premier lieu, c'est particulièrement là qu'on s'est posé la question et qu'on a voulu résoudre cette énigme. Ensuite, entre autres mais assurément, en Europe occidentale, l'usage généralisé de l'imprimerie, plus précisément de la typographie, inventée par Gutenberg en 1440, joue un rôle primordial en accélérant la diffusion des idées, des informations et des découvertes, alors que l'Orient musulman qui s'en désintéresse, continue à échanger et à transmettre selon la lenteur de la copie manuscrite.

Les voyageurs – ainsi François de la Boullaye-le Gouz (1610-1668) – et les collectionneurs – Nicolas- Claude Fabri de Peiresc (1580-1637), Bernard de Montfaucon (1655-1741) ou Anne Claude de Caylus (1692-1765) – jouent aussi un rôle considérable dans cette épopée en mettant à disposition de nouvelles copies et des documents originaux. En particulier, les *Hieroglyphica* d'Horapollon, trouvés en Grèce en 1419, envoyés à Florence en 1422, sont publiés à Venise en 1505 et diffusés dans toute l'Europe. Leur contenu, en partie juste, mais correspondant aux spéculations théologiques mal digérées des derniers païens, sera pernicieux. Il finira pourtant par servir Champollion dans sa quête.

Aux XVIe, XVIIe et XVIIIe siècles, on s'interroge sur les relations éventuelles entre l'Égypte et la Chine antiques et sur celle de leurs écritures. La Chine aurait été colonisée par les pharaons et l'écriture chinoise dériverait de l'hiéroglyphique ? Ces suppositions qui nous semblent aujourd'hui saugrenues joueront un rôle imprévu, considérable, lors de la conclusion de la quête du sens des hiéroglyphes...

Exchanges with the Far East and the discovery of the so-called West Indies revealed the existence of more-or-less figurative non-alphabetic scripts to European scholars, and encouraged new thinking around the nature of writing and its development. But why was decipherment invented in Europe? In the first place, it was there that the questions were asked and where a desire to solve the enigma existed. Furthermore, and among other reasons, the widespread use in Western Europe of the printing press, and more precisely of moveable type, invented by Gutenberg in 1440, played a fundamental role in the spread of ideas, information and discoveries, while the Muslim East, which neglected this development, continued to communicate and exchange at the slower rhythm of the manuscript copy. Travellers, such as François de la Boullaye-le Gouz (1610-1668), and collectors, such as Nicolas-Claude Fabri de Peiresc (1580-1637), Bernard de Montfaucon (1655-1741) and Anne Claude de Caylus (1692-1765), were also influential in this endeavour by providing access to new copies and original documents. One should mention, in particular, the *Hieroglyphica* of Horapollo, which was found in Greece in 1419, sent to Florence in 1422, and published in Venice in 1505. It spread widely across Europe though the content, only partly correct and reflecting the half-baked theological speculations of the last pagans, was quite misleading. Nonetheless, it would ultimately help Champollion in his quest.

Throughout the 16th, 17th and 18th centuries questions were asked about possible connections between Ancient Egypt and China and their writing systems. Had China been colonised by the pharaohs, and did Chinese writing derive from hieroglyphic? Such speculation, which today appears absurd, would play an unexpected and significant role as the search for the meaning of hieroglyphs approached the end...

Comme Athanasius Kircher (1601-1680), un savant génial, inventeur, entre autres de la lanterne magique, maîtrise l'arabe et bon nombre de langues antiques, on lui confie la traduction latine d'un lexique copte-arabe. Cette publication qui permet d'avoir accès à la langue copte constitue la première pierre de l'édifice égyptologique que bâtiront les frères Champollion et leurs contemporains. Ensuite, il s'attaque aux hiéroglyphes avec la mentalité d'un savant de la Renaissance. Ses «traductions» abracadabrantes, totalement ésotériques, sont largement inspirées des auteurs arabes dont les noms, souvent déformés, sont cités régulièrement dans ses ouvrages. Cependant, ses publications sont précieuses, car elles enregistrent les copies d'un grand nombre de monuments avec leurs inscriptions, qui même déformées, sont encore reconnaissables aujourd'hui.

Au siècle des Lumières, les savants développent des théories assez claires sur la relation entre langue et écriture. L'enchaînement rapide d'actions de trois hommes remarquables va révolutionner la question du déchiffrement.

En 1742, William Warburton (1698-1779) écrit un essai dans le but de renouveler les études bibliques. Pour cette raison, il s'intéresse aux écritures et à leur évolution depuis les « peintures mexicaines » jusqu'à l'alphabet. Il conclut que l'hébreu n'est pas l'écriture originelle, mais qu'il s'inscrit dans cette progression. C'est un bouleversement. Dès 1744, Léonard des Malpeines publie la traduction française de la partie concernant l'évolution de l'écriture. Il l'accompagne d'extraits d'autres ouvrages et de ses propres réflexions.

À sa lecture, Jean-Jacques Barthélemy (1716-1795) comprend immédiatement le parti qu'il peut en tirer: « C'est aux monuments qu'on doit recourir. Quand ils parleront clairement, il faudra bien que les auteurs anciens s'accordent avec eux ». De fait, il invente la méthode à l'origine de tous les déchiffrements réussis jusqu'à aujourd'hui, y compris celui de Champollion qui désobéira en partie à ses préceptes, et ne le citera jamais pour des raisons qui m'échappent. Avec lui commence une ère nouvelle, celle des déchiffreurs. En 1754, en utilisant des inscriptions bilingues de Palmyre, il déchiffre le palmyrénien.

En 1758, grâce à la numismatique et à deux bilingues de Malte, il déchiffre le phénicien.

En 1760, après avoir tenté en vain de trouver l'obélisque traduit par Hermapion et publié par Ammien Marcelin, il renonce à traduire l'écriture pharaonique, non sans apporter une information fondamentale pour le déchiffrement à venir : les hiéroglyphes entourés par des ovales expriment les noms royaux. Sa découverte de la signification du cartouche royal fait de lui le premier savant à avoir déchiffré un hiéroglyphe. Pourtant, faute d'inscription bilingue à exploiter, la recherche est dans une impasse.

Il faut attendre l'Expédition d'Égypte, deux générations plus tard, pour relancer la quête. Le 19 juillet 1799, lors de travaux sur les fortifications de la ville côtière de Rachid, Rosette en français, des soldats dégagent un grand bloc de pierre sombre inscrit. Le lieutenant du génie Pierre François Xavier Bouchard comprend l'importance de ce monument trilingue et le fait envoyer au Caire. Suivant plusieurs procédés (autographie, chalcographie, moulage au souffre...), on obtient des copies envoyées en France. En 1801, les Anglais exigent des Français vaincus la Pierre de Rosette qui se trouve désormais au Musée britannique de Londres. Immédiatement, les orientalistes de tous bords s'y attellent. Dès 1802, Sylvestre de Sacy publie la position de cinq cartouches royaux et son élève Johan David Åkerblad les noms propres et quelques mots du texte démotique. En 1808, Étienne-Marc Quatremère démontre l'ancienneté de la langue copte dans *Recherches critiques et historiques sur la langue et la littérature de l'Égypte*.

Savant dans tous les domaines, Thomas Young – qui prouve en 1801 la nature ondulatoire de la lumière, comme un écho à l'invention de la lanterne magique d'Athanasius Kircher – n'échappe pas à l'attraction du mystère des hiéroglyphes. Suivant les préceptes de Barthélemy, il aborde la pierre de Rosette par les cartouches royaux. Il réussit à reconnaître l'emplacement de certains noms et à déchiffrer certaines des lettres qui les composent. Il trouve la signification de quelques mots hiéroglyphiques, mais malgré ces débuts prometteurs, appelé par ses autres domaines d'étude, il finit par abandonner la partie, non sans suivre les avancées des orientalistes.

Avec Barthélemy commence une ère nouvelle, celle des déchiffreurs. En 1754, en utilisant des inscriptions bilingues de Palmyre, il déchiffre le palmyrénien.

A new era began with Barthélemy, that of the decipherers. In 1754 he deciphered Palmyrene using bilingual inscriptions found in that city.

Athanasius Kircher (1601-1680), a brilliant scholar and inventor of, among other things, the magic lantern, was fluent in Arabic and a fair number of ancient languages, and was entrusted with producing a Latin translation of a Coptic-Arabic lexicon. This publication opened up access to the Coptic language and represents the first brick in the temple of egyptology that would be built by the Champollion brothers and their contemporaries. Thereafter he tackled hieroglyphs with the mentality of a Renaissance scholar. His completely esoteric and fanciful "translations" were largely inspired by Arab writers whose names, often distorted, are dotted throughout his works. Nevertheless, his publications are valuable since they record copies of a large number of monuments and their inscriptions, which even when misrepresented are still recognisable today.

During the Enlightenment, scholars developed relatively clear theories around the relationships between language and writing. The rapid succession of three remarkable men would revolutionise the question of decipherment.

In 1742 William Warburton (1698-1779) wrote an essay designed to revitalise biblical studies. For this reason he looked at writing systems and their evolution, from "Mexican paintings" to the alphabet. He concluded that Hebrew was not the very first script, but was part of a gradual process. This was a serious break with the past. In 1744 Léonard des Malpeines published a French translation of the passages concerning the development of writing. These were accompanied with extracts from other works and his own thoughts.

When Jean-Jacques Barthélemy (1716-1795) read these he immediately drew the following conclusion: "We must look to the monuments. When they speak clearly, the ancient authors must be in agreement with them." Indeed, he invented the method behind all successful deciphering up until this very day, including that of Champollion, who would partially disobey his directions, and who would never mention his name for reasons that escape me. A new era began with Barthélemy, that of the decipherers.

In 1754 he deciphered Palmyrene using bilingual inscriptions found in that city. In 1758, thanks to coins and two bilingual inscriptions from Malta, he deciphered Phoenician. In 1760, having searched in vain for the obelisk that had been translated by Hermapion and published by Ammianus Marcellinus, he gave up trying to translate Pharaonic writing, but not before providing an essential clue for the future. Hieroglyphs surrounded by the oval shape represent royal names. His discovery of the meaning of the royal cartouche effectively makes him the first scholar to have deciphered a hieroglyph. However, for lack of a bilingual inscription to examine, his research had hit a dead end.

It was only with the French Egyptian Expedition two generations later that the quest would begin again. On 19 July 1799, during work on the fortifications of the coastal town of Rashid, or Rosetta in English, some French soldiers removed a large block of dark stone bearing inscriptions. A lieutenant in the engineering corps, Pierre François Xavier Bouchard, understood the importance of the trilingual monument and had it sent to Cairo. A series of procedures (transfer printing, copper engraving, moulding etc.) were employed to obtain copies that were sent to France. In 1801 after the defeat of the French, the British seized the Rosetta Stone and it was shipped to the British Museum in London, where it remains to this day. Orientalists from everywhere were immediately entranced. In 1802 Sylvestre de Sacy published the position of five royal cartouches, and his pupil, Johan David Åkerblad, worked out the proper names and some words in the Demotic text. In 1808 Étienne-Marc Quatremère's work entitled *Recherches critiques et historiques sur la langue et la littérature de l'Égypte* demonstrated the great antiquity of the Coptic language.

Thomas Young was a British polymath who had proved, in 1801, the wave theory of light – perhaps an echo of Athanasius Kircher's invention of the magic lantern. He too was attracted by the mystery of hieroglyphs. Following Barthélemy's precepts, he approached the Rosetta Stone via the royal cartouches and managed to recognise the position of certain names, and to decipher some of letters they contained. He also worked out the meaning of a few hieroglyphic words, but despite these promising beginnings and distracted by other fields of study, he gave up the endeavour though he continued to follow the advances of others.

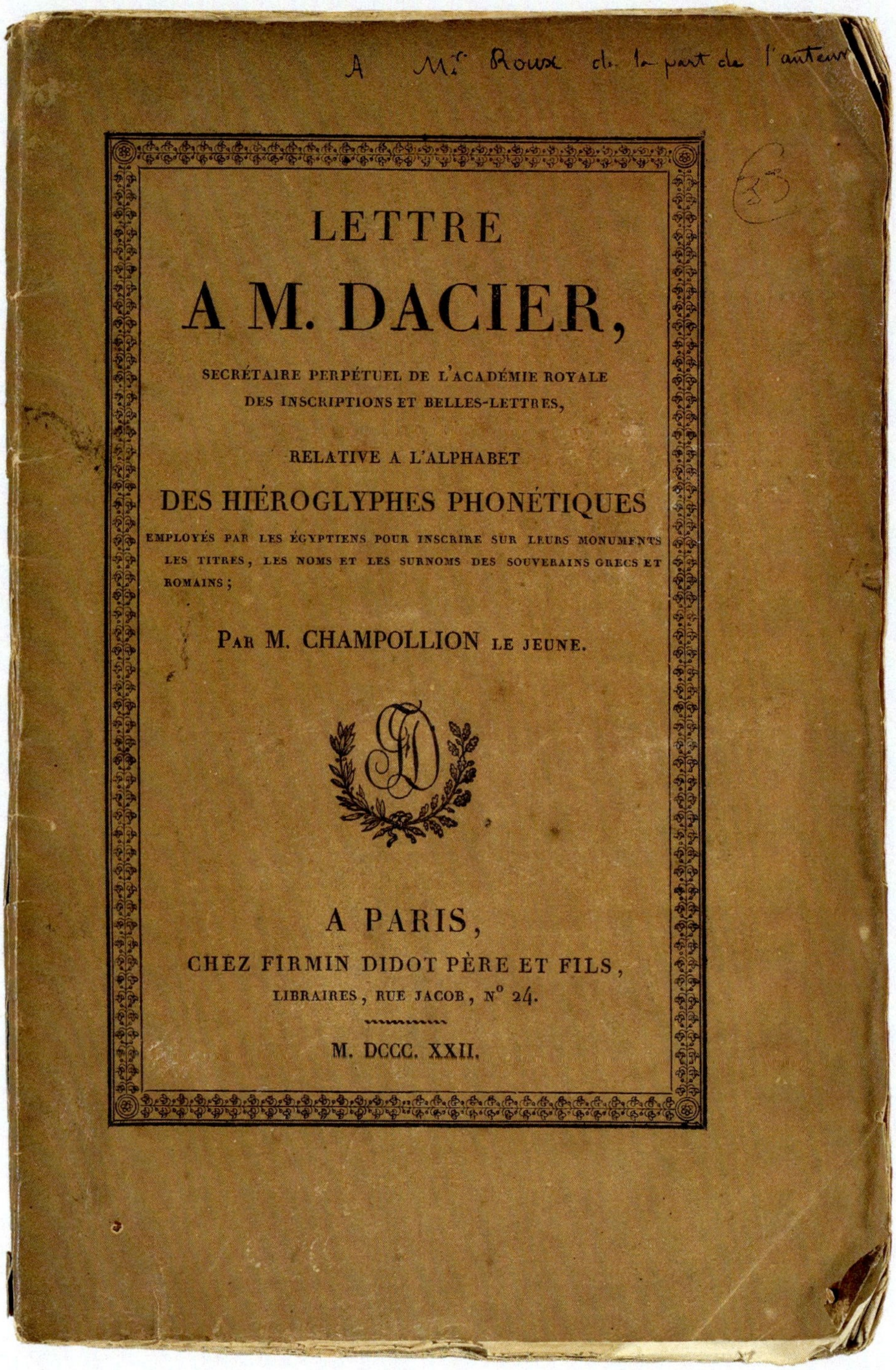

Jean-François Champollion

Lettre à M. Dacier, Secrétaire perpétuel de l'Académie royale des inscriptions et belles-lettres, relative à l'alphabet des hiéroglyphes phonétiques employés par les Égyptiens pour inscrire sur leurs monuments les titres, les noms et les surnoms des souverains grecs et romains.

Volume imprimé

Figeac, Musée Champollion – Les Écritures du Monde

Jean-François Champollion

Lettre à M. Dacier, Secrétaire perpétuel de l'Académie royale des inscriptions et belles-lettres, relative à l'alphabet des hiéroglyphes phonétiques employés par les Égyptiens pour inscrire sur leurs monuments les titres, les noms et les surnoms des souverains grecs et romains.

Printed Volume

Figeac, Musée Champollion – Les Écritures du Monde

Dès l'adolescence, Jean-François Champollion étudie toutes les langues possibles, anciennes et modernes ; bien entendu le copte, depuis 1804 au plus tard, car il connaît par ses lectures le lien avec les écritures pharaoniques. Il étudie le chinois, au moins depuis l'année 1806, ce qui le familiarise avec une écriture idéographique. Ce sera fondamental pour sa découverte de 1822. En 1808-1809, il intensifie son apprentissage du copte, rédigeant des grammaires et des lexiques des différents dialectes dans le but avoué de déchiffrer par ce biais l'écriture pharaonique. En 1809, son frère Jacques-Joseph lui propose de traduire le texte grec de la pierre de Rosette en copte et de rapprocher ensuite sa traduction copte du texte égyptien.

Cette proposition révolutionnaire est en fait une application des thèses de Barthélemy. Jean-François lui répond qu'il lui semble que la version grecque n'est pas l'exacte traduction de l'inscription égyptienne et qu'ainsi cette méthode est difficile à appliquer. C'était déjà l'épreuve qu'avait dû surmonter Barthélemy lors du déchiffrement du phénicien.

En fait, à cette époque, Jean-François pense de façon purement idéographique, comme en témoigne une lettre à son frère de 1818. Une lettre qu'il adresse à François Arthaud le 18 septembre 1820, prouve qu'il comprend déjà les signes , qu'il considère comme un assemblage d'idéogrammes, « exprimant la naissance ».

Cette information est cruciale pour la découverte qu'il annonce en 1822 dans la *Lettre à M. Dacier* qu'il a rédigée en deux temps. Il y montre d'abord comment il a réussi à déchiffrer les noms des souverains grecs et romains écrits avec des signes phonétiques dont il donne les valeurs, ainsi que quelques titres et formules afférentes. Lors de ce premier stade de rédaction, il pense que ces lettres ont été créées afin de transcrire les noms étrangers en hiéroglyphique. Les valeurs polyphoniques qu'il accorde à ces signes contredisent les préceptes de Barthélemy selon lesquels un signe doit correspondre à une seule valeur et réciproquement. On notera qu'il se garde bien de le faire remarquer. Ce qu'il y écrit à ce stade montre qu'il continue de penser que l'écriture hiéroglyphique d'origine est seulement idéographique. Dans un second temps, il truffe le texte avec sa nouvelle découverte qui contredit certains passages de la première version : ces lettres ne sont pas une création récente pour rendre phonétiquement les noms étrangers, mais elles existent dès l'origine, fonctionnant comme les « clefs de lecture du chinois ».

Jean-François Champollion had studied all manner of languages, ancient and modern, from his teenage years, including, of course, Coptic, which he began in 1804 at the latest, because he had grasped through his reading the link with Pharaonic writing. He studied Chinese, at least from 1806, and thus became familiar with an ideographic script. This would prove fundamental for his eventual discovery in 1822. In 1808-1809 he intensified his work on Coptic, preparing grammars and lexicons of the different dialects with the express intention of deciphering Pharaonic writing. In 1809 his brother Jacques-Joseph suggested that he translate the Greek text of the Rosetta Stone into Coptic and then compare his Coptic translation with the Egyptian text.

This revolutionary proposal was in fact an application of Barthélemy's method. Jean-François replied that the Greek version did not appear to be an exact translation of the Egyptian inscription and thus this approach would be difficult to apply. Indeed, that was the hurdle that Barthélemy had had to cross when deciphering Phoenician.

In this period Champollion was thinking purely along ideographic lines, as can be seen from a letter he wrote to his brother in 1818. A letter addressed to François Arthaud and dated 18 September 1820 shows that he already understood the signs , which he considered to be an assemblage of ideograms "expressing birth".

This information was crucial for the discovery he would announce in 1822 in the celebrated *Lettre à M. Dacier*, which he wrote in two stages. Firstly, he presents how he managed to decipher the names of the Greek and Roman rulers that were written with phonetic signs, the values of which he provides, as well as some related titles and formulas. In this first stage he thinks that these letters were created in order to transcribe foreign names into hieroglyphic. The polyphonic values he ascribes to these signs contradict Barthélemy's directions, according to which each sign should correspond to one single value and vice versa. It is noteworthy that he is careful to point this out. What he writes at this stage shows that he continues to think that the original hieroglyphic script is solely ideographic. In the second stage he fills the text with his new discovery which contradicts certain passages of the first version: these letters are not a recent creation in order to phonetically render foreign names, but they existed from the beginning, functioning just as the "keys to reading Chinese".

Jean-François Champollion

Lettre à M. Dacier...
Volume imprimé
Figeac, Musée Champollion – Les Écritures du Monde

Jean-François Champollion

Lettre à M. Dacier...
Printed Volume
Figeac, Musée Champollion – Les Écritures du Monde

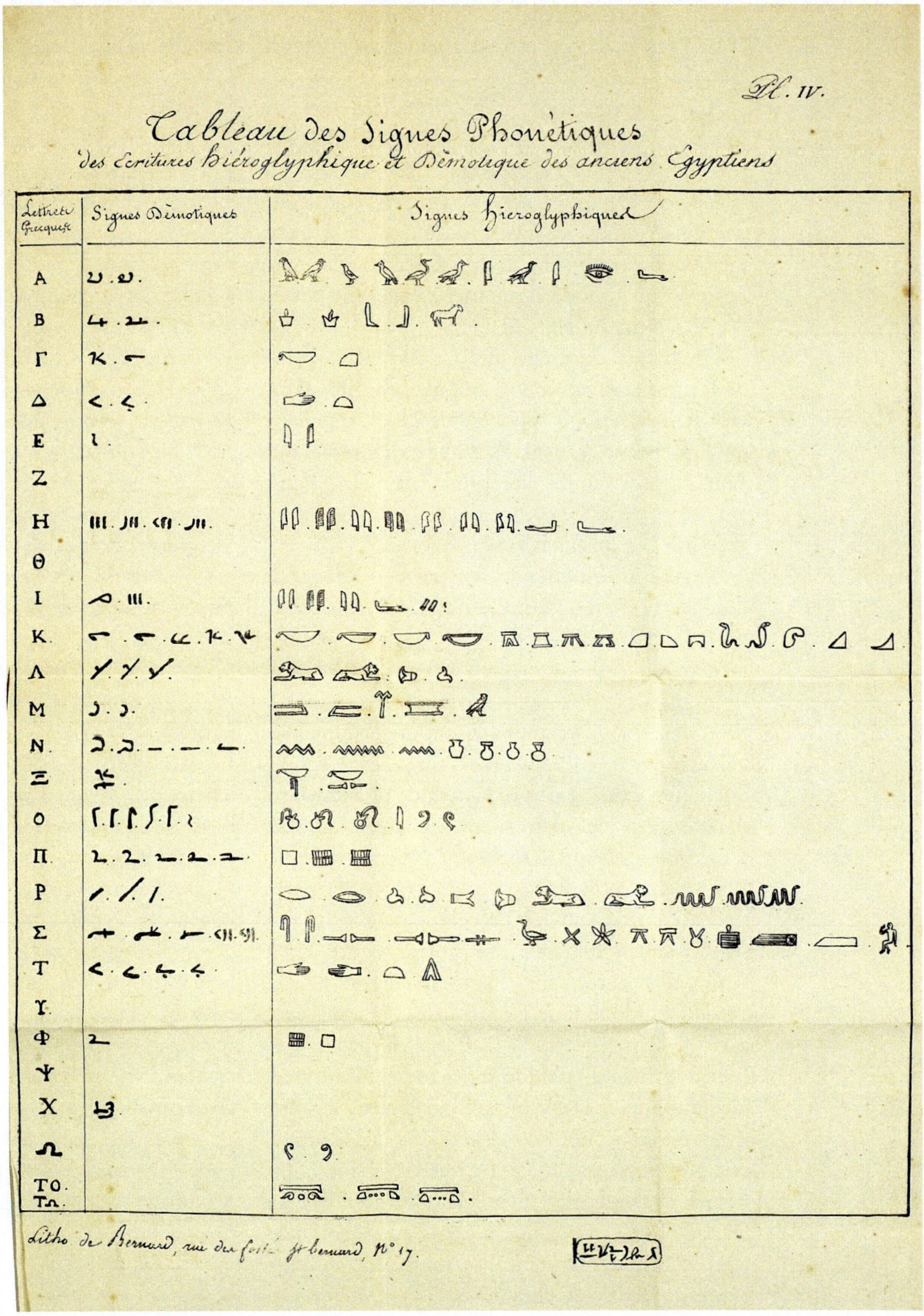

Champollion n'a pas reçu la révélation en un instant et n'a pas déchiffré l'égyptien hiéroglyphique d'un seul coup.

Champollion did not experience a sudden revelation and did not decipher Egyptian hieroglyphic writing all at once.

Il a fait cette découverte grâce à des copies des cartouches de Thoutmosis 𓍹𓅞𓄟𓋴𓍺 et Ramsès 𓍹𓇳𓄟𓋴𓋴𓍺. Il y reconnaît l'idéogramme de l'ibis 𓅞 « Thot » et celui du soleil « Rê », chacun suivi du signe 𓄟 dont il sait depuis 1820 qu'il signifie « naissance ». Sa découverte fondamentale est de comprendre que le 𓋴 qui le suit est le même signe phonétique « s » qui est utilisé dans les noms gréco-romains et que ce signe précise la lecture phonétique de 𓄟. Ainsi, il fournit la preuve qu'il faut lire 𓄟𓋴 comme un ensemble composé d'un idéogramme et d'un phonogramme exprimant le terme copte *misé* (ⲙⲓⲥⲉ) « enfanter », « naissance ». Il ne saura jamais qu'en fait 𓄟 est un bilitère, mais peu importe, il vient de comprendre la notion de complément phonétique qui est fondamentale ; sa traduction est juste et il vient de prouver définitivement que l'ancien égyptien est bien du copte. L'anecdote répandue par son neveu : « je tiens l'affaire », relève de l'hagiographie. Non, il n'a pas reçu la révélation en un instant et n'a pas déchiffré l'égyptien hiéroglyphique d'un seul coup. Pourtant, il s'agit effectivement de la clef qui va lui permettre d'avoir accès aux mystères de l'Égypte pharaonique.

Cependant, en France, il n'a pas assez de documents égyptiens à étudier pour pouvoir déchiffrer. Ainsi, en 1824, il part à Turin étudier la collection extraordinaire achetée au consul Drovetti. Nous suivons ses progrès pied à pied dans la publication de ses *Lettres au Duc de Blacas*. Il lit les noms des pharaons des hautes époques, des titres, des épithètes, puis il comprend l'expression des chiffres et des dates, ainsi que certaines formules. Maintenant, il sait qu'il a raison et qu'il est sur le point de réussir. Cependant, il manque encore de textes longs pour appliquer pleinement ses théories et enfin lire vraiment l'égyptien.

He made this discovery thanks to copies of the cartouches of Thutmose 𓍹𓅞𓄟𓋴𓍺 and Ramses 𓍹𓇳𓄟𓋴𓋴𓍺. He recognised the ideogram of the ibis 𓅞 "Thoth" and that of the sun "Re", each followed by the sign 𓄟, which he had known since 1820 signified "birth". His fundamental discovery was in understanding that the 𓋴 which followed is the same phonetic sign used in the Graeco-Roman names and that it specifies a phonetic reading of 𓄟. Thus, he proved that one should read 𓄟𓋴 as an ensemble composed of an ideogram and a phonogram expressing the Coptic term *misé* (ⲙⲓⲥⲉ) "give birth to", "birth". He would never know that 𓄟 is in fact a biliteral, but that is of little importance since he had just grasped the notion of the phonetic complement, which was fundamental. His translation is correct and he had proved that Ancient Egyptian is indeed Coptic. The anecdote spread by his nephew that he uttered "Je tiens l'affaire!" (*I've got it!*) is apocryphal: Champollion did not experience a sudden revelation and did not decipher Egyptian hieroglyphic writing all at once. Nevertheless, this was a key moment that would allow him access to the mysteries of Pharaonic Egypt.

He did not however have enough Egyptian documents in France for a full decipherment and so, in 1824, he travelled to Turin to study the extraordinary collection amassed by the Consul Drovetti. We can follow his progress step by step in his *Lettres au Duc de Blacas*. He reads the names of pharaohs from the early periods, the titles, the epithets, then he understands the numbering and dates, as well as certain spells. He now knows that he is right and is on the brink of success, but still lacks long texts on which to fully apply his theories and finally and truly to read Egyptian.

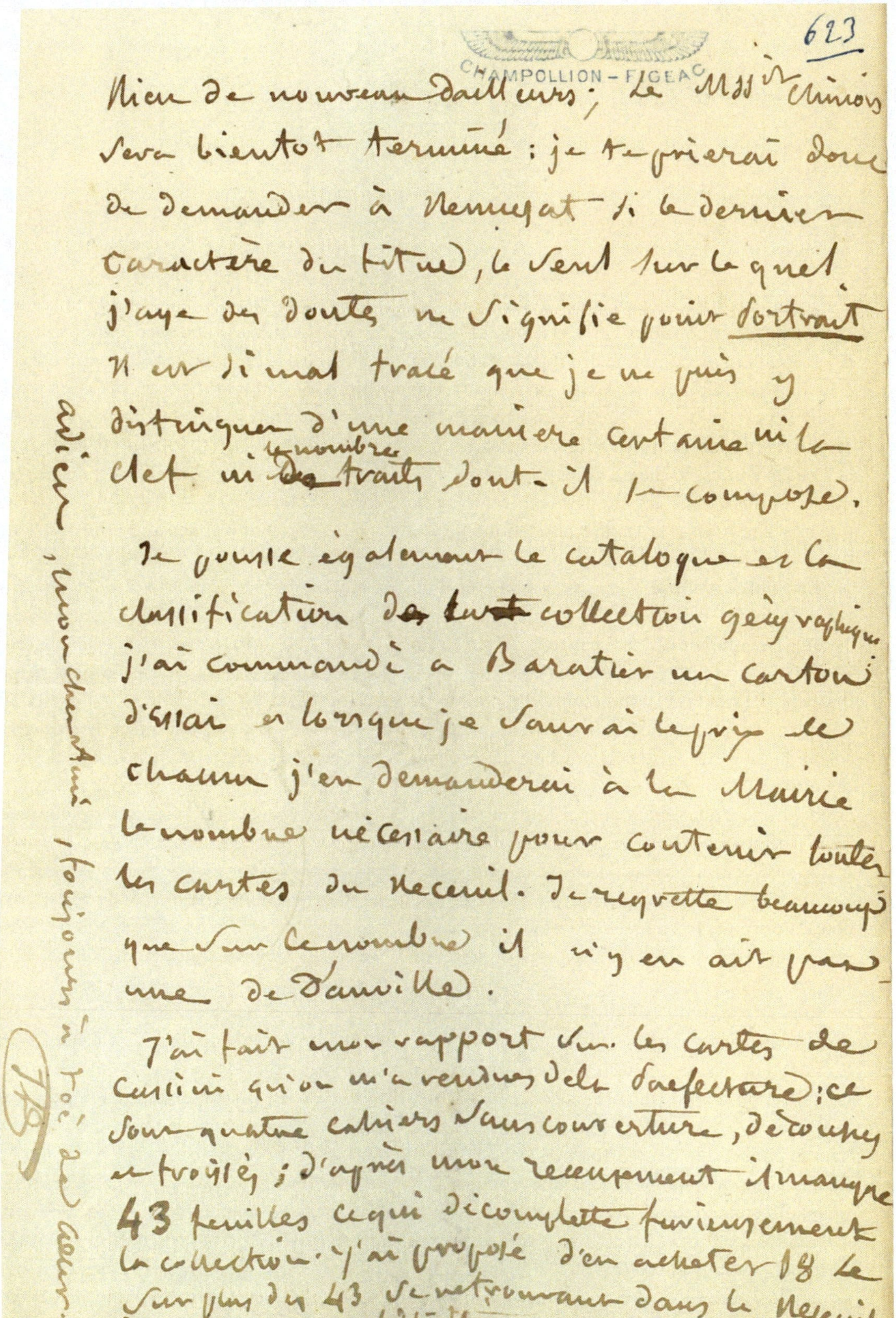
623

CHAMPOLLION - FIGEAC

Rien de nouveau d'ailleurs; le Mss.it chinois sera bientot terminé: je te prierai donc de demander à Remusat si le dernier caractère du titre, le seul sur lequel j'aye des doutes ne signifie pour portrait il est si mal tracé que je ne puis y distinguer d'une manière certaine ni la clef ni le nombre ~~des~~ traits dont il se compose.

Je pousse également le catalogue et la classification de ~~tout~~ collection géographique j'ai commandé a Baratier un carton d'essai et lorsque je saurai le prix de chacun j'en demanderai à la Mairie le nombre nécessaire pour contenir toutes les cartes du Recueil. Je regrette beaucoup que sur ce nombre il n'y en ait pas une de Danville.

J'ai fait mon rapport sur les cartes de Cassini qu'on m'a rendues de la Préfecture; ce sont quatre cahiers sans couverture, découpés et troués; d'après mon recensement il manque 43 feuilles ce qui décomplette furieusement la collection. J'ai proposé d'en acheter 18 le surplus des 43 se retrouvant dans le Recueil incomplet que la bibliothèque possède.

adieu, mon cher ami, toujours à toi de cœur.

Ainsi, contrairement à l'idée reçue, il n'a pas encore achevé son œuvre de déchiffrement, ce qu'il annonce par écrit encore à cette époque. Enfin, en 1828-1829, il part en Égypte et constate que sa méthode fonctionne. À l'aller, en naviguant vers l'amont, ses lettres décrivent le sujet des textes, ses explications deviennent plus précises au cours du voyage et il traduit les inscriptions. Ainsi, le processus de déchiffrement s'achève. Sa méthode est tout de même hors-norme.

En utilisant les explications d'Horapollon et les phonogrammes unilitères comme clefs de lectures, il lit tous les textes quelle qu'en soit l'époque directement en copte, sans s'inquiéter de l'évolution de la grammaire et du vocabulaire, depuis l'Ancien Empire jusqu'à l'époque romaine. Suivant les besoins, il invente même des néologismes coptes et il utilise des mots dont nous savons que ce sont des emprunts à d'autres langues, dont l'arabe. Il n'a jamais compris l'existence ni des signes bilitères (environ 250 exprimant deux consonnes), ni des trilitères (environ 70 exprimant trois consonnes), et évidemment pas des rares quadrilitères. Après sa mort en 1832, son frère rédige et publie ses travaux. Comme le constate à juste titre l'abbé Denys Affre, *Nouvel essai sur les hiéroglyphes égyptiens*, en 1831, une telle méthode ne peut pas permettre un déchiffrement sérieux. Sur le fond, ce dernier a raison, mais le plus surprenant, c'est qu'en suivant cette logique discutable, impossible à admettre pour un esprit cartésien, le génial Champollion réussit. Force est de constater que ses traductions sont justes. Le travail d'égyptologue ne fait que commencer ; encore aujourd'hui, nous continuons à affiner nos connaissances de la valeur des signes, du vocabulaire, de la grammaire et de l'évolution de cette langue au cours des millénaires.

Thus, contrary to what is often believed, he had not completed his work of deciphering, which he once again states in this period. Finally, in 1828-1829 he leaves for Egypt and finds that his method functions. On his way, as he sails upstream, his letters describe the subject of texts, his explanations become increasingly precise during the journey, and he translates inscriptions. And so the process of deciphering is completed.

His method is, all the same, unconventional. Using the explanations of Horapollo and uniliteral phonograms as keys to understanding, he reads all texts whatever the era directly as if Coptic, without considering any evolution in grammar or vocabulary from the Old Kingdom until the Roman Period. Where required he even invents Coptic neologisms and uses words that we know to be borrowed from other languages, including Arabic. He would never know of the existence of biliteral signs (roughly 250 representing two consonants), or of triliterals (roughly 70 representing three consonants), never mind the occasional quadriliterals. After his death in 1832 his brother collated and published his works. As Abbé Denys Affre justifiably asserted in *Nouvel essai sur les hiéroglyphes égyptiens*, 1831, such an approach could not result in a serious decipherment. Strictly speaking he was right, and yet what is most surprising is that, in following a rather debatable procedure, unacceptable for the logical Cartesian mind, the brilliant Champollion succeeded. One has to admit that his translations are correct. But the work of the egyptologist had only just begun, and even today we continue to refine our understanding of the value of signs, of the vocabulary, the grammar, and the development of the language over the millennia.

Lettre de Jean-François Champollion à Jacques-Joseph Champollion :

« Le manuscrit chinois sera bientôt terminé. Je te prierai donc de demander à Rémusat si le dernier caractère du titre, le seul sur lequel j'ai des doutes ne signifie point portrait. Il est si mal tracé que je ne puis y distinguer d'une manière certaine ni la clé ni le nombre de traits dont il se compose. »

Archives départementales de l'Isère, ADI, 185 J 10, pièce 103 bis, folios 622 et 623

Letter from Jean-François Champollion to Jacques-Joseph Champollion:

"The Chinese manuscript will soon be finished. Thus, I kindly request that you ask Rémusat if the last character of the title, the only one about which I am doubtful, does not mean portrait. It is so badly drawn that I cannot be sure of the radical or of the number of lines of which it is composed."

Departmental Archives of Isère, ADI, 185 J 10, pièce 103 bis, folios 622 and 623

Table d'offrandes à bec rectangulaire
Inscription en méroïtique, 270 – 100 av. J.-C.
Grès - 35 x 33,5 x 9 cm
Musée du Louvre, département des Antiquités égyptiennes
Inv. E 11435

Offering table with rectangular spout
Inscription in Meroitic, 270 - 100 BC
Sandstone - 35 x 33.5 x 9 cm
The Louvre, Département des Antiquités Égyptiennes
Inv. E 11435

Le déchiffrement du méroïtique

Deciphering Meroitic

Claude Rilly*

* Directeur de recherche au CNRS, professeur à l'École Pratique des Hautes Études

* Senior researcher at the CNRS, professor at the École Pratique des Hautes Études

1822. Alors que Champollion, dans sa chambre de la rue Mazarine, s'apprêtait à livrer au monde scientifique le secret des hiéroglyphes, de hardis explorateurs français et anglais, qui avaient accompagné les armées de Méhémet Ali dans leur conquête du Soudan, en rapportaient les premières copies d'inscriptions d'une autre langue ancienne de la vallée du Nil, le méroïtique. Parlé au sud de l'Égypte et au nord du Soudan, le méroïtique était la langue des fameux « Pharaons noirs » qui régnèrent sur l'Égypte de 730 à 664 av. J.-C. Chassés par les Assyriens, ils se replièrent sur leur territoire ancestral, le pays de Koush, où ils régnèrent sur un État de type pharaonique jusqu'à la fin de l'Antiquité. Ce n'est que durant la dernière période, dite « royaume de Méroé », de 270 av. J.-C. à 330 de notre ère, que le méroïtique fut doté d'une écriture propre, un alphasyllabaire dont les signes étaient empruntés à l'écriture égyptienne.

Il fallut attendre le début du xxe siècle pour que cette écriture fût déchiffrée par un égyptologue de génie, le Britannique Francis Llewellyn Griffith. Il publia en 1911 un ouvrage intitulé *Karanog*, d'après le nom d'un cimetière de Nubie égyptienne où avaient été découvertes de nombreuses inscriptions funéraires méroïtiques. L'introduction livrait en quelques dizaines de pages lumineuses la valeur des signes et les « équations » qui avaient permis de les établir, souvent à partir de transcriptions de noms propres en grec ou en égyptien tardif. Or si l'écriture était désormais déchiffrée, la langue qu'elle véhiculait restait obscure.

In 1822, while Champollion was in his maid's room on rue Mazarine about to reveal the secrets of the hieroglyphs to the scientific world, daring French and British explorers, who had accompanied the army of Mohamed Ali on its conquest of the Sudan, were bringing back the first copies of inscriptions of another ancient language from the Nile Valley: Meroitic. This was the language spoken in southern Egypt and northern Sudan by the famous "Black Pharaohs" who ruled over Egypt from 730 until 664 BC. Once expelled by the Assyrians, they fell back on their ancestral territories, the Land of Kush, where they reigned over a Pharaonic-style state until the end of antiquity. It was only during the final period, the so-called "Kingdom of Meroe" from 270 BC until 330 AD that Meroitic benefitted from a proper writing system, an alphasyllabary, whose signs were borrowed from Egyptian writing.

It took until the beginning of the 20th century for this writing to be deciphered by a talented British egyptologist named Francis Llewellyn Griffith. In 1911 he published a work entitled *Karanog*, after the cemetery in Egyptian Nubia where numerous Meroitic funerary inscriptions had been discovered. The introduction presented in a few dozen brilliant pages the values of the signs and the "equations" that allowed him to establish them, mostly from transcriptions of proper names in Greek or Late Period Egyptian. The Meroitic script was henceforth deciphered but the language it conveyed was still obscure.

Contrairement à l'égyptien ancien dont le dernier stade, le copte, avait survécu jusqu'au début de l'époque moderne, le méroïtique s'était éteint sans descendance au Moyen Âge. Le défi n'était pas de déchiffrer quelques centaines de signes, mais de comprendre les milliers de mots que renferment les quelque deux mille textes connus. En ce sens, le déchiffrement du méroïtique s'apparente à celui de l'étrusque, du gaulois et de nombreuses autres langues anciennes oubliées.

Griffith avait néanmoins réussi à élucider la signification de quelques dizaines de termes, souvent empruntés à l'égyptien, comme *Wos* « Isis », *Amni* « Amon », *ant* « prêtre » (cf. ég. *ḥm-ntr*, copte *hont*), *apote* « envoyé » (ég. *wpwti*) et à partir de ce petit viatique, il était parvenu à comprendre certaines bribes de textes. Les inscriptions funéraires par exemple, relativement longues, très nombreuses et à la formulation stéréotypée, purent être en bonne partie traduites. En revanche, les stèles officielles contenant les chroniques des règnes, qui présentent beaucoup plus d'intérêt, restaient entièrement hermétiques, à l'exception des protocoles initiaux livrant le nom et la titulature des souverains.

L'approche privilégiée par Griffith et par plusieurs de ses successeurs est celle que les méroïtisants appellent « la méthode philologique » et les étruscologues « la méthode combinatoire ».

Elle consiste à « remplir les cases vides » que constituent dans un texte les termes de nature grammaticale et de signification obscures en utilisant les mots déjà connus. Ainsi, si un mot inconnu suit un substantif et précède l'article qui clôt le groupe nominal, on est certain qu'il s'agit d'un nom en apposition ou d'un adjectif. Pour ce qui est du sens, on reconstruit autour du terme obscur, à partir des éléments connus, une trame sémantique qui va permettre de proposer une traduction hypothétique. Bien sûr, elle devra être vérifiée sur d'autres textes où apparaît le même mot. Cette méthode donne des résultats généralement solides, mais elle demande beaucoup de temps et d'énergie pour quelques mots seulement.

Unlike Ancient Egyptian, whose final stage, Coptic, had survived into the beginning of the modern era, Meroitic disappeared without any trace in the Middle Ages. The challenge was not just to decipher a few hundred signs, but to understand the thousands of words contained in the 2000 known texts. In this way, the decipherment of Meroitic was similar to that of Etruscan, or Gaulish or the many other forgotten ancient languages.

Griffith had nonetheless managed to reveal the meaning of several dozen terms, often borrowed from Egyptian, such as *Wos* "Isis", *Amni* "Amun", *ant* "priest" (cf. Eg. *ḥm-ntr*, Coptic *hont*), *apote* messenger (Eg. *wpwti*), and on the basis of this small sample, he managed to understand certain fragments of text. The relatively long and very numerous funerary inscriptions, for example, included stereotypical phrases and could be largely translated. On the other hand, the official stelae containing the chronicles of various reigns, and of much greater interest, remained entirely impenetrable, except for the initial protocols giving the name and titulary of the rulers.

Griffith and several of his successors adopted an approach known by scholars of Meroitic as the "philological method", and by Etruscologists as the "combinatorial method". This involves "filling in the gaps", which in a text are terms of unknown grammatical nature and of obscure meaning, by using words that are already known. Thus, if an unknown word follows a noun and precedes the article that concludes the nominal group, one can be certain that it is an appositive noun or an adjective. As regards meaning, one uses known elements to build a semantic frame around the obscure term that can lead to a hypothetical translation. Naturally, this must be checked in other texts where the same word appears. This method can provide generally solid results, but it is a painstaking and time-consuming way to translate only a few words.

On a longtemps espéré une « Pierre de Rosette méroïtique », un texte bilingue où à la langue de Koush se superposerait une traduction en égyptien, voire en grec. Mais cet espoir a jusqu'à présent été déçu. Une petite épitaphe bilingue en démotique et en méroïtique, dite Adda Stone, a bien été mise au jour en Nubie égyptienne dans les années 1960. Hélas ! Seule la partie centrale, incluant la fin du texte méroïtique et le début du texte égyptien est préservée, le reste ayant disparu. De plus, la situation politique du royaume de Méroé ne se prêtait guère à des textes officiels bilingues comme la Pierre de Rosette. Dans l'Égypte des Ptolémées, deux populations lettrées se juxtaposaient, l'élite gréco-macédonienne et les clercs égyptiens. Il était donc nécessaire d'édicter des décrets bilingues afin qu'ils fussent compris de ces deux composantes de la société. À Méroé, aucune population lettrée étrangère n'était présente en nombre suffisant pour que des textes bilingues fussent nécessaires.

Il existe toutefois un autre outil, très puissant, pour pénétrer les mystères d'une langue disparue. C'est la méthode dite « comparative ». Elle consiste à comparer le lexique et la morphologie de cet idiome oublié avec des langues de la même famille. C'est de cette manière qu'a été par exemple déchiffrée la langue akkadienne, par comparaison avec les autres parlers de la famille sémitique comme l'hébreu, le syriaque et l'arabe. Encore faut-il que la famille linguistique de la langue disparue soit établie et qu'il existe des idiomes apparentés connus, soit parce qu'ils sont encore vivants, soit parce qu'ils ont laissé des inscriptions qui sont comprises. Dans le cas du méroïtique, ce n'est que récemment, en 2003, qu'a été identifiée par l'auteur de ces lignes cette famille, dite « soudanique orientale nord ». Elle comprend notamment les langues nubiennes présentes aujourd'hui au Soudan et en Égypte et plusieurs autres parlers sahéliens dispersés entre le Tchad et l'Érythrée. Cette découverte a permis d'importants progrès dans la traduction des textes méroïtiques, mais l'utilisation de ces langues, que plusieurs millénaires de diversification séparent, ne permet pas d'avancées fulgurantes. Il faudra encore s'armer de patience pour que la langue des Pharaons noirs puisse être entièrement compréhensible.

There has long been hope of finding a "Meroitic Rosetta Stone", a bilingual inscription where the Meroitic text would be accompanied by an Egyptian or even Greek translation, but so far, in vain. A small bilingual epitaph in Demotic and Meroitic, known as the Adda Stone, was discovered in Egyptian Nubia in the 1960s. Alas, only the central part including the end of the Meroitic text and the beginning of the Egyptian text is preserved: the rest has disappeared. Moreover, the political situation in the Kingdom of Meroe was unlikely to have produced official bilingual texts such as the Rosetta Stone. In Ptolemaic Egypt two literate populations lived side by side, the Graeco-Macedonian elite and the Egyptian priesthood. It was therefore necessary to issue bilingual decrees so that the two sections of society could understand them. In Meroe no foreign literate population was present in sufficient numbers for such bilingual texts to be required.

There is however a very powerful tool for penetrating the mysteries of a lost language. The method is called "comparative", and involves comparing the lexicon and morphology of the forgotten tongue with others of the same family. It was, for example, in this way that Akkadian was deciphered by comparing it with dialects of the Semitic family, like Hebrew, Syriac and Arabic. Of course, the family of the lost language must be known and there needs to be recognised related dialects, either because they are still living or because they have left inscriptions that are understood. In the case of Meroitic, it is only recently, in 2003, that this author has identified the family lineage as being "North Eastern Sudanic". This group includes most notably the Nubian languages present today in the Sudan and in Egypt and several other Sahelian tongues scattered from Chad to Eritrea. While this discovery has led to important progress in the translation of Meroitic texts, the fact that these languages are separated by several millennia of divergence has meant that our advances are not yet spectacular. Patience is still required before the language of the Black Pharaohs can be completely understood.

Pierre de Rosette,
Inscription en hiéroglyphes, démotique et grec, 196 av. J.-C.,
Granodiorite, 112,30 x 75,70 x 28,40 cm
British Museum, Londres, Inv. EA24

The Rosetta Stone
Inscription in hieroglyphs, Demotic and Greek, 196 BC,
Granodiorite, 112.30 x 75.70 x 28.40 cm
British Museum, London, Inv. EA24

La pierre de Rosette : Un document bilingue de l'Égypte hellénistique au service du déchiffrement des hiéroglyphes

The Rosetta Stone : a bilingual document from Hellenistic Egypt and the decipherment of the hieroglyphs

Alexandra Nespoulous-Phalippou*

* Docteure en égyptologie, Chercheure associée de l'équipe Égypte Nilotique et Méditerranéenne, Laboratoire Archéologie des Sociétés Méditerranéennes (UMR 5140 Université Paul Valéry, CNRS, MCC - Montpellier)

* PhD in egyptology, associate researcher with Égypte Nilotique et Méditerranéenne, Laboratoire Archéologie des Sociétés Méditerranéennes (UMR 5140 Paul Valéry University, CNRS, MCC - Montpellier)

La pierre de Rosette est certainement l'une des antiquités les plus célèbres de l'Égypte hellénistique. Du point de vue de son histoire européenne, elle a assurément joué un rôle central au XIXe siècle dans la course au déchiffrement des hiéroglyphes et dans la pleine réussite en ce sens de Jean-François Champollion.

À Figeac, alors que le savant était âgé de 8 ans, un exemplaire du *Courrier de l'Égypte* arriva dans la librairie de son père : le journal, publié au Caire et retraçant les hauts faits de la campagne de Bonaparte dans ce pays, faisait mention de cette stèle antique. Découverte en 1799 dans la ville côtière de Rosette à une soixantaine de kilomètres à l'est d'Alexandrie, elle figurait parmi des blocs de remploi à la base du Fort Jullien.

The Rosetta Stone is undoubtedly one of the most famous ancient artefact from Hellenistic Egypt. As regards its history in Europe, it played an absolutely central role during the 19th century in the decipherment of hieroglyphs and in the great success of Jean-François Champollion in this endeavour.

When the scholar was eight-years old a copy of the *Courrier de l'Égypte* arrived in his father's bookshop in the town of Figeac. The newspaper was published in Cairo and traced the great achievements of Bonaparte in Egypt, and also mentioned the ancient stele. It had been discovered in 1799 in the coastal town of Rosetta some 60 kilometres east of Alexandria as a reused construction block in the foundations of Fort Jullien.

Le lieutenant Bouchard, chargé de la réfection du bâtiment, fut étonné de l'apparence de cette stèle incomplète de pierre noire que l'on croyait en basalte : sa face antérieure était recouverte de hiéroglyphes mais aussi d'une écriture inconnue alors (prise pour du syriaque et que l'on sait aujourd'hui être du démotique) et de grec ancien. Jeune polytechnicien versé dans la connaissance de cette dernière écriture, le futur capitaine fut probablement en mesure de lire les prescriptions de publication. Celles-ci indiquaient que le décret devait être affiché dans tous les temples pharaoniques et gravé sur une stèle de pierre dure « en écriture sacrée, en écriture populaire et en écriture grecque ». Il s'agissait ainsi d'un même texte, traduit en plusieurs langues et transcrit en trois écritures.

Beaucoup d'intérêts furent alors suscités par ce document dans la perspective du déchiffrement des écritures égyptiennes de l'Antiquité, devenues « lettres mortes » depuis plus d'un millénaire. La stèle fut transportée au Caire pour étude et reproductions par les savants de la Commission d'Égypte, tant les espoirs étaient grands de trouver enfin la clef du déchiffrement des hiéroglyphes.

La pierre de Rosette fut ensuite prise comme butin de guerre par les Anglais et exposée dès 1802 à Londres, au British Museum. Champollion n'a jamais eu l'opportunité de la voir, ce qui rend son travail encore plus remarquable tant les graphies des signes ne sont pas toujours exactes sur les copies du monument en son temps.

Le succès du savant – destiné à être une « lumière des siècles à venir » – est également le fruit de ses longues études sur le copte, la langue des chrétiens d'Égypte héritée de l'Antiquité.

Grâce à sa maîtrise de nombreuses langues orientales, il put ainsi déchiffrer les écritures égyptiennes anciennes, l'écriture hiéroglyphique et ses cursives, le hiératique et le démotique. Après plus de treize années de recherche assidue, ses travaux scientifiques redonnèrent ainsi la parole aux anciens Égyptiens, en 1822, après de nombreux siècles de silence, et fondèrent l'égyptologie moderne.

A certain Lieutenant Bouchard, who was responsible for repair works on the building, was astonished by the appearance of this broken stele of black stone, which he believed to be basalt. The front surface was covered with hieroglyphs, but also a then-unknown script (taken to be Syriac, but now known to be Demotic) as well as Ancient Greek. The young engineer officer had a knowledge of this latter script and was presumably able to read the instructions contained in the text indicating that the decree should be displayed in all Pharaonic temples and engraved on a hard stone "in the writing of the gods, the writing of the books, and in the writing of the Greeks". Thus, it was one text translated into more than one language and transcribed in three writing systems.

The stone attracted a huge amount of interest for its potential role in the decipherment of Ancient Egyptian scripts which had lost currency more than a millennium before. The stele was transported to Cairo to be studied and copied by the scholars of the Commission of Sciences and Arts, and hopes were high that a key to deciphering the hieroglyphs had finally been found.

Shortly thereafter, the Rosetta Stone was seized by the British and has been exhibited in the British Museum at London since 1802. Champollion never had the chance to see it, which makes his work all the more remarkable given that the representations of signs were not always exact on the copies of his era. The scholar's success – destined to be a "shining light for centuries to come" – was also a result of his long study of Coptic, the language that the Christians of Egypt had inherited from antiquity. Thanks to this and his command of several other oriental languages, he succeeded in deciphering the Ancient Egyptian scripts: hieroglyphic and its cursive forms, hieratic and Demotic. In 1822, after more than 13 years of diligent research, his scientific work returned the power of words to the Ancient Egyptians after many long centuries of silence, and he effectively founded modern egyptology.

La pierre de Rosette, véritable symbole dans l'histoire de la naissance de l'égyptologie comme discipline scientifique, voit cependant son histoire antique et son contenu être paradoxalement moins connus. Il s'agit pourtant d'un document remarquable qui appartient à un corpus tout à fait caractéristique d'une période de l'Égypte hellénistique : les décrets d'évergétisme. Témoins à l'origine des pratiques hellènes dans les cités démocratiques et rédigés en grec ancien, ces décrets enregistraient les remerciements officiels accordés par une assemblée de citoyens à un évergète, un bienfaiteur pour sa cité, en lui érigeant des monuments à sa gloire et en instaurant des festivités le célébrant.

Intégrés dans l'enceinte des temples pharaoniques sous le règne de Ptolémée III Évergète (246-221 av. J.-C.), ces décrets d'évergétisme sont adaptés à la situation politique de l'Égypte par les prêtres. Ils sont ajustés aux pratiques religieuses ancestrales et à la monarchie pharaonique. Ces traditions ont été en effet reprises par la dynastie ptolémaïque (305-30 av. J.-C.) après la conquête du pays par Alexandre le Grand en 332 av. J.-C. Ces décrets sont alors rédigés suite à de grandes réunions nationales de prêtres égyptiens. Ces synodes ont lieu soit à Memphis, restée capitale religieuse, soit à Alexandrie ou dans sa proche banlieue (Canope) pour honorer le pharaon d'ascendance macédonienne. Les actes publiés ensuite enregistraient ainsi la sollicitude du monarque envers les dieux traditionnels, les largesses royales accordées aux membres du clergé égyptien ainsi que les faits militaires notables. Ceux-ci concernent la protection du pays en temps de guerre avec le voisin séleucide ou lors des révoltes intérieures qui menaçaient régulièrement l'intégrité du Double-Pays. En remerciement de ces bienfaits royaux, les prêtres instaurèrent et développèrent le culte dynastique des rois macédoniens dans les temples pharaoniques, auprès des dieux traditionnels, sous la forme de statues à l'iconographie égyptienne, de fêtes commémoratives et de célébrations populaires.

À ce jour, le corpus de décrets d'évergétisme en Égypte ptolémaïque se compose d'une trentaine de stèles et fragments, dont la pierre de Rosette constitue une des meilleures copies. Deux décrets ont été publiés sous le règne de Ptolémée III Évergète (246-221 av. J.-C.) visant à restructurer le pays et à développer le culte dynastique des souverains. Un autre fut édicté sous le règne de son fils et successeur Ptolémée IV Philopatôr (221-204 av. J.-C.) enregistrant sa victoire contre Antiochos III à la bataille de Raphia.

While the Rosetta Stone may stand as a true landmark at the birth of modern egyptology as a scientific discipline, its ancient history and its content are paradoxically not that well known. Nonetheless, it is a remarkable document belonging to a corpus that is altogether characteristic of a period of Hellenistic Egypt: the decrees of euergetism. Originating in Hellenic practices in democratic cities and written in Greek, such decrees recorded official thanks accorded by the citizens' assembly towards an *euergetes*, a benefactor of the city, by erecting a monument to his glory and establishing celebrations in his honour.

During the reign of Ptolemy III Euergetes (246-221 BC) such decrees of euergetism were adapted to Egypt's political situation by the priesthood and set up within Pharaonic temples. They were adjusted to fit ancestral religious practices and the Pharaonic monarchy, just as the Ptolemaic Dynasty (305-30 BC) had itself absorbed these traditions after the conquest of the country by Alexander the Great in 332 BC. The decrees were drafted following important national gatherings of the Egyptian priesthood. These synods took place either at Memphis, which had remained the religious capital, or at Alexandria, or nearby (Canopus), to honour the Pharaoh of Macedonian ancestry. Public displays then recorded the monarch's devotion to the traditional gods, royal largesse was accorded to members of the Egyptian clergy, and military exploits were recognised. These latter concerned the defence of the country in time of war with the neighbouring Seleucid state and during internal revolts that regularly threatened the unity of The Two Lands. In thanks for this royal patronage, the priesthood established and developed a dynastic cult of the Macedonian kings within Pharaonic temples alongside the traditional gods, in the form of statues in Egyptian style, commemorative festivals and popular celebrations.

Currently, the corpus of such decrees in Ptolemaic Egypt consists of around 30 stelae and fragments thereof, with the Rosetta Stone being one of the best examples. Two decrees were issued during the reign of Ptolemy III Euergetes (246-221 BC) announcing the restructuring of the country and promoting the dynastic cult of the rulers. One was published under the rule of his son and successor, Ptolemy IV Philopator (221-204 BC), recording his victory over Antiochus III at the Battle of Raphia.

C'est sous le règne de Ptolémée V Épiphane (204-180 av. J.-C.) que ces décrets d'évergétisme furent les plus nombreux à être attestés. Cinq décrets furent ainsi édités sous son règne : en l'an 7 de son règne (198 av. J.-C.), en l'an 9 (196 av. J.-C.), en l'an 19 (186 av. J.-C.), en l'an 21 (185 av. J.-C.) et en l'an 23 (182 av. J.-C.) ; leurs récits historiques relatent la reprise en main de la Couronne alexandrine sur le Sud qui avait fait sécession (206-186 av. J.-C.) au temps de son père Ptolémée IV Philopatôr, ou dans le Delta, en proie à des révoltes endémiques.

Bien que ces décrets vantent d'ordinaire l'évergétisme du souverain, Ptolémée V Épiphane fut paradoxalement peu populaire en son temps. Son règne marque un véritable tournant dans l'histoire de la dynastie et dans le déclin de l'Égypte comme puissance méditerranéenne. Une vision politique nouvelle est en outre développée sous son règne par les prêtres égyptiens et ces décrets, rédigés par leurs soins, témoignent d'une évolution de l'idéologie royale, perceptible lorsque la phraséologie des décrets est comparée. En l'an 9 de Ptolémée V Épiphane, la pierre de Rosette énonce les mesures politiques du roi envers le pays et les membres du clergé. Elle présente ensuite, dans le cadre du récit relatif à la révolte à Lykopolis en Basse Égypte, le souverain en vainqueur de ses ennemis, à l'instar des dieux égyptiens Rê et Horus, incarnations de la royauté égyptienne par excellence. Épiphane est alors inscrit dans la tradition iconographique du pharaon abattant ses adversaires à l'aide d'une massue, souvent figurée sur les pylônes des temples ou encore au sommet de certaines stèles. Il s'agit assurément d'une fiction idéologique puisque le souverain est trop jeune pour prendre les armes (et se révélera par la suite peu enclin au combat selon le témoignage de Polybe). Dans la seconde moitié du règne, ce sont davantage les largesses de la reine Cléopâtre Ire qui sont honorées ou encore l'implication héroïque des généraux Komanos et Aristonikos. Ceux-ci ont été les acteurs majeurs de la reprise en main du Sud du pays. Aristonikos joua ensuite un rôle central dans la répression de la révolte à Diospolis dans le Delta. Dès l'an 19 du règne, plus aucune fiction idéologique n'apparaît dans les récits historiques de ces décrets où le souverain est relégué au second plan, à tel point que les honneurs du culte dynastique furent même supprimés en l'an 23 pour ne commémorer qu'Aristonikos, homme de confiance du roi et commandant en chef de la cavalerie.

The most numerous of these decrees of euergetism are attested from the time of Ptolemy V Epiphanes (204-180 BC). Five were issued: in Year 7 of his reign (198 BC), Year 9 (196 BC), Year 19 (186 BC), Year 21 (185 BC) and Year 23 (182 BC). The historical content recounts the crown's reestablishment of control over of the south of the country, which had broken away (206-186 BC) during the reign of his father Ptolemy IV Philopator, and over the Delta, the scene of regular revolts.

Although these decrees usually boast of the philanthropy of the sovereign, Ptolemy V Epiphanes was paradoxically rather unpopular during his time on the throne. His reign marked a genuine turning point in the history of the dynasty and the decline of Egypt as a Mediterranean power. Moreover, the Egyptian priests developed a new political vision under his rule and the decrees that they drafted are evidence of a change in royal ideology that can be perceived when the phraseology of the decrees is compared. In Year 9 the Rosetta Stone sets out political measures taken by the king with regard to the country and the members of the clergy. Then, part of the text relating to the revolt at Lycopolis in Upper Egypt presents the king as victorious over his enemies following the example of Re and Horus, the symbols of Egyptian royalty par excellence. Epiphanes is tied into the iconographic tradition of Pharaoh beating his adversaries with a mace, as often featured on temple pylons and on the upper parts of stelae. This is undoubtedly an ideological fiction since the king was then too young to take up arms (and, according to Polybius, was not that keen on fighting). In the second half of his reign it was more the generosity of Queen Cleopatra I that is honoured, and the heroic acts of the generals Komanos and Aristonikos. These two notables were heavily involved in the reconquest of the south of the country. Aristonikos would then go on to play a central role in putting down the revolt at Diospolis in the Delta. From Year 19 of his reign the historical accounts of the decrees present no more ideological fictions, and the king is relegated to the background, to such an extent that honours to the dynastic cult are suppressed in Year 23, and only Aristonikos is commemorated as the king's confidant and commander in chief of the cavalry.

Ces décrets ont été rédigés en plusieurs écritures par souci d'accessibilité au plus grand nombre : en hiéroglyphes, « langue » des dieux d'Égypte, en démotique, langue courante des Égyptiens, et en koinè, dialecte macédonien rédigé avec l'alphabet grec.

En l'état du corpus de ces stèles, cette pratique d'évergétisme royal tend à tomber en désuétude – sous cette forme tout du moins – dans la seconde moitié de l'époque ptolémaïque. En effet, seuls deux autres décrets sont attestés sous les règnes des fils d'Épiphane, Ptolémée VI Philométôr et Ptolémée VIII Évergète II sans que nous ayons de trace à ce jour pour les règnes postérieurs.

De manière spécifique à l'Égypte hellénistique, ces décrets ont été rédigés en plusieurs écritures par souci d'accessibilité au plus grand nombre : en hiéroglyphes, « langue » des dieux d'Égypte, en démotique, langue courante des Égyptiens, et en koinè, dialecte macédonien rédigé avec l'alphabet grec. Ce dernier est utilisé comme langue administrative officielle dans les territoires anciennement conquis par Alexandre le Grand et demeure la langue des dirigeants de l'Égypte hellénistique. Ces décrets d'évergétisme furent ainsi qualifiés de décrets trilingues ou de décrets bilingues. Cette dernière appellation marque une opposition entre les langues grecque et égyptiennes, les hiéroglyphes étant de plus considérés comme notant une langue morte, l'« égyptien de tradition », connu seulement d'une minorité de prêtres lettrés. Les versions hiéroglyphiques des décrets d'évergétisme utilisent un vocabulaire plus varié que les versions démotiques et grecques et révèlent que les trois versions ne sont pas toujours strictement littérales entre elles. Ajoutons que la présence des trois écritures n'est pas systématique et dépend des conditions locales d'affichage dans les temples égyptiens. Cette situation particulière de bilinguisme dans l'Égypte antique fut en tous cas une véritable opportunité pour les savants européens d'accéder à un contenu linguistique ancestral tombé dans l'oubli.

Given the extent of the corpus, this practice of euergetism appears to fall out of use – at least in this form – in the second half of the Ptolemaic Period. Indeed, only two other decrees are attested during the reigns of Epiphanes' sons, Ptolemy VI Philometor and Ptolemy VIII Euergetes II, and we currently have no traces of such for later monarchs.

In a manner that is specific to Hellenistic Egypt, these decrees were written in several scripts out of a desire that they be accessible to the greatest number of readers: in hieroglyphs, "language" of the gods of Egypt; in Demotic, the common language of Egyptians; and in *koiné*, the Macedonian dialect written in the Greek alphabet. This latter was used as the official administrative language of the territories that were conquered by Alexander the Great and remained the language of the rulers of Hellenistic Egypt. The decrees were thus qualified as trilingual or bilingual, and the latter term marks a contrast between Greek and Egyptian, in that hieroglyphs were considered as denoting a dead language, "traditional Egyptian", known only by a minority of educated priests. The hieroglyphic versions of the decrees use a more varied vocabulary than the Demotic and Greek versions and show that the three versions were not strictly and literally the same as each other. Furthermore, the presence of the three scripts was not systematic but depended on the local conditions of display in the Egyptian temples. In any case, this particular condition of bilingualism in Ancient Egypt provided a real opportunity for European scholars to gain access to an ancestral linguistic content that had been lost and forgotten.

These decrees were written in several scripts out of a desire that they be accessible to the greatest number of readers: in hieroglyphs, "language" of the gods of Egypt; in Demotic, the common language of Egyptians; and in koiné, the Macedonian dialect written in the Greek alphabet.

Le déchiffrement des cunéiformes
Deciphering cuneiform

Carole Roche-Hawley*

* Assyriologue, Directrice de recherche au CNRS, spécialiste de la diffusion des langues et écritures mésopotamiennes au Proche Orient

* Assyriologist, director of research with the CNRS, specialist in the spread of Mesopotamian languages and scripts in the Near East

À la fin du XVIIIe siècle, le botaniste André Michaux (1746-1802) rapporta en France une pierre couverte d'inscriptions cunéiformes. Cet objet, conservé au cabinet des médailles à la Bibliothèque nationale de France depuis 1800, est le premier objet inscrit en cunéiforme rapporté en Europe. Les écritures cunéiformes étaient alors connues des savants européens à travers des copies ou des mentions comme celle de Pietro della Valle en 1621, ou les copies de Niebuhr telles que celles reproduites dans sa description de l'Arabie en 1773. Au moment de l'arrivée du « caillou Michaux » en France, personne n'était capable de déchiffrer l'écriture ni d'en comprendre le texte. C'est par un long processus d'une cinquantaine d'années dans la première moitié du XIXe siècle et le travail de plusieurs chercheurs que le déchiffrement des écritures cunéiformes a été rendu possible.

La recherche et les réflexions sur les écritures cunéiformes visibles sur des monuments de Persepolis ont commencé au début du XVIIe siècle avec le Romain Pietro della Valle qui a identifié le sens de lecture des inscriptions, à savoir de gauche à droite, puis Niebuhr qui a distingué dans ces inscriptions trois écritures cunéiformes distinctes.

At the end of the 18th century the botanist André Michaux (1746-1802) brought a stone covered with cuneiform inscriptions to France. This object, held in the collections of the Bibliothèque Nationale de France since 1800, was the first artefact inscribed with cuneiform to arrive in Europe. Cuneiform scripts were at that time only known to European scholars via copies and reports by the likes of Pietro della Valle in 1621, and reproductions that appeared in Carsten Niebuhr's description of Arabia from 1773. When the "Michaux Stone" arrived in France no one was able to decipher the script or understand the text. There followed a long process over some 50 years in the first half of the 19th century involving the work of several scholars before the decipherment of cuneiform writing was made possible.

Research into and consideration of the cuneiform scripts that were visible on the monuments of Persepolis began in the early 17th century with the above-mentioned Italian scholar, Pietro della Valle, who identified the direction of the inscriptions, that is, from left to right. Later on Niebuhr demonstrated that these inscriptions represented three distinct forms of cuneiform.

Kudurru dit « le Caillou Michaux »

Inscription en cunéiforme, 1100-1083 av JC, serpentine, 40 x 22 x 14 cm

Bibliothèque nationale de France,
Musée des monnaies, médailles et antiques, Paris
Inv. Bnf-CHABOUILLET 702

Kudurru known as the "Michaux Stone"

Inscription in cuneiform, 1100-1083 BC, serpentine, 40 x 22 x 14 cm

Bibliothèque Nationale de France,
Musée des monnaies, médailles et antiques, Paris
Inv. Bnf-CHABOUILLET 702

En effet les inscriptions cunéiformes repérées à Persépolis se présentaient dans trois écritures cunéiformes distinctes, une présentant un inventaire d'une quarantaine de signes, la deuxième avec environ 110 signes et enfin une troisième plus complexe présentant plus de 500 signes.

Ces inscriptions en écritures cunéiformes différentes se trouvaient parfois inscrites sur un même objet ou relief et semblaient constituer des inscriptions trilingues : trois versions d'un même texte dans trois écritures et probablement trois langues différentes. Mais rien ne permettait de déchiffrer ces écritures ni la langue qu'elle notait ni même de déterminer s'il s'agissait de trois langues ou simplement trois écritures.

Le cunéiforme vieux perse : 43 signes essentiellement phonétiques

C'est à la suite d'un pari que l'Allemand Georg Friedrich Grotefend a travaillé au déchiffrement de l'écriture cunéiforme la plus simple. Il a identifié des clous séparateurs de mots et un terme qui revenait souvent et qu'il a proposé de comprendre comme « roi » partant de l'idée que sur des inscriptions monumentales courtes on peut s'attendre à trouver le nom d'un roi et sa titulature. Sur le modèle d'inscriptions sassanides, connues dans la région mais plus tardives, il a envisagé que ces courtes inscriptions donnaient une titulature royale suivant le modèle« roi… roi des rois ». Il a également posé l'hypothèse de travail suivant laquelle cette région autour de Persepolis avait été le cœur du pays des anciens Perses qu'il connaissait à travers ses lectures des auteurs classiques comme Hérodote.

Selon son hypothèse, les noms des rois perses, tels que Darius ou Xerxès, devaient donc figurer dans ces inscriptions et être suivis de la titulature du roi.

Ainsi, il fut capable de déchiffrer, d'une manière très approchante, une phrase telle que « Xerxès le Grand Roi, Roi des Rois, fils de Darius le Roi, un Achéménide ». En 1802 il écrivit à la société royale de Göttingen, pour lui communiquer ses résultats, sans succès puisque les savants de la société royale réfutèrent ses conclusions.

Indeed, the inscriptions found at Persepolis could be distinguished as three different cuneiform scripts, one involving some 40 signs, the second with roughly 110 signs and the third and most complex counting more than 500 signs.

The inscriptions in different cuneiform writing systems sometimes appeared on the same object or relief and seemed to constitute trilingual inscriptions: three versions of the same text in three scripts and probably three different languages. However, there was nothing to assist in the decipherment of the writings or the language that they notated, or even to determine whether they represented three languages or simply three scripts.

Old Persian cuneiform: 43 essentially phonetic signs

The German scholar Georg Friedrich Grotefend began working on the decipherment of the simplest form of cuneiform writing as part of a bet. He identified the wedges separating words and a term that was often repeated, which he proposed to understand as "king" on the basis that one could expect to find the name of a king and his titles in short monumental inscriptions. Following the model of Sassanian inscriptions that were known in the region but of much later date, he imagined that these short inscriptions gave a royal titles along the lines of "king… king of kings". He also laid down the working theory that the region around Persepolis had been the heart of ancient Persia, which he knew from his readings of classical writers such as Herodotus.

According to his theory, the names of Persian kings, like Darius and Xerxes, should feature in the inscriptions and be followed by a royal titles.

Thus he was able to decipher in an approximate way, a phrase such as "Xerxes, Great King, King of Kings, son of Darius the King, Achaemenid". He wrote to the Royal Society of Göttingen in 1802 reporting his results but with no success as the members of the society rejected his conclusions.

On sait cependant aujourd'hui que ce sont ses hypothèses de départ sur la titulature et les anthroponymes perses à rechercher dans ces inscriptions qui ont permis cette première avancée décisive dans le déchiffrement des cunéiformes.

La copie par un militaire anglais, Henri Creswicke Rawlinson, d'une grande inscription trilingue près de Hamadan en 1835, puis en 1836-1837 de la colonne perse de l'inscription de Behistun, a livré un large inventaire de signes avec un texte assez long permettant d'enrichir les recherches sur le déchiffrement du cunéiforme. C'est en 1847 que Rawlinson fit la copie de la troisième colonne de l'inscription de Behistun.

Le travail de Grotefend fut poursuivi par des savants anglais et français, notamment l'Anglais Rawlinson déjà cité, l'Irlandais Edward Hincks et l'Allemand établi en France Jules Oppert. Le cunéiforme vieux perse et la langue vieux perse, qui est une langue indo-européenne, sont déchiffrés définitivement en 1846.

À partir de 1802 et du travail de Grotefend, les bases du déchiffrement des cunéiformes étaient posées : dans des inscriptions se présentant comme des copies d'un même texte en trois systèmes d'écriture on pouvait, à partir de la première moitié du XIXe siècle, comprendre relativement bien une de ces écritures et le texte qu'elle véhiculait. Dès lors le travail de déchiffrement se présentait différemment puisqu'en étant capable de lire une écriture on pouvait comprendre un texte et donc le rechercher dans des écritures qui étaient, elles, non déchiffrées. Le principe pour déchiffrer une écriture inconnue sur la base d'une bilingue ou trilingue est toujours de commencer par tenter de repérer les noms propres ; si un texte dans une écriture A en langue X donne le nom d'un personnage comme Darius il est nécessaire que dans le texte bilingue en écriture B et langue Y on retrouve le nom de Darius.

We know, however, today that it was his initial theories around the search for titles and Persian names in the inscriptions that led to the first decisive advances in the deciphement of cuneiform.

In 1835 a British soldier, Henry Creswicke Rawlinson, copied a large trilingual inscription near Hamadan. Then, in 1836-1837 he copied the Persian column of the Behistun Inscription, thus providing a large inventory of signs along with a relatively long text that would be of value for the decipherment of cuneiform. In 1847 Rawlinson copied the third column of the Behistun Inscription.

Grotefend's work was continued by both French and British scholars, notably the above mentioned Rawlinson, the Irishman Edward Hincks and the Franco-German scholar, Jules Oppert. Old Persian cuneiform and the Old Persian language, which is Indo-European, were definitively deciphered in 1846.

Beginning in 1802 and the endeavours of Grotefend, the foundations for deciphering cuneiform were well laid. From the first half of the 19th century, within inscriptions that appeared as copies of one sole text in three writing systems one could understand reasonably well one of these scripts and the text it was expressing. From there, the nature of the work left to be done changed, since by being able to read one form of writing, one could understand a text and thus look for the same meaning in the writing system that had not yet been deciphered. The principle for deciphering an unknown writing system on the basis of a bilingual or trilingual source is always to begin by trying to spot proper names: if a text in Writing A and Language X holds the name of an individual like Darius, then it is evident that in a bilingual text in Writing B and Language Y one will find the name of Darius.

As from 1802 and the endeavours of Grotefend, the foundations for deciphering cuneiform were well laid.

À partir de 1802 et du travail de Grotefend, les bases du déchiffrement des cunéiformes étaient posées.

Le cunéiforme élamite : une simplification du cunéiforme mésopotamien

Ces savants s'attachèrent au déchiffrement de la deuxième écriture, un peu plus complexe, avec environ 110 signes. Celle-ci, essentiellement syllabique, notait la langue élamite et est déchiffrée depuis 1853 avec la publication de Norris, « Memoir on the scythic version of the Beshistun inscription » (JRAS 15, p. 1-123), qui avait poursuivi les travaux de Westergaard et Hincks.

Le cunéiforme mésopotamien : plus de 500 signes

C'est surtout pour la troisième écriture cunéiforme, plus complexe, avec plus de 500 signes, que les savants eurent à relever plusieurs défis. Tout d'abord, l'enjeu était de taille puisque l'on trouvait cette écriture sur de très nombreux artefacts mis au jour régulièrement lors de fouilles au Moyen-Orient ; c'est en 1847 que fut créé le Musée assyrien du Louvre destiné à abriter les découvertes de Khorsabad.

C'est alors que commença un travail de déchiffrement international empreint de rivalités dans les milieux européens.

Dès 1846, Hincks comprit que cette écriture est au moins en partie syllabique (1 signe = 1 syllabe) et un peu plus tard, qu'elle est aussi logographique (1 signe = 1 mot).

Une difficulté apparut immédiatement : ce sont les même signes qui peuvent être utilisés pour une valeur syllabique ou logographique, cette difficulté étant encore amplifiée par le fait que chaque signe possède plusieurs valeurs de syllabes et plusieurs valeurs de mots. Un tel système d'écriture, avec une telle complexité, n'était alors pas connu des chercheurs du XIXe siècle.

Elamite cuneiform: a simplified version of Mesopotamian cuneiform

The scholars then turned to studying the second, slightly more complex writing system that was comprised of around 110 signs. This turned out to be essentially syllabic denoting the Elamite language and it was deciphered in 1853 with the publication of "Memoir on the Scythic version of the Behistun inscription" (*JRAS* 15, p. 1-123) by Edwin Norris, who had built upon the work of Westergaard and Hincks.

Mesopotamian cuneiform: more than 500 signs

It was, above all, the third and most complicated form of cuneiform containing more than 500 signs that provided the stiffest challenge. First of all, there was a lot to be considered, in that this writing was found on many artefacts that were regularly unearthed in excavations across the Middle East. Indeed, in 1847 an Assyrian section was established within the Louvre in order to accommodate the discoveries from Khorsabad. An international attempt at decipherment was begun, tinged with a certain amount of rivalry among the European scientific milieu.

By 1846 Hincks had understood that this writing was at least partly syllabic (one sign = one syllable) and, slightly later, that it was also logographic (one sign = one word). A difficulty immediately appeared: the same signs could be used with a syllabic or a logographic value. This difficulty was increased by the fact that every sign possessed several values as a syllable and several values as a word. Scholars of the

Prisme de Teglath-Phalasar
Inscription en cunéiforme, 1112-1074 av JC
Argile, 39,40 x 17,80 cm
British Museum, Londres
Inv. 91033

Prism of Tiglath-pileser
Inscription in cuneiform, 1112-1074 BC
Clay, 39.40 x 17.80 cm
British Museum, London
Inv. 91033

En 1847, Rawlinson exprime dans une lettre ses doutes sur le déchiffrement du babylonien, langue identifiée derrière cette troisième écriture cunéiforme : « Que nous soyons capables de parvenir à la même compréhension de la langue babylonienne que celle que nous avons maintenant du perse achéménide, j'en doute beaucoup. » Cependant, dès cette même année, Hincks publie une liste des valeurs de signes contenant de nombreuses erreurs qu'il corrigera un mois plus tard et qui est très incomplète mais qui posa les bases du déchiffrement du cunéiforme mésopotamien.

Par ailleurs, pour ce qui est de la langue notée par ce système d'écriture, en 1846, Hincks faisait la remarque que l'assyrien et le babylonien, la langue notée par ce cunéiforme, avaient beaucoup en commun avec les langues sémitiques.

Après quelques années d'avancées dans le déchiffrement du cunéiforme mésopotamien et de la langue babylonienne, plusieurs savants se dirent capables de comprendre certains textes. En 1857, un Anglais, William Henry Fox Talbot, adressa à la Royal Asiatic Society une transcription d'une inscription assyrienne. Ce texte est inscrit sur un prisme d'argile mis au jour à Assur et contient une description des hauts faits de Teglath-Phalasar Ier (1113-1074). Talbot demanda à ce que la lecture de sa traduction soit faite seulement après que Rawlinson aurait envoyé la sienne. La Royal Asiatic Society imagina alors d'agrandir le panel de savants invités à participer à cette expérience. Ils soumirent donc la copie du prisme de Teglath-Phalasar Ier à trois autres savants : Rawlinson, Hincks et Oppert. Ce test devait permettre de déterminer le degré de compréhension que ces savants avaient du cunéiforme mésopotamien et de la langue assyro-babylonienne.

Les ressemblances entre les translittérations en alphabet romain et les traductions proposées par ces quatre savants étaient réelles, si bien que l'on considéra que s'ils avaient obtenu des traductions assez proches tout en travaillant indépendamment, c'est qu'ils « comprenaient » le système d'écriture et la langue notée.

C'est cette date, 1857, qui est aujourd'hui considérée comme celle du déchiffrement du cunéiforme mésopotamien et de la langue akkadienne (ce terme regroupe à la fois l'assyrien et le babylonien) et de la preuve apportée que cette langue est une langue sémitique. Cependant, certains savants bien établis dans le domaine des premiers alphabets et des langues sémitiques n'ont pu accepter ces conclusions avant plusieurs années.

19th century had never yet been confronted by such a writing system with such complexity.

In 1847 Rawlinson wrote a letter in which he expressed his reservations about this third version of cuneiform writing being in the Babylonian language: "That we will be able to come to the same understanding of the Babylonian language as we currently have of Achaemenid Persian, I strongly doubt." Meanwhile, that same year, Hincks published a list of sign values that contained numerous errors which he would correct one month later and which is far from complete but nevertheless laid the foundations for the decipherment of Mesopotamian cuneiform.

As regards the language conveyed by this writing system, Hincks had remarked in 1846 that both Assyrian and Babylonian, which was indeed the language of the writing, had much in common with Semitic languages.

After a few years of progress in the decipherment of Mesopotamian cuneiform and the Babylonian language, several scholars considered that they were capable of understanding certain texts. In 1857, an Englishman, William Henry Fox Talbot, presented a transcription of an Assyrian inscription to the Royal Asiatic Society. This text was inscribed on a clay prism found at Assur and it contained an account of the great exploits of Tiglath-pileser I (1113-1074). Talbot asked that his translation should only be read after Rawlinson had submitted his own version. The Royal Asiatic Society then decided to expand the number of scholars invited to participate in this experiment. Thus, they provided a copy of the prism of Tiglath-pileser I to three other men: Rawlinson, Hincks and Oppert. This test was designed to determine the level of comprehension that the scholars had of Mesopotamian cuneiform and the Assyro-Babylonian language.The four transliterations into the Latin alphabet and the proposed translations were sufficiently similar for the Society to realise that, despite working independently, the scholars had produced relatively close results and that they "understood" the writing system and the language.

And so 1857 is now considered the year when Mesopotamian cuneiform and the Akkadian language (i.e. both Assyrian and Babylonian) were deciphered and proven to be a Semitic language. Nevertheless, some other well-established scholars within the field of early alphabets and Semitic languages were slow to accept these conclusions.

Ernest Renan, qui était membre de l'Académie des inscriptions et belles lettres depuis 1856 et qui fut nommé professeur d'hébreu au Collège de France en 1862, fut un opposant farouche de ces découvertes alors même que le« test de Londres » de 1857 s'était avéré concluant. Quand Oppert publia son deuxième volume de l'Expédition scientifique en Mésopotamie en 1859, Renan fit plusieurs critiques très sévères sur ses conclusions sur le déchiffrement de l'écriture cunéiforme mésopotamienne et de la langue akkadienne.

Oppert souligna la complexité de l'écriture mésopotamienne et du choix dans la valeur à retenir lors de la lecture:« on les essaye, chacune à son tour, et l'on adopte celle qui va le mieux » et souligne les difficultés face à un système polymorphe où un même signe peut être utilisé pour une de ses valeurs syllabiques ou logographiques. Pour Renan, une telle incertitude et complexité n'est pas concevable et il écrit dans le *Journal des savants* (1859, p. 186) : « On entrevoit tout d'abord ce qu'une telle conséquence a d'effrayant. Elle est de nature à inspirer bien des doutes, et sur les principes qui y conduisent, et, si ces principes sont inébranlables, sur la possibilité de déchiffrer une écriture qui renverse à un tel point les principes fondamentaux de toute paléographie. »

Pour le déchiffrement de la langue akkadienne, Renan était encore plus critique et il nia pendant longtemps que l'akkadien était une langue sémitique (1859, p. 246):« Que si l'on examine la langue sémitique qui résulte des lectures de MM. les assyriologues, indépendamment des procédés par lesquels ils l'obtiennent, on éprouve une perplexité non moindre. Les habitudes de la grammaire générale des langues sémitiques y sont souvent violées. Des particularités, qui sont rejetées, dans la grammaire sémitique, au troisième ou quatrième plan, sont ici sur le premier plan;on se trouve sans cesse en présence de formes qui dépaysent et de mots qu'on ne rencontre pas dans les autres langues sémitiques. Pour comprendre l'étonnement que cause ce fait, il faut se rappeler le grand caractère d'unité des langues sémitiques. (...) Une langue sémitique où dans se rendrait par *in*, à par *ana*, tout par *gab*, etc. comme le veut M. Oppert, est un phénomène presque aussi difficile à admettre pour le philologue, que l'eût été, pour Cuvier, un carnassier à dents plates ou un mastodonte ailé. »

Ernest Renan, who became a member of the Académie des Inscriptions et Belles Lettres in 1856 and was nominated professor of Hebrew at the Collège de France in 1862, was a fierce critic of these discoveries even though the "London Test" of 1857 appeared to be decisive. When Oppert published the second volume of the *Expédition scientifique en Mésopotamie* in 1859, Renan made some very severe criticisms of his conclusions regarding the decipherment of Mesopotamian cuneiform and the Akkadian language.

Oppert emphasised the complexity of Mesopotamian writing and the choice of values to be made when reading it: "One must try each one out by turn, and one must adopt the one that fits best". He also stressed the difficulties posed by a polymorphous system in which the same sign could be used for its syllabic or logographic value. Renan thought that such incertitude and complexity was inconceivable and he wrote in the *Journal des savants* (1859, p. 186): "One foresees, first of all, what is so alarming in such a conclusion. It is likely to inspire serious doubts regarding both the principles which led to it, and, if these principles are steadfast, the possibility of deciphering a writing which upsets to such an extent the fundamental principles of all palaeography."

As for the decipherment of the Akkadian language, Renan was even harsher and he denounced for a long time the notion that Akkadian was a Semitic language (1859, p. 246): "If one examines the Semitic language that results from the readings of Messrs The Assyriologists independently of the procedures by which they obtained it, one is struck by no little perplexity. The patterns of the standard grammar of Semitic languages are often violated. Particularities, which are rejected, in Semitic grammar, of third or fourth importance, are here of primary importance; one is continuously confronted by forms that surprise and words one does not find in other Semitic languages. To understand the astonishment that this causes, one should recall the characteristic unity of the Semitic languages... A Semitic language in which in is rendered by *in*, to by *ana*, all by *gab*, etc. as Mr Oppert would have it, is almost as difficult for the philologist to accept as it would have been for Cuvier to accept a carnivore with flat teeth or a winged mastodon."

Clou de fondation

Inscription en cunéiforme, terre cuite
Figeac, Musée Champollion – Les Écritures du Monde

Foundation peg

Inscription in cuneiform, terracotta
Figeac, Musée Champollion–Les Écritures du Monde

S'il fallut du temps pour accepter les conclusions des assyriologues du milieu du XIXe siècle, on comprend maintenant les réticences de Renan : le cunéiforme mésopotamien est un système complexe où, il est vrai, il faut souvent envisager toutes les lectures possibles pour un signe avant de pouvoir retenir une valeur et même s'il est vrai que la transcription ne devrait pas se faire en fonction du contenu du texte, en assyriologie, c'est en fonction du fond que sont faits les choix de transcriptions.

Par ailleurs, l'originalité de l'akkadien parmi les langues sémitiques, originalité telle que Renan ne pouvait concevoir qu'il s'agisse vraiment d'une langue sémitique, est expliquée aujourd'hui par le fait que dans la reconstitution de la famille des langues sémitiques, l'akkadien occupe une place isolée par rapport aux autres langues sémitiques, en tant que représentant la branche orientale de ces langues, quand les langues sémitiques mentionnées par Renan (phénicien, araméen, hébreu, arabe…) appartiennent à une branche occidentale.

Il a donc fallu le travail indépendant de plusieurs chercheurs en harmonie ou parfois en rivalités hostiles, capables de s'affranchir des limites des connaissances en matière de linguistique et d'histoire des écritures dans la première moitié du XIXe siècle, pour parvenir, en une cinquantaine d'années, à déchiffrer trois écritures et trois langues différentes, et ouvrir ainsi la voie à l'étude de l'Orient ancien à travers ses sources écrites, dans les textes laissés par les anciens Mésopotamiens ou Perses.

While it may have taken some time for the assyriologists' conclusions to be accepted in the mid-19th century, one can now understand Renan's reluctance. Mesopotamian cuneiform is a complicated system in which, it is true, one must often envisage all possible readings of a sign before being able to ascribe a value. Moreover, even if it is true that transcription should not be made as a function of the content of the text, in assyriology, it is as a function of the context that transcription choices are made.

In addition, the uniqueness of Akkadian among Semitic languages, to an extent that Renan could not imagine that it really was Semitic, is now explained by the fact that within the family tree of Semitic languages, Akkadian is isolated from the others, in that it represents the Eastern branch of these languages, whereas those mentioned by Renan (Phoenician, Aramaic, Hebrew, Arabic etc.) belong to the Western branch.

It ultimately required the independent work of several scholars, sometimes in agreement, sometimes in opposition, who were capable of going beyond the limited knowledge of linguistics and the history of writing in the first half of the 19th century. It took some 50 years to decipher three different writing systems and three different languages, and thus open up a path to studying the Ancient East through its written sources in the texts left by the Ancient Mesopotamians and Persians.

Le cunéiforme alphabétique ougaritique : un alphabet d'une trentaine de signes essentiellement consonantiques

Lors de la découverte des premiers textes en écriture cunéiforme alphabétique en 1929 sur le site de Ras Shamra en Syrie, Charles Virolleaud, qui était assyriologue, identifia immédiatement plusieurs traits importants caractérisant cette nouvelle écriture. Tout d'abord, l'inventaire était d'une trentaine de signes ; il ne pouvait alors s'agir d'un système syllabique et ce devait donc être un alphabet. Il nota également que les mots étaient généralement courts et constitués de quatre signes au maximum. Ces mots étaient séparés par un signe de séparation (un clou ou trait). Sur des lames de bronze mises au jour cette même année, on pouvait lire une même séquence de signes, et il envisagea d'y voir un nom propre, et sur l'une de ces lames le mot qu'il supposait être le nom du propriétaire était précédé d'un signe qu'il proposa de lire « de, appartenant à » suivant un modèle connu pour d'autres langues et écritures sémitiques.

Après ces premières pierres posées dans le déchiffrement de cette nouvelle écriture, plusieurs chercheurs se consacrèrent à celle-ci. L'Allemand Hans Bauer suggéra que la langue notée par cette écriture était une langue sémitique. Il se concentra sur les mots à quatre ou cinq signes et y rechercha des lettres qui pourraient apparaître comme préfixes ou suffixes (se répétant devant des racines différentes). Par ailleurs, il observa que dans une suite de trois mots on trouvait entre deux mots donnés un même mot de deux lettres. Il a proposé de transcrire ces signes par *bn*, le mot « fils » dans les langues sémitiques, dans une séquence Nom propre *fils* de Nom propre.

Le travail de Bauer fut complété indépendamment par celui d'autres chercheurs tels que Édouard Dhorme ou Virolleaud qui poursuivit son étude de cet alphabet et fut le premier éditeur des textes ougaritiques.

Ugaritic alphabetic cuneiform: a consonantal alphabet of some 30 signs

When the first texts in an alphabetic cuneiform were discovered in 1929 at Ras Shamra in Syria, Charles Virolleaud, an assyriologist, immediately identified several important characteristics of this new writing. First of all, there were only around 30 signs and so it could not be a syllabic system and must therefore be an alphabet. He also noted that the words were generally short and composed of a maximum of four signs. The words were separated by a particular sign (a wedge or dash). In the same year bronze adzes were found on which the same sequence of signs could be read and Virolleaud proposed that this be a proper name or title. On one of these blades the word that he supposed to be the owner's name was preceded by a sign that he suggested should be read as "of, belonging to" as found in other Semitic writing and languages.

Following these initial steps in the decipherment of the new newly discovered writing system, several other scholars devoted themselves to its study. A German, Hans Bauer suggested that the language denoted by the writing was Semitic. He focused on words of four or five signs and looked for letters that might be prefixes or suffixes (repeatedly appearing before different roots). In addition, he observed that in a sequence of three words, the same two-letter word often appeared between the first and last. He proposed transcribing these two signs as *bn*, the word for "son" in Semitic languages, creating a sequence of Name *son of* Name.

Bauer's work was complemented independently by that of other scholars, such as Édouard Dhorme and Virolleaud, the latter becoming the first editor of Ugaritic texts.

Herminette
Inscription en alphabet cunéiforme, bronze
Musée du Louvre, Département des antiquités orientales

Adze
Inscription in alphabetic cuneiform, bronze
The Louvre, Département des antiquités orientales

La «table au lion»

Suse, XXIIe siècle av. J.-C. (Musée du Louvre),

présentant une inscription en Akkadien en écriture cunéiforme à droite et en élamite noté avec l'écriture élamite linéaire à gauche (écrit de droite à gauche). Les séquences notant les noms propres Insušinak et Puzur-Sušinak sont encadrées respectivement en bleu et en rouge.

The "table au lion"

Susa, 22nd century BC (Louvre Museum),

an inscription in Akkadien in cuneiform to the right and in Elamite in Linear Elamite to the left (reading from right to left).
The sequences recording the proper names Insušinak and Puzur-Sušinak are outlined respectively in blue and in red.

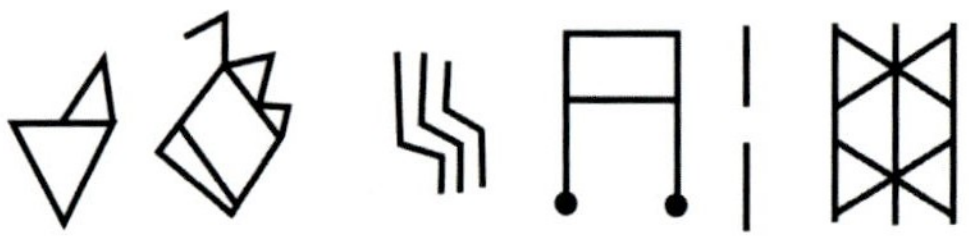

i-n-su-ši-na-k

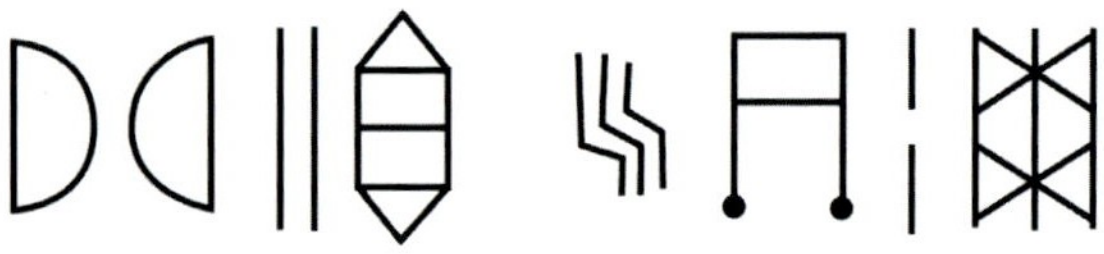

pu-zu-r su-ši-na-k

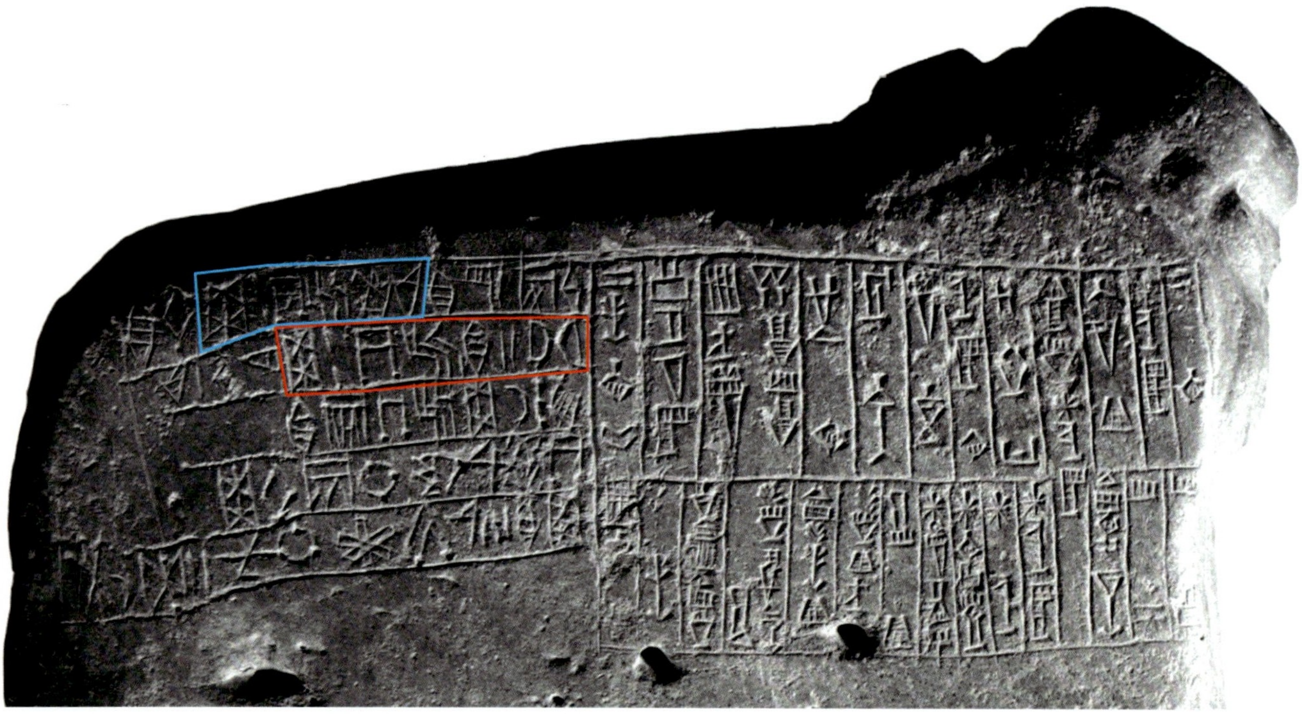

Le déchiffrement de l'élamite linéaire, un système d'écriture iranien du 3e millénaire av. J.-C.

The decipherment of Linear Elamite script, an Iranian writing system of the 3rd millennium BC

François Desset*

* Archéologue, spécialiste de l'Iran du néolithique à l'âge de bronze, déchiffreur de l'élamite linéaire (UMR 5133 Archéorient / Université de Téhéran)

* Archaeologist, specialist of Iran from the Neolithic to the Bronze Age, decipherer of the Linear Elamite script (UMR 5133 Archéorient / University of Teheran)

Les premiers textes en élamite linéaire ont été découverts en 1903 par la mission française fouillant à Suse. Certains accompagnaient les inscriptions cunéiformes d'un roi ayant régné dans le sud-ouest de l'Iran au XXIIe siècle av. J.-C., Puzur-Sušinak. Se basant notamment sur le nom de ce souverain, de son père Šin-pishůk, du toponyme Suse et de sa divinité poliade, Insušinak, des savants tels que F. Bork, C. Frank, W. Hinz et P. Meriggi avaient pu proposer entre les années 1900 et 1970, des lectures pour une dizaine de signes.

Tel était l'état des connaissances au début des années 2000, quand un nouveau corpus de huit textes, inscrits sur des vases *kunanki* en argent, venant de la région de Kam-Firouz dans le Fars et datés entre 2000 et 1880 av. J.-C., a été porté à l'attention des savants. C'est leur étude qui a permis de proposer le déchiffrement quasi-complet de l'élamite linéaire réalisé entre 2017 et 2020, commencé notamment avec l'identification de séquences de signes notant probablement des noms propres. L'une d'entre elles, en quatre signes, peut en être considérée comme l'élément déclencheur. Le premier signe était déjà connu auparavant, *ši* (par les lectures Puzur-Sušinak et Insušinak), alors que les 3e et 4e signes se répètent.

The first texts in Linear Elamite were discovered in 1903 by a French team excavating at Susa. Some were found alongside cuneiform inscriptions of a king, Puzur-Sušinak, who reigned in south-west Iran in the 22nd century BC. Scholars, such as F. Bork, C. Frank, W. Hinz and P. Meriggi, working between 1900s and 1970s, proposed readings for about a dozen signs based upon the name of this ruler, of his father Šin-pishůk, the toponym Susa and the name of its tutelary god Insušinak,

That was the state of our knowledge at the beginning of the 2000s when a new corpus of eight texts inscribed on silver *kunanki* vases from the region of Kam-Firuz in Fars, dated to between 2000 and 1880 BC, were brought to the attention of scholars. A study of these artefacts led to the almost complete decipherment of Linear Elamite between 2017 and 2020, and began with an identification of sequences of signs denoting what appeared to be proper names. One of these, of four signs, could be considered the key. The first sign was already known, *ši* (from readings of Puzur- Sušinak et Insušinak), whereas the third and fourth signs were repeats.

Parmi les souverains iraniens attestés dans les sources cunéiformes entre 2000 et 1880 av. J.-C., un seul possède un nom en quatre syllabes, dont la première est *ši* et où les 3e et 4e se répètent : Šilhaha (*ši-l-ha-ha*). Régnant vers 1950 av. J.-C., ce souverain était souvent associé à un autre dirigeant, peut-être son père, dont le nom a ainsi pu être rapidement repéré : Eparti II (*e-pa-r-ti*). Ces souverains adressaient notamment leurs prières à la principale divinité du panthéon à cette époque, Napireša (*na-pi-ri-ša*, parfois noté *na-pi-r-ri-ša*), le « grand dieu » en langue élamite. Ces lectures ont permis l'identification d'une dizaine de nouveaux signes (*e, ha, l, pa, pi, r, ri, ša, ti*).

La dernière étape du déchiffrement menée en collaboration avec K. Tabibzadeh, M. Kervran, G. P. Basello et G. Marchesi a consisté dans la mise en parallèle de prières identiques en langue élamite, notées en écriture élamite linéaire entre 2000 et 1880 av. J.-C. et par la suite en écriture cunéiforme, notamment dans deux inscriptions cunéiformes du roi Sewe-palar-hůhpak, contemporain de Ḫammurapi de Babylone dans la première moitié du XVIIIe siècle av. J.-C. Cette situation de digraphie, une même langue (élamite) notée avec deux différents systèmes d'écriture (cunéiforme connu et élamite linéaire inconnu), est à bien distinguer des cas de multi(bi)-linguisme.

Of all the Iranian rulers attested in cuneiform sources between 2000 and 1880 BC, only one has a name of four syllables, the first of which is *ši* and the third and fourth are the same: Šilhaha (*ši-l-ha-ha*). He reigned around 1950 BC and was often associated with another ruler, perhaps his father, whose name was also quickly noted: Eparti II (*e-pa-r-ti*). These sovereigns address their prayers to the main divinity of that era's pantheon, Napireša (*na-pi-ri-ša*, sometimes written *na-pi-r-ri-ša*), the "great god" in the Elamite language. These readings confirmed the identification of another nine new signs (*e, ha, l, pa, pi, r, ri, ša, ti*).

The final stage in the decipherment, led with K. Tabibzadeh, M. Kervran, G. P. Basello and G. Marchesi, consisted in comparing identical prayers in Elamite language recorded in Linear Elamite between 2000 and 1880 BC and then in cuneiform writing, notably in two cuneiform inscriptions of King Sewe-palar-hůhpak, a contemporary of Hammurapi of Babylon in the first half of the 18th century BC. This situation of digraphia, that is, one language (Elamite) written in two different writing systems (known cuneiform and unknown Linear Elamite), is to be clearly distinguished from the cases of multi(bi)-lingualism.

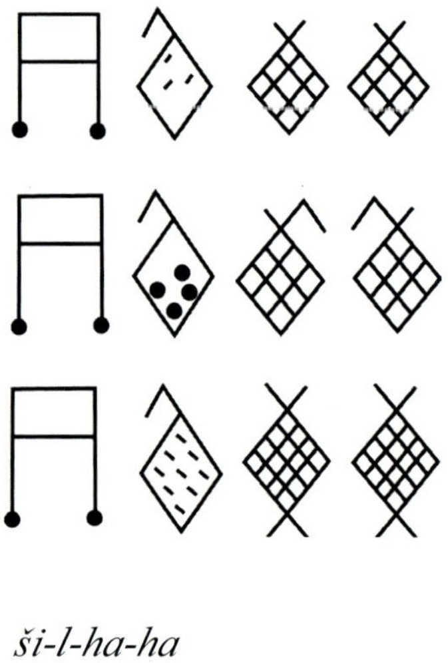

ši-l-ha-ha

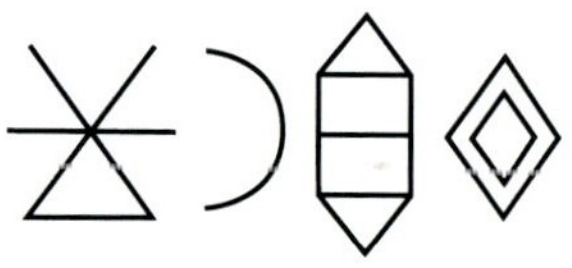

e-pa-r-ti

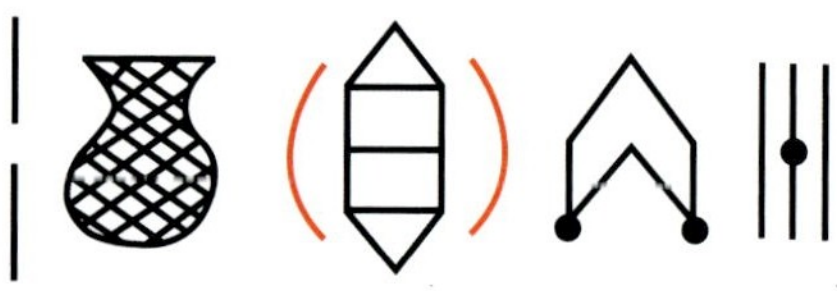

na-pi(-r)-ri-ša

Ce travail a mené au déchiffrement de 72 signes (correspondant à 73 valeurs, un signe étant en effet bivalent : /u/~/w/), permettant la lecture de 96.3% des 1890 signes attestés sur les 40 inscriptions connues à l'heure actuelle. C'est donc du déchiffrement quasi-complet de l'élamite linéaire dont il s'agit ici. En l'état présent des données, l'élamite linéaire, utilisé de 2300 à 1880 av. J.-C. dans la moitié sud de l'Iran pour noter la langue élamite, un isolat linguistique connu jusqu'à présent uniquement par les textes cunéiformes, est le plus ancien système d'écriture au monde avec les hiéroglyphes égyptiens, le cunéiforme mésopotamien et l'écriture de l'Indus. Il s'agit, de plus, du plus ancien système d'écriture purement phonogrammatique (aucun logogramme attesté), un alpha-syllabaire constitué théoriquement de 76 signes et 77 valeurs, organisé selon 5 valeurs vocaliques (/a/, /e/, /i/ /o/, /u/), 12 consonantiques (/h/, /k/, /l/...) et les 60 valeurs syllabiques correspondantes (/ha/, /he/, /hi/, /ho/, /hu/, /ka/...).

This work led to the decipherment of 72 signs (corresponding to 73 values, one sign being in fact bivalent: /u/~/w/), and allowed for a reading of 96.3% of the 1890 signs attested in the 40 inscriptions currently known. This effectively means that Linear Elamite has been almost entirely deciphered. As the data stands at the present, Linear Elamite, which was used from 2300 to 1880 BC in the southern half of Iran to write the Elamite language, an isolate known until now only through cuneiform texts, is one of the oldest writing systems in the world along with Egyptian hieroglyphs, Mesopotamian cuneiform and the Indus script. Moreover, it is the oldest purely phonogrammatic writing system (no logograms have been attested). It is an alphasyllabary composed in theory of 76 signs and 77 values, organised around five vowel values (/a/, /e/, /i/ /o/, /u/), 12 consonants (/h/, /k/, /l/...) and the 60 corresponding syllabic values (/ha/, /he/, /hi/, /ho/, /hu/, /ka/...).

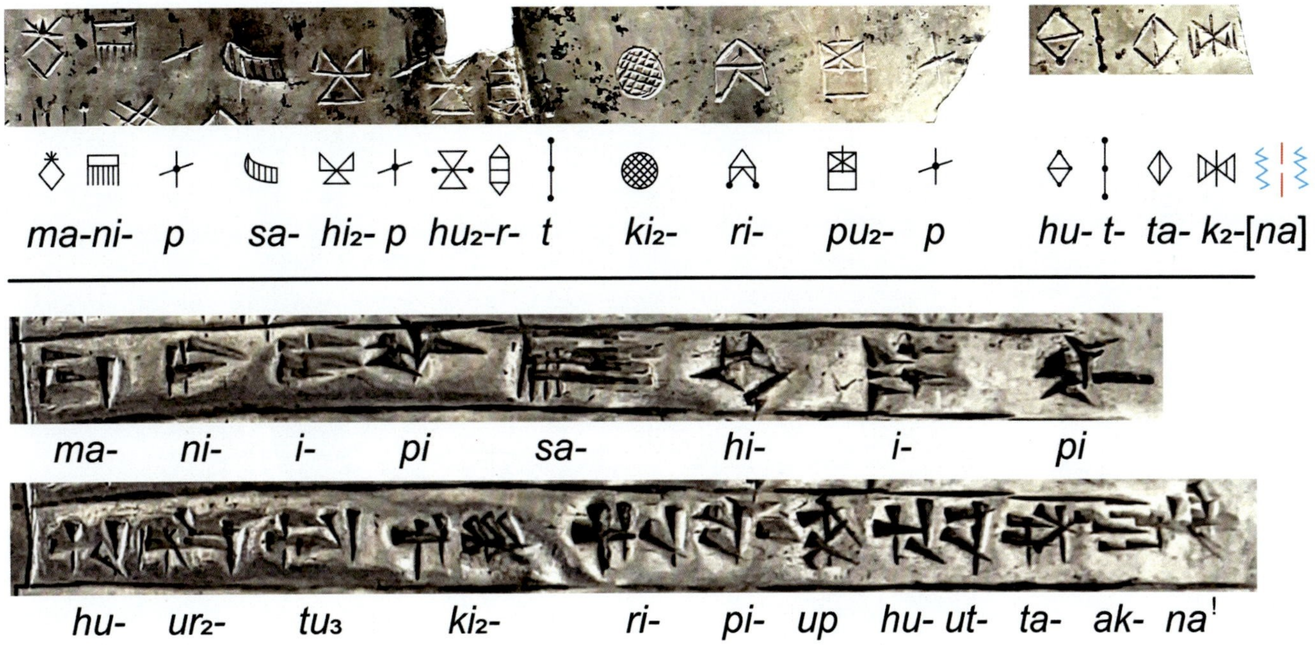

Situation de digraphie pour la même prière en langue élamite

/mani-p sah-ip hůrt kere-p o-p[e] hůta-k-na/
[«puissent les manis [objets ?] de bronze être réalisés pour mon clergé [mot à mot, pour mes gens de la dévotion]»,

notée en haut en écriture élamite linéaire dans un texte du roi Itatu I (vers 1980 av. J.-C. ; texte Z: 8-9)

et deux siècles après en bas en écriture cunéiforme dans un texte du roi Sewe-palar-hůhpak (Cunéiforme 9: 58-59; première moitié du XVIIIe siècle av. J.-C.).

A case of digraphia of the same prayer in the Elamite language.

/mani-p sah-ip hůrt kere-p o-p[e] hůta-k-na/,
("May the manis [cultic objects?] of bronze be realized for my priests"),

written above in Linear Elamite script in a text of King Itatu I (circa 1980 BC; Text Z: 8-9)

and two centuries later in cuneiform script in a text of King Sewe-palar-hůhpak (Cuneiform 9: 58-59; first half of the 18th century BC).

Tablette proto-élamite de Suse
Vers 3300/3000 avant J.-C (SB 15077 ; MDP VI 203 ; AS 203)

PROTO-ELAMITE TABLET FROM SUSA
circa 3300-3000 BC (sb 15077 ; mdp vi 203 ; as 203)

Si l'élamite linéaire est à considérer comme la version 'récente' des tablettes proto-élamites (3300-3000 av. J.-C.), son déchiffrement pourrait alors ouvrir la voie, de manière régressive comme pour les textes cunéiformes lus à partir des textes les plus récents (période achéménide) jusqu'aux plus anciens (IIIe et fin IVe millénaire av. J.-C.), au plus ancien système d'écriture au monde à la fin du IVe millénaire av. J.-C., l'écriture proto-élamite, contemporaine du proto-cunéiforme mésopotamien et des premiers hiéroglyphes égyptiens. De quoi permettre une meilleure compréhension de l'invention de l'écriture dans le monde !

If one considers Linear Elamite to be a "recent" version of what appears on the Proto-Elamite tablets (3300-3000 BC), its successful decipherment might lead backwards, just as understanding the most recent cuneiform texts (Achaemenid Period) opened up the oldest ones (3rd and end of 4th millennium BC). Thus, we might reveal one of the earliest writing systems in the World, at the end of the 4th millennium BC , Proto-Elamite, contemporary with Mesopotamian Proto-cuneiform, and the very first Egyptian hieroglyphs. This would shed light on the very invention of writing in the world!

Vase *kunanki* en argent
de la région de Kam-Firouz
portant l'inscription Z attribuée à Itatu I,
vers 1980 av. J.-C.

Silver *kunanki* beaker
from the region of Kam-Firuz
bearing inscription Z attributed to Itatu I,
circa 1980 BC

VOWEL ALTERNATION IN ETHNIC ADJECTIVES

Le déchiffrement du linéaire B

Deciphering Linear B

Julien Zurbach*

* Maître de conférences en histoire grecque à l'École Normale Supérieure, spécialiste des épigraphies égéennes (linéaire A et B) et grecques archaïque

* Senior lecturer in Greek history at the École Normale Supérieure, specialist in Aegean epigraphy (Linear A and B) and Archaic Greek

Les écritures égéennes furent découvertes en 1900, dès le début des fouilles menées à Cnossos, en Crète, par l'archéologue britannique Arthur Evans. Cette découverte est l'aboutissement d'une série de fouilles qui ont permis, depuis 1870, de démontrer l'existence d'un âge du Bronze en Égée, remontant bien avant le monde des cités grecques. Heinrich Schliemann, Wilhelm Dörpfeld et Christos Tsountas furent, par leurs travaux à Troie, à Mycènes, à Tirynthe et ailleurs, les pionniers de cette redécouverte de l'âge du Bronze égéen. À une époque où on pensait les mondes anciens en termes de civilisation, on baptisa « civilisation mycénienne », d'après le nom du site de Mycènes, la première culture archéologique reconnue sur le continent grec, puis « civilisation minoenne », d'après le roi mythique Minos, celle que Evans put définir en Crète lors de ses fouilles de Cnossos.

Evans avait une intuition : dès 1893, il publiait un article rassemblant quelques sceaux couverts de signes sur lesquels il s'appuyait pour affirmer que la Crète préhellénique connaissait l'écriture. Mais c'est en 1900 qu'il vit sortir de terre assez de tablettes d'argile couvertes de signes inconnus pour prouver définitivement que l'âge du Bronze égéen avait connu une, ou plutôt des écritures. En effet, au moment même de la découverte de ces premiers documents apparaissait clairement la diversité des systèmes d'écriture.

Aegean writing was discovered in 1900 at the beginning of the excavations at Knossos on Crete, which were conducted by the British archaeologist Arthur Evans. This discovery came after a series of archaeological digs from 1870 onwards that had led to the demonstration of the existence of a Bronze Age in the Aegean dating to long before the world of the Greek cities. Heinrich Schliemann, Wilhelm Dörpfeld and Christos Tsountas, through their work at Troy, Mycenae, Tiryns and elsewhere, were the pioneers in this discovery of the Aegean Bronze Age. In an era when one thought of the ancient world in terms of "civilisations", the first archaeologically recognised culture on continental Greece was dubbed "Mycenaean" after the name of the site at Mycenae, and then the term "Minoan", after the mythical King Minos, was used by Evans to define the culture discovered in his excavations on Crete.

Evans had a hunch, and as early as 1893 he published an article presenting a number of seals that were covered with signs which he considered evidence that Pre-Hellenic Crete had a writing system. However, in 1900 the excavation of a large number of clay tablets covered in unknown signs would definitively prove that the Bronze Age Aegean had one or more scripts. Indeed at the very moment these first documents were discovered, the diversity of the writing systems was clearly apparent.

Michael Ventris

copiant des inscriptions en linéaire B du « scripta minoa », 1953, Photographie d'Arthur Evans

Michael Ventris

copying Linear B inscriptions from *Scripta Minoa*, by Arthur Evans, 1953

Evans s'y attacha et put distinguer les trois principaux systèmes d'écriture que nous désignons encore comme lui. Il s'agit des écritures suivantes :

- Le hiéroglyphique crétois, ainsi nommé à cause d'un supposé caractère pictographique. Il n'en est rien : c'est un système syllabique, comme les autres. Il est utilisé au Bronze moyen, lors de la période dite des « premiers palais » crétois (env. 2000-1750 avant notre ère). Seules quelques centaines de documents, toujours très brefs, nous sont parvenus.

- Le linéaire A, ainsi nommé à cause de son aspect moins imagé et plus simple. Il s'agit de l'écriture des « nouveaux palais » crétois, au Bronze moyen III et au Bronze récent I (vers 1750-1450). Nous connaissons environ 1500 documents en linéaire A.

- Le linéaire B, qui succéda au précédent, comme écriture des palais mycéniens, attesté entre 1450 et 1190 environ, en Crète et sur le continent. Environ 3500 documents fragmentaires proviennent de Cnossos, un peu moins d'un millier de Pylos, et quelques centaines de Thèbes en Béotie, de Mycènes et de Tirynthe pour l'essentiel.

Les relations entre ces écritures sont complexes. Le linéaire A et le hiéroglyphique sont apparentés sans qu'une écriture provienne de l'autre, et ont été utilisés concurremment pendant la période des « premiers palais ». Le linéaire B provient d'une forme ancienne, et probablement écrite à l'encre, du linéaire A, et donc pas de la forme de linéaire A que nous connaissons sur les tablettes d'argile.

Mais le point commun entre tous ces systèmes est leur fonction : ce sont des instruments administratifs, qui servent à rédiger des comptes et des inventaires pour les fonctionnaires des palais. Cela se fait sur des tablettes d'argile ou d'autres documents en argile, plus petits, comme des nodules et des rondelles. Ces objets ont été cuits par accident dans les incendies qui ravagent régulièrement ces édifices de brique crue où on emploie beaucoup de bois. Aucun n'a été cuit pour être conservé. Il est possible que des inventaires définitifs, ou des lettres, aient été rédigés sur cuir : c'est du moins très probable pour le linéaire A. Mais il faut aussi relever que, si le linéaire B est bien un pur instrument administratif, les écritures précédentes ont quelques emplois qui nous paraissent un peu différents : le hiéroglyphique est utilisé sur des sceaux (cachets personnels), et le linéaire A sert parfois à écrire des dédicaces dans des sanctuaires, sans compter qu'on ne sait rien des textes qui étaient rédigés sur cuir.

Evans was able to distinguish the three main scripts and ascribed names that are still applied today. These are:

– Cretan hieroglyphs, so named because of a supposed pictographic character. This is incorrect: it is a syllabic system like the others. It was used in the Middle Bronze Age during the so-called Early Palace Period on Crete (*circa* 2000-1750 BC). Only a few hundred documents, all very short, have survived.

– Linear A, so called because of its simpler, less figurative appearance. This was the script of the New Palace Period, in Middle Bronze Age III and the Late Bronze Age I (*circa* 1750-1450).

– Linear B, which followed the previous script as the writing system of the Mycenaean palaces, attested between 1450 and 1190 approximately, both on Crete and the mainland. Roughly 3500 fragmentary documents come from Crete, just under 1000 from Pylos, and a few hundred others mostly from Thebes in Boeotia, and from Mycenae and Tiryns.

The relationships between these scripts are complex. Linear A and the hieroglyphic are related without one originating from the other, and they were used concurrently during the Early Palace Period. Linear B comes from an older version of Linear A, probably written in ink, and thus not from the form of Linear A that we know on the clay tablets.

The common feature, however, of all these systems is their function: they were administrative tools used to draft accounts and inventories for palace officials. This was done on clay tablets and other smaller clay labels and nodules. These objects were baked by accident during fires that regularly swept through the mud brick buildings where wood was much used. None were fired in order to preserve them. It is possible that final inventories or letters were written on leather, and this is highly likely in the case of Linear A. It must be noted that while Linear B was a simple administrative instrument, the earlier scripts had certain uses that appear slightly different. The hieroglyphic was used on seals (personal stamps), and Linear A was occasionally used to write dedications in sanctuaries, without mentioning the unknown texts that were written on leather.

Revenons à ce moment de 1900 où Evans commence à étudier les tablettes de Cnossos. Il en publie une première étude dès 1909, qu'il intitule *Scripta Minoa* I, avec de nombreuses illustrations. Selon lui, tous ces systèmes d'écriture sont crétois et minoens. Il définit bien leur succession chronologique, mais n'y voit que des écritures purement crétoises. Cela est contredit dans les décennies qui suivent par des découvertes de textes en linéaire B sur divers sites du continent. Ce sont d'abord des inscriptions sur des vases qui, il est vrai, auraient pu venir de Crète ; mais en 1939 l'équipe américaine de Pylos, en Messénie, découvre dans ce palais mycénien un lot de tablettes en linéaire B. Les débats sont alors intenses entre Evans et ceux qui pensent que le linéaire B n'est pas l'écriture des Crétois mais bien celle des Mycéniens, que certains considèrent déjà alors comme des Grecs. Cette controverse n'est pas anodine : elle signifie que des hypothèses radicalement divergentes existent à propos de la langue notée par les écritures égéennes et surtout par le linéaire B.

Le second volume de *Scripta Minoa*, consacré au linéaire B, ne paraît qu'en 1942, un an après la disparition d'Evans. Ce sont ces textes, publiés par John Myres, qui donnent aux chercheurs un ensemble cohérent sur lequel travailler. À cela s'ajoutent les textes de Pylos, dont l'épigraphiste Emmett Bennett donne dès 1947 une édition en fac-similé. Dès lors, les travaux s'intensifient, et il est évident que, par l'ampleur de la documentation désormais disponible, c'est pour le linéaire B que la situation est la plus favorable à un déchiffrement. Le premier travail consiste à identifier la nature du système. Comme ces textes sont le plus souvent des listes, il est assez facile de distinguer les signes à valeur phonétique, qui composent des mots, et les idéogrammes, qui d'ailleurs sont souvent très expressifs. Ainsi, une tablette comme Ca 895 montre quatre groupes de signes syllabiques formant des mots, suivis d'idéogrammes – les têtes de cheval ou d'âne – et de chiffres – les bâtons verticaux.

Let us step back to that moment in 1900 when Evans began to the examine the tablets of Knossos. He published a first volume of studies with numerous illustrations entitled *Scripta Minoa* I in 1909.

According to his view, all the writing systems were Cretan and Minoan. He established their chronological sequence but only saw them as purely Cretan scripts. This would be countered in the following decades as Linear B texts were discovered on various sites of continental Greece. At first, these were inscriptions on vases, which, it is true, might have come from Crete, but in 1939 an American team digging at Pylos in Messenia discovered a batch of Linear B tablets inside a Mycenaean palace. This sparked intense debate between Evans and those who thought that Linear B was not the writing of the Cretans but that of the Mycenaeans, who were already considered by some to be Greek. This controversy was not trivial because at its heart there lay radically different theories about the language denoted by Aegean scripts and especially by Linear B.

The second volume of *Scripta Minoa*, devoted to Linear B, only appeared in 1942, one year after Evans' death. The texts, published by John Myres, provided researchers with a coherent ensemble on which they could work. In addition, the epigraphist Emmett Bennett published a facsimile edition of the Pylos texts in 1947. From then on the study intensified and it was clear from the mass of documentation now available that the chances of deciphering Linear B were the most promising. The first task involved identifying the nature of the system. Since these texts were most often inventories, it was reasonably easy to distinguish signs with phonetic value, which made up words, and the ideograms, which were, in any case, often very expressive. Thus, a tablet like Ca 895 shows four groups of syllabic signs forming words, followed by ideograms – horse and donkey heads – and numbers – vertical dashes.

Les débats sont alors intenses entre Evans et ceux qui pensent que le linéaire B n'est pas l'écriture des Crétois mais bien celle des Mycéniens.

This sparked intense debate between Evans and those who thought that Linear B was not the writing of the Cretans but that of the Mycenaeans.

L'ensemble des signes syllabiques connus en linéaire B est inférieur à 90. Cela ne peut signifier qu'une chose : ce n'est pas un alphabet, qui aurait entre 20 et 30 signes ou guère plus ; ce n'est pas non plus un système syllabique complexe. C'est un syllabaire simple, où chaque signe note une consonne suivie d'une voyelle (CV). Les syllabaires complexes, comme l'écriture cunéiforme mésopotamienne, notent aussi des syllabes fermées (CVC), voire d'autres groupes (VC), ce qui explique qu'ils comptent des centaines de signes. Ce n'est pas le cas du linéaire B, ni probablement des autres écritures égéennes. En cela, le linéaire B apparaît proche du syllabaire chypriote du premier millénaire : celui-ci, évidemment apparenté aux écritures égéennes, est déchiffré depuis la fin du XIXe s. Il n'est cependant pas assez proche du linéaire B pour en donner la clé.

Après la Seconde Guerre mondiale, un groupe de chercheurs de divers pays se met à échanger sur les questions de lecture du linéaire B[1]. Un des plus actifs est Michael Ventris, jeune architecte anglais, passionné de langues anciennes. Contrairement à ce que veut la légende, il ne semble pas avoir participé au décodage des messages ennemis pendant la guerre. Il part d'une idée – la langue notée est apparentée à l'étrusque – et d'un principe – c'est une combinatoire interne qui permettra d'attribuer des valeurs phonétiques au linéaire B. Le premier point est erroné mais pas absurde : en effet, il est courant à cette époque de considérer l'étrusque comme un vestige des langues parlées en Méditerranée avant les parlers indo-européens dont le grec fait partie. Le déchiffrement du linéaire B est un exemple d'une méthode rigoureuse qui dément les présupposés du chercheur, ce qui est assez rare. Ventris utilise en effet la nature de l'écriture déduite du nombre de ses signes, qui laisse penser que les signes syllabiques sont des séries du type *ka pa ma ra sa ta*, etc. ne comprenant sauf exception que des syllabes ouvertes (CV), et les alternances présentes dans les textes qui reflètent sans doute des flexions (déclinaisons ou conjugaisons). C'est ainsi que la philologue américaine Alice Kober avait pu mettre en relation des formes qui ne se distinguaient que par leurs derniers signes[2], comme le montre le tableau (voir page suivante). Dans la colonne B, par exemple, on lit aujourd'hui les séquences *ko-no-si-ja*, *ko-no-si-jo*, *ko-no-so* ; Kober pensait à des déclinaisons, on sait qu'il s'agit de « cnossienne, cnossien, cnossos », mais le résultat est le même : on peut établir des relations abstraites entre valeurs de certains signes avant même de les lire.

The number of known syllabic signs that comprise Linear B is less than 90 and this can mean only one thing: it is not an alphabet, which would have between 20 and 30 signs, hardly any more. Furthermore, it is not a complex syllabic system. It is a simple syllabary in which each sign denotes a consonant followed by a vowel (CV). Complex syllabaries, like Mesopotamian cuneiform, also denote closed syllables (CVC) and other groups (VC), which explains why they contain hundreds of signs. This is not the case of Linear B, and probably other Aegean scripts. In this way Linear B appears close to the Cypriot syllabary of the first millennium, which is clearly related to Aegean scripts and was deciphered at the end of the 19th century. It was not however close enough to Linear B to provide the key.

After the Second World War a group of researchers from different countries began exchanging questions about the reading of Linear B[1]. One of the most active was a young English architect, Michael Ventris, who was passionately interested in ancient languages. Despite the legend, it seems that he did not participate in decoding enemy messages during the war. He began with an idea – the written language is related to Etruscan – and a principle – a combinatorial method will lead to the attribution of phonetic values to Linear B. The first idea was wrong but not absurd: indeed, it was common at that time to consider Etruscan a vestige of the languages spoken in the Mediterranean before the arrival of Indo-European tongues, of which Greek is one. The decipherment of Linear B is an example of a rigorous method that contradicted the suppositions of the researcher, which is rather rare. Ventris in fact looked at the nature of the language inferred from the number of signs, which led him to believe that the syllables were series of the type *ka pa ma ra sa ta*, etc, consisting only, with few exceptions, of open syllables (CV), and the alternate endings visible in the texts probably represented inflexions (declensions or conjugations). This is how the American philologist Alice Kober had been able to relate groups that only differed by their final sign[2], as is seen in the table below. Column B, for example, contains the sequences *ko-no-si-ja, ko-no-si-jo, ko-no-so*; Kober thought these were declensions, and we know these represent the adjective Knossosian in feminine and masculine, and the word Knossos, but the point is the same: one can establish abstract relationships between the values of certain signs before being able to read them.

C'est l'étude de ces alternances qui permet à Ventris de construire une grille rassemblant les signes partageant une même voyelle (colonnes) ou consonne (lignes). L'état du travail en février 1952 est donné dans la *work note* 17, illustrée page suivante[3]. Il reste alors à trouver quelques signes dont la valeur phonétique peut être supposée pour éclairer par l'effet de ce classement en grille l'ensemble de la colonne et de la ligne. Ce pas décisif est l'objet de la *work note* 20, du 1er juin 1952. Ventris y suit le raisonnement suivant : les mots les plus courants dans ces textes administratifs sont certainement des toponymes, et parmi ceux-ci, on peut s'attendre à trouver Cnossos, mais aussi Amnisos et Tylissos, noms de lieux bien connus dès les poèmes homériques. Autant on était jusqu'ici dans le domaine de la rigueur abstraite, autant on entre désormais dans l'hypothèse, sinon le pari. La connaissance des écritures chypriotes fut à ce moment essentielle : pour les règles orthographiques (Cnossos s'écrivant *ko-no-so*, pour écrire les deux consonnes avec un syllabaire simple), mais aussi par la proximité graphique de certains signes, dont le *na* de Amnisos et le *ti* permettant d'établir la voyelle qui définit le groupe en –i.

Mais même une fois qu'on lit Cnossos et Amnisos, il reste à savoir quelle est la langue des tablettes : un toponyme, en effet, a souvent une forme analogue dans plusieurs langues différentes. Mais très vite on peut lire des mots grecs : *poimen*, le berger, ou *kerameus*, le potier. La tablette de Cnossos illustrée ci-dessous est une autre confirmation : on y lit *i-qo*, grec *hippos*, « cheval », en début de première ligne, puis *o-no*, grec *onos*, « âne », en début de seconde ligne. Le mot à droite, identique sur chacune des lignes, est *po-ro*, qu'on peut lire *pôlos*, le grec pour « poulain ».

Studying the alternate endings led Ventris to draw up a grid bringing together the signs sharing the same vowel (columns) or consonants (lines). The stage he had reached in February 1952 can be seen in Work Note 17 shown below[3]. He still needed to find a few signs whose phonetic value could be supposed in order that the grid system of columns and lines would actually provide results. This decisive step was the subject of Work Note 20 on 1 June 1952. Ventris reasoned that the most common words in these administrative texts would obviously be toponyms, and among them, one would expect to find Knossos, as well as Amnisos and Tylissos, well-known place names from Homeric poetry. He was now running a thin line between abstract rigour and pure theory, if not chance. At this point, knowledge of Cypriot scripts proved essential for spelling rules (Knossos is written *ko-no-so*, in order to write the two consonants in a simple syllabary), but also for the graphic resemblance of certain signs, of which the *na* of Amnisos and *ti* allowed him to fix the vowel which defined the –i group.

Nevertheless, even if one can read Knossos and Amnisos, one does not know the language of the tablets. Toponyms often have similar forms in several different languages. Soon enough, however, one could read Greek words: *poimen*, shepherd, and *kerameus*, potter. The tablet from Knossos pictured below provided further confirmation: at the beginning of the first line it reads *i-qo*, Greek *hippos* meaning 'horse', then at the beginning of the second line *o-no*, Greek *onos* meaning 'donkey'. The word to the right, the same on both lines, is *po-ro*, which can be read as *polos*, the Greek for 'foal'. This tablet demonstrates the role of signs called ideograms, which denote an object but not a sound, but here they serve as precise illustrations of the meaning of the words.

La tablette de Cnossos KN Ca 895
(d'après CoMIK I, p. 363)

Knossos tablet KN Ca 895
(after CoMIK I, p. 363)

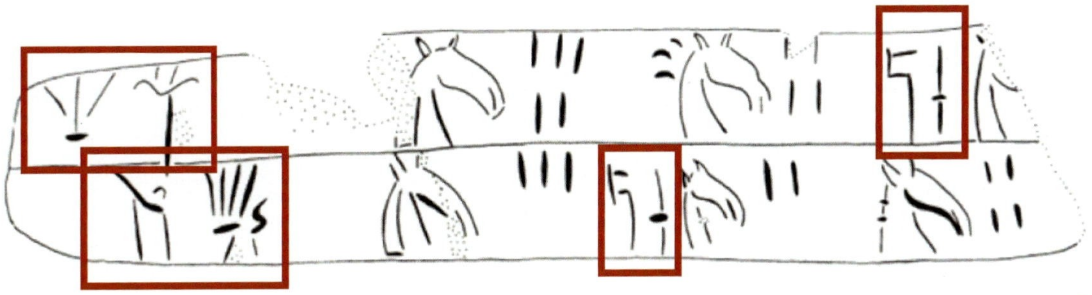

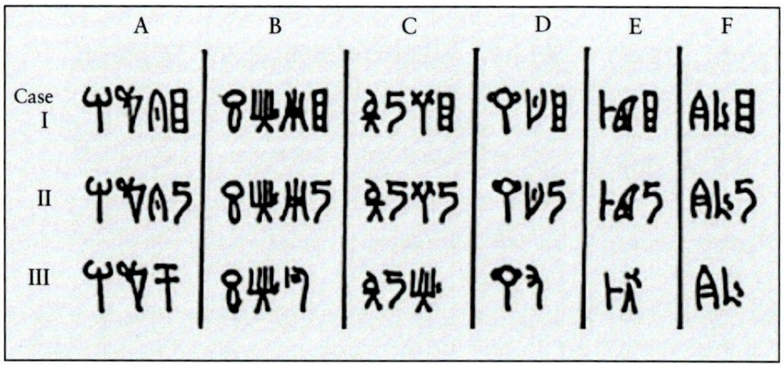

Le tableau de Kober
Kober's table

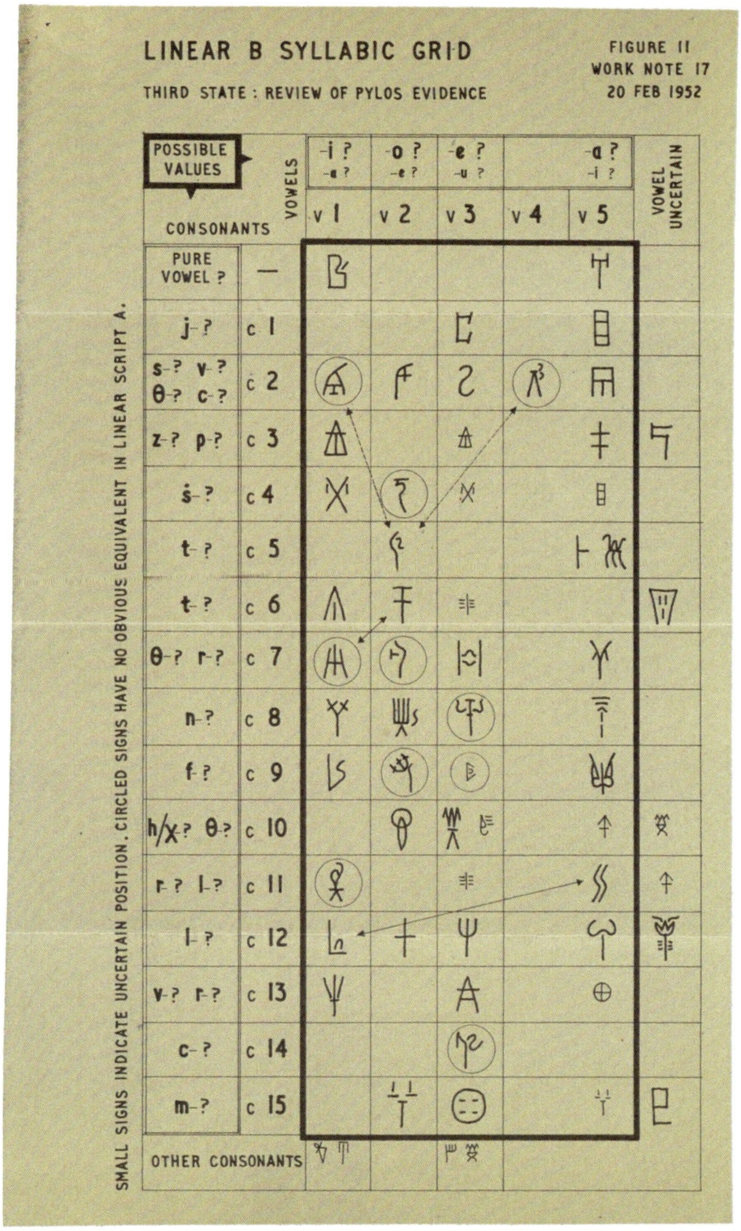

Michael Ventris

Worknote 17, 20 février 1952
Faculty of Classics, University of Cambridge

Michael Ventris

Worknote 17, 20 February 1952
Faculty of Classics, University of Cambridge

Cette tablette illustre le rôle que peuvent avoir les signes dits idéogrammes, qui notent un objet et non un son : ils forment ici par leur précision une vraie illustration du sens du mot. Le mot *po-ro* peut en fait se lire par ressemblance avec le syllabaire chypriote : Evans l'avait vu mais ne pouvait y croire, puisqu'il pensait que le linéaire B n'était pas du grec. C'est un exemple inverse de celui de Ventris : les présupposés du chercheur peuvent lui cacher des faits évidents.

Ce sont ces progrès que Ventris annonce à la radio en juin 1952. Il contacte ensuite John Chadwick, philologue et linguiste, à même d'éclairer les formes du dialecte grec mycénien, parfois très archaïque, qui commence à apparaître[4]. Mais c'est au printemps 1953 qu'arrive une confirmation décisive : E.L.-Bennett, épigraphiste des fouilles de Pylos, envoie à Ventris sa lecture d'une tablette contenant l'inventaire de vases en métal. Les vases sont appelés *ti-ri-po-de*, ce qui est exactement la graphie attendue pour le grec *tripodes*, « trépieds ». Les termes de cette tablette, décrivant le nombre de pieds, d'anses et l'état des vases, se lisent tous très bien en grec. C'est une confirmation essentielle car le texte avait été découvert en 1952 et Ventris ne le connaissait pas au moment de construire sa grille ; Bennett offrait ainsi un test décisif car portant sur du matériel inconnu lors de l'élaboration des hypothèses premières.

Il ne restait plus qu'à lire les textes ! Sortirent alors des tablettes les inventaires des palais mycéniens, listes de personnes, de terres, de biens, de soldats, textes de première importance pour notre connaissance du monde mycénien. Ce sont les plus anciens textes conservés en grec, dans un dialecte original, ancêtre de l'arcadien et du chypriote. Ce sont aussi les premiers textes de la pratique économique conservés en grec avant les papyrus de l'Égypte ptolémaïque.

Le déchiffrement fut accepté assez vite. Le premier article parut en 1953 et assura l'écho mérité à cette découverte en présentant déjà un certain nombre de textes, puis un livre sortit de presse dès 1956, dont la seconde édition (1973) sert toujours de manuel[5]. Grâce à Michel Lejeune, un Comité des études mycéniennes fut chargé de préserver l'esprit international et de collaboration ouverte qui avait guidé Ventris. Le premier colloque eut lieu à Gif, près de Paris, en 1956, et rassemblait des chercheurs de nombreux pays, situés des deux côtés du « rideau de fer ». C'est aussi cette année-là que Ventris disparut dans un accident de la route.

Indeed the word *po-ro* could be read through its resemblance to the Cypriot syllabary. Evans had seen this but could not believe it, since he did not think that Linear B was Greek. It was the same problem as Ventris, but in reverse: the researcher's presuppositions can obscure what is obvious fact.

Ventris announced his progress via a radio broadcast in June 1952. He then contacted John Chadwick, a linguist and philologist, in order to get a clearer idea of the forms of Mycenaean Greek dialect, sometimes very archaic, that were beginning to appear[4]. Decisive confirmation was to arrive in 1953 when Bennett, the epigraphist from the Pylos excavations, sent Ventris his reading of a tablet containing an inventory of metal vases. The vases were called *ti-ri-po-de*, which is exactly the expected spelling for Greek *tripodes*, 'tripods'. The words of the tablet, describing the number of feet, handles and state of the vases all read perfectly well in Greek. Given that this text was discovered in 1952 and that Ventris did not know of it when he was creating his grids, it came as a fundamental confirmation. It was the decisive test because it acted on material unknown at the time the initial theory was elaborated.

Now, one just had to read the texts! The tablets provided inventories of the Mycenaean palaces, lists of individuals, of lands, of property, of soldiers, texts of the utmost importance in our understanding of the Mycenaean world. They are the oldest preserved texts in Greek, in an original dialect, the ancestor of Arcadian and of Cypriot. They are also the earliest texts of economic activity in Greek, long before the papyri of Ptolemaic Egypt.

The decipherment was swiftly accepted. The first article, including the presentation of a certain number of texts, appeared in 1953 and received the credit such a discovery deserved. A book rolled off the presses in 1956 and the second edition (1973) remains a standard reference[5]. Thanks to Michel Lejeune, a committee for Mycenaean studies was entrusted with preserving the international spirit of cooperation that had guided Ventris. The first conference gathered at Gif, near Paris, in 1956 and brought together scholars from a number of countries on both sides of the 'Iron Curtain'. Sadly, that same year, Michael Ventris died in a car accident.

Tablette de Pylos (PY Ta 641)

Inscription en linéaire B, argile

Musée national d'archéologie, Athènes

Cette célèbre tablette a été trouvée durant l'été 1952 et c'est sur elle que Carl W. Blegen a testé la translittération proposée par Michael Ventris. Elle fait état de récipients faisant partie de l'équipement utilisé lors des banquets. Parmi eux, des chaudrons tripodes, dont certains sont décrits comme étant d'origine crétoise ou dont les pieds sont brûlées, sont suivis du logogramme d'un récipient tripode. Ainsi, comme l'écrit Blegen, « les significations sont établies de manière sûre par les signes picturaux de sommation ».

Pylos Tablet (PY Ta 641)

Inscription in Linear B, clay

National Archaeological Museum, Athens

This famous tablet was found in summer 1952 and was used by Carl W. Blegen to test the transliteration proposed by Michael Ventris. It records the use of containers during banquets, including tripods, some of which are described as being originally from Crete and having burnt feet. This was followed by the logogram of a tripod itself, thus allowing Blegen to write, "the meaning was confirmed by the concluding pictorial signs".

À l'heure actuelle, le déchiffrement du linéaire B permet un développement soutenu des travaux historiques, après une phase consacrée aux éditions de textes. Les découvertes se succèdent, la dernière en date étant l'archive d'un palais de Laconie, près de Sparte, une région qui n'avait jusqu'ici livré aucun texte.

Le déchiffrement des écritures linéaire A et hiéroglyphique crétoise devra, lui, attendre encore un peu : nous n'avons pas assez de textes pour construire une grille équivalente à celle de Kober et Ventris – et il est certain que, cette fois-ci, on ne trouvera pas de dialecte grec, ce qui ne facilitera pas la tâche des futurs déchiffreurs.

Notes :

[1] On s'appuie ici sur l'analyse donnée par J. Chadwick, *Le déchiffrement du linéaire B,* Paris, 1972 (éd. orig. 1958).

[2] Kober, A. E. "The Minoan Scripts: Fact and Theory." *American Journal of Archaeology* 52, no.1 (1948), 97.

[3] Ventris écrivait de courts mémoires, les *work notes*, qu'il diffusait parmi les quelques spécialistes travaillant alors sur le sujet : elles sont maintenant publiées, M. Ventris, *Work Notes on Minoan Language and other unedited papers*, Rome, 1988.

[4] Ainsi *i-qo* pour *hippos* s'explique par une mutation phonétique attendue mais qu'on trouve attestée pour la première fois en grec, la disparition des sons qu'on appelle labiovélaires (k^w, g^w).

[5] Michael Ventris et John Chadwick, "Evidence for Greek Dialect in the Mycenaean Archives", *Journal of Hellenic Studies* 73, 1953, p. 84-103 et 208-209 ; *id.*, *Documents in Mycenaean Greek*, Cambridge, 1956, 2nd ed., 1973.

After the initial phase devoted to publishing the texts, the decipherment of Linear B has led to continued progress in historical work. New discoveries appear, the most recent being the archive of a palace near Sparta in Laconia, a region that had revealed nothing until now. The decipherment of Linear A and Cretan hieroglyphs must, however, wait for some time longer. There are still not enough texts to create the kind of grids used by Kober and Ventris, and it is certain that this time we will not find a Greek dialect, which will not make the task of future decipherers any easier.

Notes :

[1] The following analysis is based upon J. Chadwick, *The Decipherment of Linear B,* Paris, 1972 (1st ed.1958).

[2] Kober, A. E. "The Minoan Scripts: Fact and Theory", *American Journal of Archaeology* 52, no. 1 (1948), 97.

[3] Ventris wrote short *work notes*, which he sent around to the few specialists then working on the subject: these are now published in, M. Ventris, *Work Notes on Minoan Language and other unedited papers*, Rome, 1988.

[4] Thus *i-qo* for *hippos* can be explained by a known phonetic mutation, but which is first attested in Greek, the disappearance of sounds called labiovelars (k^w, g^w).

[5] Michael Ventris and John Chadwick, "Evidence for Greek Dialect in the Mycenaean Archives", *Journal of Hellenic Studies* 73, 1953, p. 84-103 et 208-209; *id.*, *Documents in Mycenaean Greek*, Cambridge, 1956, 2nd ed., 1973.

Tablette d'Enkomi

Inscription en chypro-minoén, Terre cuite,
Musée du Louvre, Département des antiquités orientales

Enkomi tablet

Inscription in Cypro-Minoan, terracotta
The Louvre, Département des antiquités orientales

Les écritures égéennes
Aegean scripts

Julien Zurbach*

* Maître de conférences en histoire grecque à l'École Normale Supérieure, spécialiste des épigraphies égéennes (linéaire A et B) et grecques archaïque

* Senior lecturer in Greek history at the École Normale Supérieure, specialist in Aegean epigraphy (Linear A and B) and Archaic Greek

Les écritures chypriotes

L'île de Chypre ne fait pas partie de l'aire égéenne : elle n'est pas « minoenne » ou « mycénienne » mais a des cultures propres, désormais bien connues. Elle prend sa place dans le développement des sociétés du Bronze récent, et voit le développement de centres urbains importants, dont la richesse est certainement liée à l'exploitation du cuivre, métal alors essentiel. Les contacts avec l'Égée semblent rares au début du Bronze récent, peu d'objets circulant alors entre Chypre et la Crète minoenne, et plus intenses par la suite, avec le monde mycénien. C'est pourtant la Crète minoenne, probablement à l'époque des nouveaux palais (début du Bronze récent, vers 1700-vers 1450), qui fournit le modèle de l'écriture adaptée à Chypre. Les systèmes d'écriture chypriote de l'âge du Bronze récent sont en effet des adaptations du linéaire A. Ils sont au nombre de trois au moins, qu'on nomme Chypro-minoen I, II et III, le troisième étant clairement de cette famille mais attesté seulement à Ougarit, sur la côte syrienne, où résident alors des Chypriotes, probablement pour affaires. Ces systèmes disparaissent à la fin de l'âge du Bronze, mais un autre, qui leur est apparenté, prend la suite dès le IXe s. sinon plus tôt : il s'agit encore d'un syllabaire, évidemment dérivé du Chypro-minoen, mais ayant subi des évolutions. Ce syllabaire chypriote classique qui existe en au moins deux variantes régionales est utilisé jusqu'à l'époque hellénistique. Il semble très lié aux royautés chypriotes de l'époque archaïque et classique et disparaît vite lorsque ces royaumes sont annexés par les Lagides.

Cypriot writing

The island of Cyprus is not part of the Aegean region: it is not "Minoan" or "Mycenaean" but had its own cultures that are now well known. It experienced the development of Bronze Age societies with large urban centres whose wealth was certainly linked to the mining of copper, an essential mineral of the era. Contacts with the Aegean seem to have been rare at the beginning of the recent Bronze Age, with only a few objects then circulating between Cyprus and Minoan Crete, becoming more sustained thereafter during the Mycenaean Period. Nevertheless, it was Minoan Crete, probably at the time of the New Palaces (beginning of the Late Bronze Age, circa 1700 – 1450), that provided the writing model adapted on Cyprus. Recent Bronze Age Cypriot writing systems are in effect adaptations of Linear A. There were at least three of them, known as Cypro-Minoan I, II and III, and the third of them is clearly of this family though only attested at Ugarit, where Cypriots were then resident, probably for reasons of trade. These systems disappeared at the end of the Bronze Age, but another related to them appeared thereafter in the 11th century if not before. This is once again a syllabary, evidently derived from Cypro-Minoan but with developments. This classical Cypriot syllabary, which existed in at least two regional variants, was used until the Hellenistic period. It appears to have been closely connected to Cypriot royal houses in the Archaic and Classical Periods, and then quickly disappeared once these kingdoms were taken over by the Ptolemies.

L'usage de cette écriture n'est évidemment plus le même : on ne produit plus de textes administratifs semblables à ceux de l'âge du Bronze. Les textes les plus courants sont des dédicaces, des marques de propriété sur des objets, et quelques décisions des cités ou des rois. Le plus long texte, la tablette d'Idalion, conserve la décision d'honorer et d'intégrer une famille de médecins qui a soigné les blessés lors d'un siège au début du ve siècle. Ces textes sont en grec, mais en dialecte chypriote, et très vite on utilise l'alphabet grec pour noter les textes en grec commun, non dialectal. C'est ainsi qu'on voit apparaître ici des inscriptions digraphes (en deux écritures), à distinguer des inscriptions bilingues (en deux langues). Certains textes, notamment à Amathonte, sont écrits dans une autre langue, que nous appelons étéochypriote et qui reste très mal connue. Le système est cependant bien le dernier représentant des écritures égéennes, par l'apparence des signes, la structure du syllabaire et les règles d'orthographe. On lit le syllabaire chypriote classique depuis les années 1870, grâce aux inscriptions digraphes et bilingues (grec/phénicien). Il joua de ce fait un certain rôle dans le déchiffrement du linéaire B.

The usage of this writing was clearly not the same: there are no administrative texts similar to those of the Bronze Age. The most common texts are dedications, property marks on objects, and some decisions issued by cities or kings. The longest known text, on the Idalion Tablet, tells of a decision to honour and reward a family of doctors who treated the wounded during a siege at the beginning of the 5th century. These texts are in a Cypriot dialect of the Greek language, but quite quickly the Greek alphabet comes to be used to write texts in standard, non-dialectal Greek. We also witness the appearance of digraphic inscriptions (in two scripts) as distinct from bilingual inscriptions (in two languages). Other texts, especially at Amathus, are written in another language that is called Eteocypriot and which is still poorly understood. This system is, however, clearly the last representative of Aegean scripts through the appearance of its signs, the structure of the syllabary and the spelling rules. The classical Cypriot syllabary has been understood since the 1870s, thanks to digraphic and bilingual (Greek/Phoenican) inscriptions, and so had a role to play in the decipherment of Linear B.

On lit le syllabaire chypriote classique depuis les années 1870, grâce aux inscriptions digraphes et bilingues (grec/phénicien). Il joua de ce fait un certain rôle dans le déchiffrement du linéaire B.

The classical Cypriot syllabary has been understood since the 1870s, thanks to digraphic and bilingual (Greek/Phoenican) inscriptions, and so had a role to play in the decipherment of Linear B.

Le disque de Phaistos

Le disque de Phaistos est un objet étonnant à bien des égards. Il a été découvert en 1908 dans les fouilles italiennes du palais de Phaistos, situé en Messara, au sud de la Crète. Il provient d'une petite pièce du premier palais, détruit vers 1700, mais on ne peut exclure une date plus récente. Ce document est exceptionnel par plusieurs aspects : il s'agit d'un disque, d'environ 16 cm de diamètre et un centimètre et demi d'épaisseur, inscrit sur deux faces avec des signes disposés en spirale ; il est cuit, ce qui n'est jamais le cas des documents administratifs dans les écritures égéennes ; enfin, il est imprimé et non gravé.

Ce sont en effet des caractères en bois qui ont permis l'impression de chaque signe. Cela n'a rien de très exotique dans une société qui utilise des sceaux et sait les dessiner à l'envers, et où on imprime des motifs sur le tissu ou le pain, mais c'est un cas unique avant très longtemps. Les textes sur les deux faces ont environ 120 signes, composant une trentaine de groupes de signes. Il y a 45 signes au total, ce qui semble indiquer un syllabaire. Certains rappellent de loin les écritures égéennes, notamment le hiéroglyphique, mais les liens sont plus lâches qu'entre, par exemple, le hiéroglyphique et le linéaire A ou le hiéroglyphique et l'écriture dite d'Arkhanès, un ensemble de courts documents relevant d'une autre branche, inconnue, de cette famille.

Il va sans dire que les tentatives[1] de déchiffrement sont nombreuses, et vont des hypothèses intéressantes mais fragiles aux inventions les plus farfelues. Un petit livre a rassemblé la plupart de ces tentatives : hymne religieux, lettre diplomatique, incantations sexuelles s'y côtoient. L'absence de chiffres et peut-être d'idéogrammes fait penser à un texte suivi plutôt qu'à un registre économique ou administratif comme sur les tablettes en linéaire A ou B. Le disque de Phaistos est surtout le signe que nous ignorons encore bien des choses sur les écritures égéennes. Seules de nouvelles découvertes pourront permettre de faire des hypothèses plus solides sur ce document.

---

1. Th. Balistier, *The Phaistos Disk. An Account of its Unsolved Mystery*, Mähringen, 2000.

The Phaistos disk

The Phaistos disk is a remarkable object in many respects. It was discovered during Italian excavations of the palace of Phaistos in the south of Crete, in a small room of the first palace that was destroyed around 1700 BC, though a later date cannot be excluded. It is exceptional in several ways. It is a disk roughly 16 cm in diameter and 1.5 cm thick, inscribed on both surfaces with signs set in a spiral pattern. It is baked, which is never the case of administrative documents in Aegean writing, and it is imprinted, not engraved. Wooden stamps were used to make the impressions on both sides. This in itself is not too strange for a society that used seals and knew how to carve in mirror image, and in which motifs were impressed on fabric and bread, but it is unique of its kind. The texts on the two surfaces contain roughly 120 signs composed in about 30 groups. There are 45 distinct signs in total, which would seem to indicate a syllabary. Some signs bear a distant resemblance to other Aegean scripts, notable hieroglyphic, but less so than the links between, for example, hieroglyphic and Linear A or hieroglyphic and the so-called Arkhanes script, an ensemble of short documents from another, unknown branch of the family. It goes without saying that there have been many attempts[1] to translate the disk, ranging from interesting theories to the most far-fetched inventions. A small book has been published covering most of the attempted explanations : a religious hymn, a diplomatic letter, sexual spells have all been proposed. The absence of numbers and perhaps of ideograms might suggest that this is a narrative text rather than an economic or administrative record as on Linear A and B tablets. The Phaistos disk is, above all, evidence that there is still much that we do not know about Aegean writing, and only new discoveries will lead to more solid theories about this artefact.

---

1. Th. Balistier, *The Phaistos Disk. An Account of its Unsolved Mystery*, Mähringen, 2000.

Comprendre un texte non déchiffré : le linéaire A

Le linéaire A reste non déchiffré, malgré beaucoup de tentatives récentes. Ces dernières consistent surtout à lire le linéaire A en attribuant à chaque signe la valeur qu'a le signe plus ou moins proche du linéaire B, ce qui est dangereux car purement hypothétique (lire l'alphabet grec ne permet pas de lire directement le cyrillique, par exemple). On peut cependant approcher le contenu des textes en linéaire A, quand ce sont des documents administratifs, parce que leur disposition permet de distinguer assez clairement les groupes de signes phonétiques (syllabiques), les idéogrammes et les chiffres. Un exemple est donné ci-dessous.

Trying to understand an undeciphered text: Linear A

Linear A has still not been deciphered despite many recent attempts. These have primarily involved trying to read Linear A by attributing to each sign the value of the most similar sign in Linear B, which is risky because it is purely hypothetical (for example, being able to read the Greek alphabet does not mean that one can directly read Cyrillic). One might, however, get near to the content of Linear A texts when they are administrative documents, because the layout makes it relatively easy to distinguish the groups of (syllabic) phonetic signs, the ideograms and the numbers. An example can be seen below.

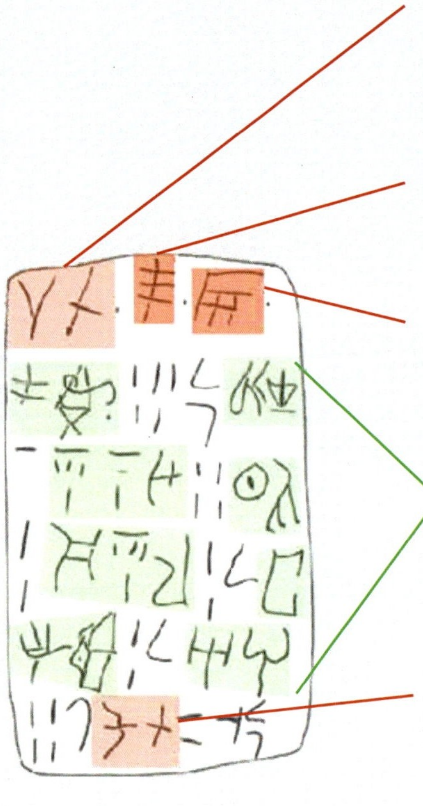

La tablette d'Hagia Triada HT 9

Distribution (ou prélevement ?) de vin
En rouge, les éléments structurants du document
En vert, les groupes de signes constituant la liste

Hagia Triada tablet HT 9

Distribution (or collection?) of wine
In red, structural elements of the document
In green, sign groups constituting the list

Tablette Haghia Triada (HT 9)

Inscription en linéaire A, argile
Musée archéologique d'Héraklion

Tablette opisthographique en argile qui porte des inscriptions en linéaire A sur les deux faces. Elle a vraisemblablement été trouvée dans le magasin 59 de la villa royale d'Hagia Triada, un site qui a probablement servi de centre politique et économique à un territoire étendu dans le centre-sud de la Crète entre 1600 et 1450 av. JC. Les fouilles entreprises à cet endroit au début du xxe siècle ont révélé le plus grand nombre de documents administratifs datables de la période néopalatiale, qui ont permis d'enregistrer et de surveiller les mouvements de personnes et de produits agricoles et industriels. Cette tablette enregistre des quantités de vin, comme le montrent le logogramme du produit et le signe transactionnel TE sur son recto, et se termine par le total des quantités enregistrées, comme l'indique la séquence syllabique KU-RO inscrite sur son verso.

Hagia Triada tablet (HT 9)

Inscription in Linear A, clay
Heraklion Archaeological Museum

Clay opisthographic tablet that bears inscriptions in Linear A on both sides. It was most probably found in Magazine 59 of the Royal Villa at Hagia Triada, a site that possibly served as the political and economic centre of an extended territory in south-central Crete from *circa* 1600 to 1450 BC. Excavations undertaken there at the beginning of the 20th century have revealed the largest number of administrative documents datable to the Neopalatial period, which helped to record and monitor the movement of persons and agricultural as well as industrial products. The specific tablet registers quantities of wine, as shown by the logogram for the product and the transactional sign TE on its recto, and closes with the total of the recorded quantities, as indicated by the syllabic sequence KU-RO inscribed on its verso.

Tablette Haghia Triada (HT 28)

Inscription en linéaire A, argile
Musée archéologique d'Héraklion

Tablette en argile, restaurée à partir de fragments ; le bord inférieur droit manque. Les deux faces de ce document sont couvertes d'inscriptions en linéaire A (tablette opisthographique). Il enregistre des quantités d'orge, un produit non identifié, de l'huile, des figues et du vin, comme le suggèrent les logogrammes respectifs. Cette combinaison de produits, à savoir des céréales, des figues, de l'huile et du vin, apparaît dans les tablettes linéaires B plus tardives de Cnossos comme étant destinée à des offrandes religieuses (xvie siècle av. J.-C.). Néanmoins, ici, certaines des quantités enregistrées sont élevées et montent à plus de dix unités métriques, tandis que d'autres sont exprimées en signes fractionnaires, ce qui rend le caractère de la transaction enregistrée plutôt problématique.

Hagia Triada tablet (HT 28)

Inscription in Linear A, clay
Heraklion Archaeological Museum

Restored clay tablet. The lower right edge is missing. The two sides of this document are covered in Linear A inscriptions. They register quantities of barley, another unidentified product, oil, figs and wine, as indicated by the respective logograms. This combination of products – cereal, figs, oil and wine – appears on the later Linear B tablets of Knossos as being destined for religious offerings (16th century BC). However, in this instance, some of the recorded amounts are high, reaching more than ten units of measurement, whereas others are expressed as fractional quantities, thus making it rather difficult to grasp the nature of the transaction being recorded.

La tablette d'Hagia Triada HT 28

Un document fiscal ?

Hagia Triada tablet HT 28

A tax document ?

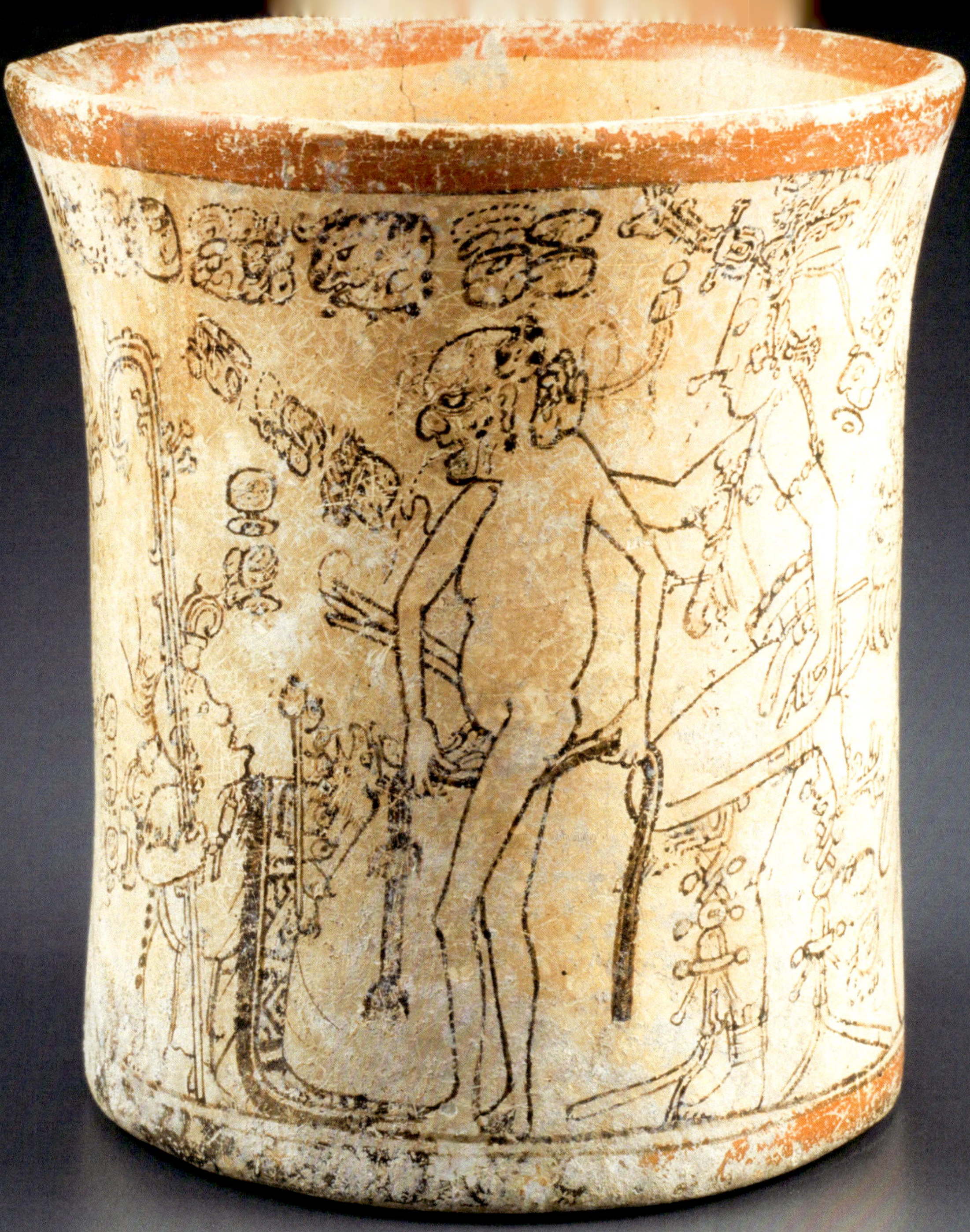

Le déchiffrement de l'écriture maya

Deciphering Maya writing

Jean-Michel Hoppan*

* Docteur en archéologie, ingénieur d'études au CNRS et enseignant à l'École Pratique des Hautes Études, spécialiste de l'écriture maya, CNRS-INALCO UMR 8202, IRD UMR 135, SeDyL (Célia), Paris

* PhD in archaeology, research engineer with the CNRS and teacher at the École Pratique des Hautes Études, specialist in Mayan writing, CNRS-INALCO UMR 8202, IRD UMR 135, SeDyL (Célia), Paris

Ce qu'il est communément convenu d'appeler l'écriture maya est un système graphique normalisé de représentation de la parole qui, au moyen de quelques centaines de logogrammes (ou « signes-mots ») et environ 150 phonogrammes (marquant des syllabes de type consonne-voyelle), fut utilisé des environs de 400 av. J.-C. jusqu'à (dans certaines régions) la fin du XVIIe siècle afin de transcrire plusieurs langues appartenant à une famille linguistique de même nom (Davoust 1995, Coe & Van Stone 2001, Macri & Looper 2003, Hoppan 2014). Cette famille de langues, qui sont donc également dites mayas (ou mayanes), est aujourd'hui encore représentée par plusieurs millions de locuteurs dans la partie centraméricaine du Mexique ainsi que dans les deux pays voisins : le Guatemala et le Belize (auxquels s'ajoute une portion de l'ouest du Honduras).

Cette dénomination de maya(ne) fut donnée à la famille par les linguistes et les anthropologues d'après le nom de la langue la plus amplement parlée d'entre elles, c'est-à-dire celle dont l'aire d'expression est la plus vaste, correspondant en effet à l'ancien pays du Yucatán (qui s'étend approximativement sur les trois actuels États mexicains de Yucatán, Campeche et Quintana Roo).

What is commonly called Maya writing is a standardised graphic system consisting of a few hundred logographs (or word-signs) and roughly 150 phonograms (syllable markers of the consonant-vowel type) that was used from around 400 BC until (in certain regions) the end of the 17th century to transcribe several languages belonging to a linguistic family of the same name (Davoust 1995, Coe & Van Stone 2001, Macri & Looper 2003, Hoppan 2014). This family of languages is still represented by several million speakers in the Central American part of Mexico, as well as in neighbouring countries: Guatemala and Belize, as well as a part of western Honduras.

Linguists and anthropologist have applied the denomination of Mayan to the wider family after the name of the language that is most widely spoken, that is, across the greatest area, corresponding in effect to the ancient land of Yucatan which stretches approximately across the three present-day states of Yucatan, Campeche and Quintana Roo.

Vase de style codex

« dépouillement du grand dieu de l'inframonde par le jeune maïs renaissant » , Inscriptions en maya

Musée du quai Branly – Jacques Chirac, Paris
Dépôt au pavillon des sessions, Musée du Louvre

Codex-style vase

"The young resurrected Maize God strips the Lord of the Underworld", Inscriptions in Maya

Musée du Quai Branly–Jacques Chirac, Paris
On loan to the Pavillon des Sessions, The Louvre

De nos jours encore parlée par environ un million de personnes, cette langue maya du Yucatán est aussi très fréquemment appelée aujourd'hui le yucatèque, afin de la différencier sans équivoque des autres langues de la famille mayane (comme par exemple le quiché ou le cakchiquel, qui sont parlés plus au sud dans les hautes terres du Guatemala). Les locuteurs du yucatèque sont cependant les seuls à toujours s'être auto-déclarés comme étant des Mayas, à savoir les gens qui parlent la langue maya.

This Maya language of Yucatan is still spoken by around one million people and is also frequently referred to today as Yucatec in order to differentiate it from other spoken languages of the Mayan family (for example, K'iche' and Kaqchikel which are spoken further to the south in the highlands of Guatemala). However, speakers of Yucatec are the only people who declare themselves to be Maya, that is, people who speak the Maya language of Yucatan.

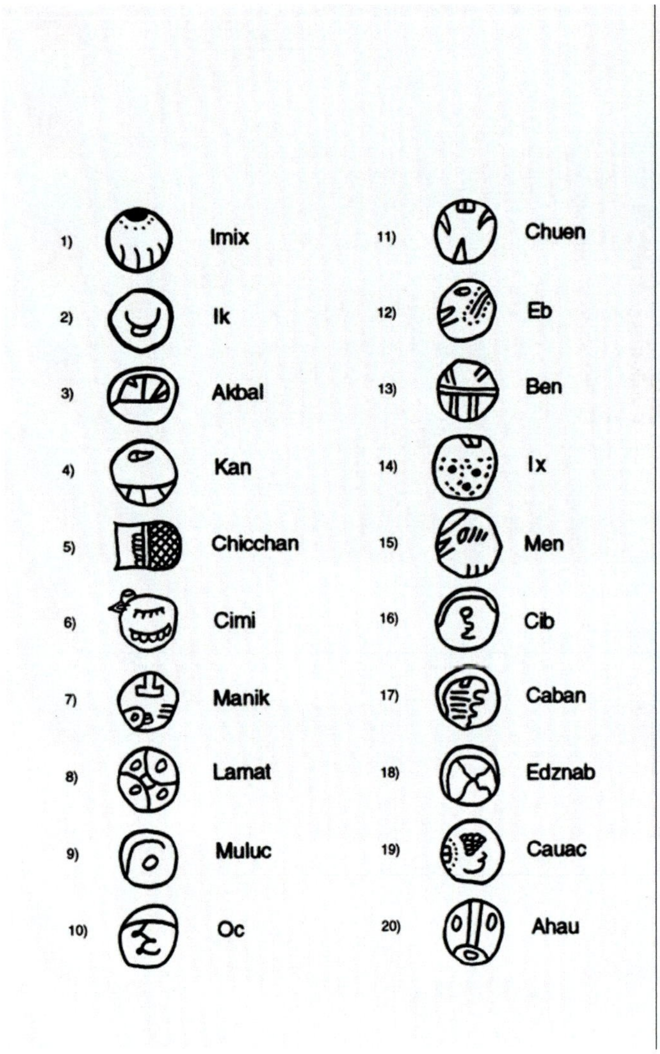

Les vingt signes du tzolkin

(redessinés d'après Landa 1566)

The 20 signs of the tzolk'in

(redrawn after Landa, 1566)

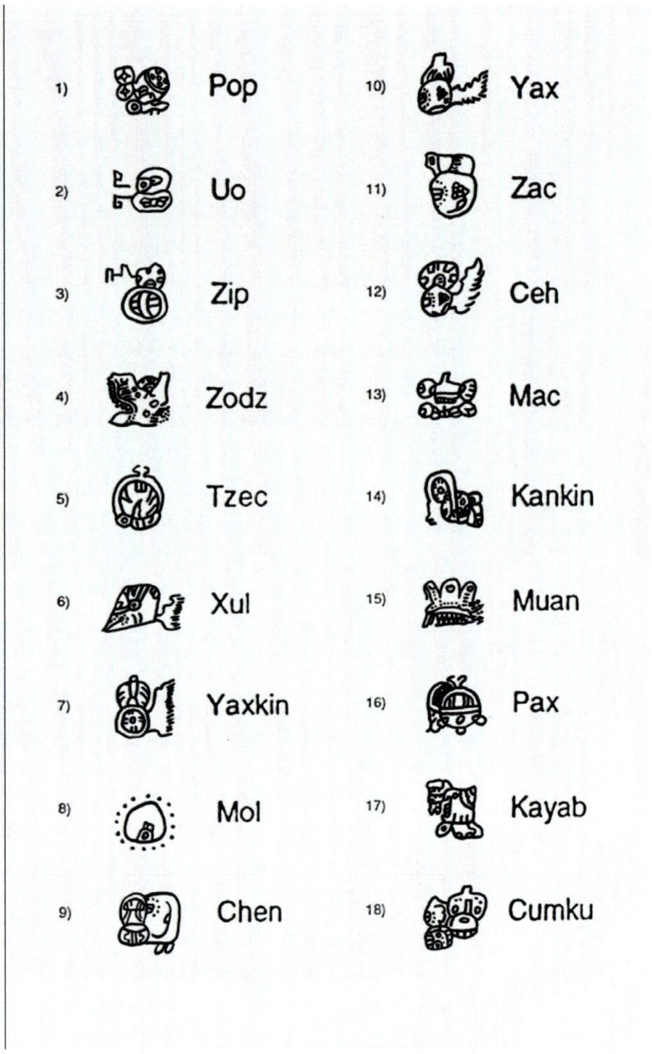

Les glyphes des dix-huit vingtaines du haab

(redessinés d'après Landa 1566)

The glyphs of the 18 20-day months of the haab

(redrawn after Landa, 1566)

Autant par sa longévité que par la quantité de documents qui nous sont parvenus (une dizaine de milliers d'exemples, dont le plus long compte un peu plus de 2000 signes), le système maya est celui qui a produit le plus grand corpus d'écrits (méso)américains de la période précolombienne.

À la différence des langues qu'elle a donc servi à transcrire durant deux millénaires, l'écriture maya fut en quelques décennies de conquête espagnole reléguée au rang de ce qui devait être combattu au nom de la foi catholique, afin d'être remplacé par l'usage exclusif de l'alphabet latin. Cela entraîna une perte rapide de la pratique des lettrés autochtones, à l'exception de ceux des régions du sud et de l'est de la péninsule, dont la conquête s'est achevée en 1697. Aussi l'écriture maya était-elle depuis un temps en fait relativement court (correspondant approximativement au XVIIIe siècle) un système mort, lorsqu'au XIXe siècle commença à se constituer une communauté de savants curieux d'en apprendre plus sur l'histoire encore très méconnue de la culture maya.

Dès lors eurent lieu les premières tentatives de déchiffrement de cette écriture dite aussi « glyphique », qui longtemps resta toutefois très récalcitrant (Coe 1999). En grande partie accomplie en ce début de XXIe siècle (Montgomery 2002, Stone & Zender 2011), cette quête allait en réalité s'avérer particulièrement longue, laborieuse et pleine de revirements.

En effet, c'est dans les années 1860 que l'abbé français Charles-Étienne Brasseur de Bourbourg redécouvrait une copie (effectuée au début du XVIIe siècle) d'un rapport adressé au roi d'Espagne en 1566 par un religieux espagnol nommé Diego de Landa. Intitulé *Relación de las cosas de Yucatán*, ce manuscrit fournissait une multitude de renseignements devenus très précieux pour la connaissance de la culture des derniers Mayas ayant vécu avant le contact avec les Européens, dont trois séries d'informations exceptionnelles au sujet de l'écriture.

L'une d'elles était la liste des vingt signes du cycle de calendrier divinatoire, dit *tzolkin* (voir figure ci-contre). Une autre liste était celle des glyphes[1] des dix-huit « mois » de vingt jours de l'année vague dite *haab* (voir figure ci-contre).

La troisième liste apparaît en revanche comme une sorte d'abécédaire que Diego de Landa présentait comme étant l'« abc », en quelque sorte l'alphabet, des Mayas (voir page 97). Cette liste était complétée par quelques exemples d'assemblage de ces signes « alphabétiques », ainsi que par une petite phrase : *ma' in-k'at-i* (ce qui signifie « je ne veux pas ») :

Through both its longevity and the quantity of surviving documents (some 10,000 examples, the longest containing slightly more than 2000 signs), the Maya system has provided the largest corpus of Mesoamerican writing from the Pre-Colombian Period.

After the Spanish conquest, in contrast to the languages that it had transcribed for more than two millennia, the Maya script was relegated in just a few decades to the rank of something that had to be suppressed in the name of the Catholic faith, in order to be replaced by the exclusive use of the Latin alphabet. This led to a rapid loss of the practice of indigenous literacy except in those regions to the south and east of the peninsula where conquest was completed in 1697. Furthermore, Maya writing was a dead system for only a relatively short period of time, corresponding approximately to the 18th century, and in the following century a community of scholars began to form that was curious to learn more about the history of the then still very little known Maya culture. The first attempts to decipher this writing or "glyphic" system began thereafter but it proved remarkably resistant (Coe 1999). The quest was to be particularly long, laborious and full of reversals, and was only largely accomplished at the beginning of the current century (Montgomery 2002, Stone & Zender 2011).

Back in the 1860s a French priest, Charles-Étienne Brasseur de Bourbourg, rediscovered a copy of a report (drafted at the beginning of the 17th century) that had been addressed to the King of Spain in 1566 by a Spanish cleric named Diego de Landa. The manuscript, entitled *Relación de las cosas de Yucatán*, held much precious information about Maya culture as it had been before Western contact, including three exceptional sections concerning the writing.

One of these was a list of the 20 signs in the cycle of the Maya sacred calendar, known as *tzolk'in* (see page 97). Another list was of the glyphs[1] of the 18 "months" of 20 days of the "vague" year named *haab* (see opposite figure).

The third list appeared to be a sort of primer that Diego de Landa presented as an "ABC" or alphabet of Mayan (opposite Figure). This list was complemented with a few examples of clusters of these "alphabetic" signs as well as a short sentence: *ma' in-k'at-i* (meaning "I do not want").

Naturally, Brasseur de Bourbourg quickly realised the great interest that this document might hold. He must have hoped that this "alphabet" would turn out to be some sort of Rosetta Stone for Maya glyphs, the key that would

Naturellement, Charles-Étienne Brasseur de Bourbourg avait vite pressenti le grand intérêt que pouvait présenter ce document.

Il en a du reste espéré que cet « alphabet » de Landa serait en quelque sorte sa Pierre de Rosette des glyphes mayas, la clé qui lui permettrait de déchiffrer rapidement les textes des trois codex mayas déjà connus[2] au sein de la communauté mayaniste naissante. Dans le Codex de Madrid (dont il avait également contribué à retrouver un fragment, le dit Codex Troanus), l'abbé Brasseur de Bourbourg était en particulier parvenu à reconnaître de manière encourageante certaines des « lettres » de l'« alphabet », notamment le premier des deux « u » (signe très fréquent dans la mesure où il correspond dans la plupart des cas à la notation habituelle du pronom de la 3e personne *u-* qui en maya est devant les noms le pronom possessif, donc l'équivalent de « son » ou « sa », et devant les verbes transitifs le pronom personnel équivalent à « il », « elle » ou « ça », et cela est d'autant plus fréquent que dans les anciens textes mayas, glyphiques ou non, la 3e personne est la plus largement employée dans le discours alors que l'emploi de la 1re et la 2e y est nettement plus rare).

Ces bons débuts allaient malheureusement vite aboutir à un certain blocage, l'affaire s'étant en effet avérée plus compliquée que ce que pouvait a priori laisser présager l'« abc » maya de Landa. D'abord beaucoup de signes entrant dans la composition des glyphes ne figurent en fait pas dans cette liste fournie dans la *Relación de las cosas de Yucatán* ; ensuite, lorsqu'il arrive qu'on puisse en identifier plusieurs d'affilée, on ne parvient en général pas à les lire alphabétiquement (en prenant « au pied de la lettre » les renseignements donnés par le moine espagnol) et Brasseur de Bourbourg lui-même allait reconnaître qu'il ne parvenait finalement à aucune lecture aboutissant à une traduction globalement cohérente.

En réalité, l'« alphabet » maya de Landa engendra au XIXe siècle une véritable désillusion, non seulement sur son re-découvreur lui-même mais aussi sur ses confrères qui pareillement tentèrent en vain d'utiliser cette liste dans l'intention de lire les glyphes. Ce découragement fut en fait si profond sur l'ensemble des premières générations de déchiffreurs mayanistes qu'ils s'en sont pour la plupart détournés durablement, invoquant parfois une falsification.

help him to rapidly decipher the texts of the three Maya codices[2] that were already known within the growing community of Mayanists scholars. Within the Madrid Codex, to which Brasseur de Bourbourg had already contributed when he relocated a fragment, known as the Troano Codex, the cleric managed to recognize rather encouragingly certain "letters" of the "alphabet", particularly the two "*Us*". (This sign is very common in that it corresponds in most cases to the usual notation of the third person pronoun, *u-*, which in Maya before a noun is a possessive – the equivalent of "his"/"its" or "her"/"its" – and before a transitive verb is the personal pronoun – the equivalent of "he"/"it" or "she"/"it". It is all the more frequent since in ancient Maya texts, whether glyphic or not, the third person is more widely used in discourse, while the first and second are noticeably less common.)

This auspicious start would unfortunately and swiftly run aground, as the endeavour proved to be more complicated than Landa's "ABC" may initially have suggested. Firstly, many of the signs within the glyphs did not feature in the list provided by the *Relación de las cosas de Yucatán*. Then, when it became possible to identify several, one after the other, it was generally not possible to read them alphabetically if one took the directions given by the Spanish monk literally. Brasseur de Bourbourg recognised that he could not in the end manage a reading that would result in any generally coherent translation.

In reality, throughout the 19th century Landa's Maya "alphabet" was a huge disappointment, and not only for the man who rediscovered it, but also for his colleagues who were trying in vain to use this list as a means of reading the glyphs. Indeed, it was so discouraging for all of the first generation Mayanist decipherers that most of them dropped it altogether claiming sometimes that it was a forgery.

Thereafter, up until the beginning of the 20th century the decipherment of the glyphs was based in general on the reconstruction of the Maya calendar using the two other lists found in *Relación de las cosas de Yucatán*, which also contained numerous explanations by Landa about how it worked as it was in the 16th century. Arithmetic and astronomy could in effect compensate for the lack of knowledge about the ancient form of the language, without it being necessary to really read the glyphs (paraphrasing being sufficient).

L'« abc » maya

et quelques exemples d'assemblages de « lettres » (redessinés d'après Landa 1566)

The Maya "ABC"

and a few cluster of "letters (redrawn after Landa, 1566)

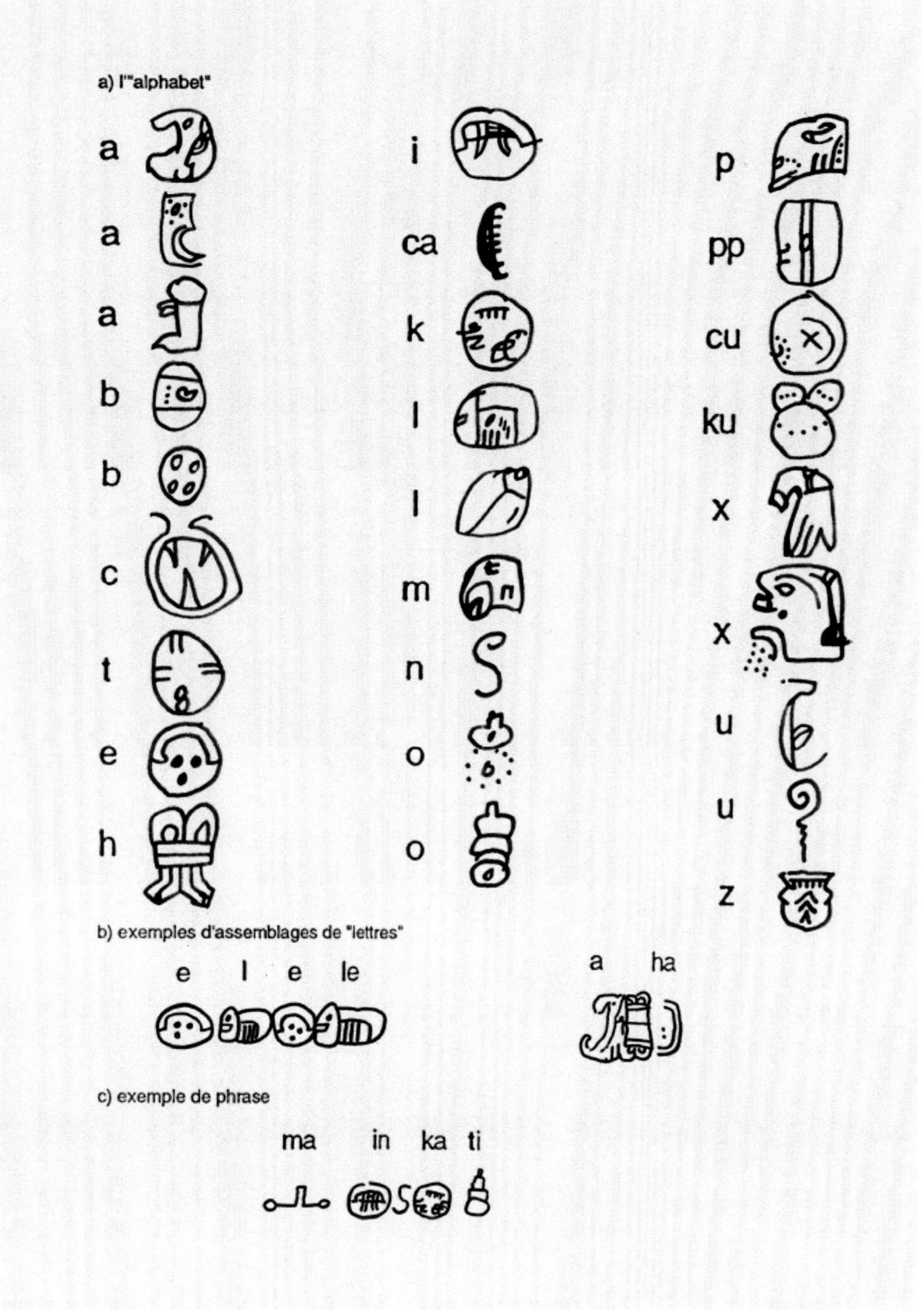

Aussi le déchiffrage des glyphes mayas allait-il ensuite porter essentiellement, jusqu'au début du XXe siècle, sur la reconstruction du calendrier à partir des deux autres listes fournies dans la *Relación de las cosas de Yucatán*, de nombreuses explications y étant en outre données par Landa sur son fonctionnement tel qu'il existait encore au XVIe siècle. L'arithmétique et l'astronomie pouvaient en effet pallier le manque de connaissance des états anciens de la langue, sans pour autant qu'il soit indispensable de véritablement lire les glyphes (leur paraphrase étant suffisante).

Research was not necessarily made any easier by the complexity of the ancient Maya calendar and its many cycles, but it did nonetheless lead quite swiftly to real results, in particular the correlation between the Maya and the Western calendar, whose general concordance is still accepted today. This has resulted in the establishment of an appropriate and valuable timeline not only for the Pre-Colombian history of the Mayas, but is also very useful for understanding the chronology of the whole Mesoamerican region.

Glyphe calendérique avec neuf baktun

(/3600 années de compte = 1.296.000 jours)
Inscription en maya, stuc

Musée du quai Branly – Jacques Chirac, Paris

Calendar glyph with nine baktuns

(/3600 360-day years counted = 1,296,000 days)
Inscription in Maya, plaster

Musée du Quai Branly–Jacques Chirac, Paris

La complexité de l'ancien calendrier maya et de ses nombreux « rouages » n'a pas forcément rendu ces recherches plus aisées, mais elles ont néanmoins permis d'aboutir plus vite à des résultats productifs tels que (notamment) la corrélation entre calendriers maya et chrétien qui à l'unanimité est encore admise aujourd'hui dans ses grandes lignes (et qui a permis d'établir une chronologie pertinente non seulement pour l'histoire précolombienne des Mayas, mais qui est également très utile pour la compréhension de la chronologie dans toute l'aire mésoaméricaine).

Au milieu du XXe siècle, d'importantes disparités s'étaient toutefois développées dans l'avancement du déchiffrage entre ce qui avait trait au contenu chronologique des inscriptions, d'une part, et ce qui avait trait au reste d'autre part, laissant à l'époque supposer de façon trompeuse que les anciens textes mayas ne parlaient guère que du passage du temps (au service duquel se seraient trouvées l'arithmétique et l'astronomie). Et ce, de sorte que, dans le contexte alors politiquement tendu de la « guerre froide », sont passés pratiquement inaperçus – lorsqu'ils n'ont pas été violemment critiqués – les travaux du linguiste soviétique Yuri Knorozov, qui défendait l'idée qu'une part importante de phonétisme existait dans l'écriture maya.

Ce chercheur à l'époque inconnu en Occident avançait cette hypothèse sur la base de ce que, dans l'histoire mondiale des systèmes graphiques de représentation de la parole, la plupart de ceux qui n'étaient pas issus d'autres écritures – c'est-à-dire les « écritures premières » qu'Anne-Marie Christin avait en 1998 appelé justement les écritures de l'origine – avaient combiné un répertoire de logogrammes à des phonogrammes de valeur syllabique, ce que semblait corroborer le nombre de quelques centaines de signes employés dans l'écriture maya (d'après ce que Knorozov avait obtenu en cataloguant les signes visibles dans les trois codex). L'idée très novatrice qu'a alors eue Yuri Knorozov fut de revenir à l'« abc » de Diego de Landa en supposant qu'il aurait en réalité été une partie d'un syllabaire, en l'occurrence la liste des phonogrammes mayas marquant les sons prononcés lorsqu'on récite l'alphabet latin en espagnol.

Le chercheur allait tester cela d'abord avec les textes des codex, de façon cette fois souvent efficace, mais cette théorie était alors si avant-gardiste qu'il n'a été traduit en Occident qu'en 1967 (et seulement en partie). Entretemps, de nouvelles pistes émergeaient de l'analyse des textes des monuments, notamment avec la mise

All the same, by the mid-20th century important differences had appeared in the progress of deciphering between those who were looking at the chronological content of the inscriptions on the one hand, and those who were looking at the rest on the other, leading to the mistaken supposition that ancient Maya texts hardly spoke about anything other than the passage of time, for which they used arithmetic and astronomy. At the same time, and within the tense political context of the Cold War, the work of Soviet linguist Yuri Knorozov passed almost unnoticed except when it was fiercely criticised. He proposed the idea that a large part of Mayan writing was in fact phonetic.

This scholar, who was then unknown in the West, based his theory on the notion that throughout the worldwide history of graphic systems representing speech, the majority of those that had not evolved from other scripts – that is, the "écritures premières" as the French scholar Anne-Marie Christin called original writing systems – had combined a range of logographs with phonograms of syllabic value. This would seem to be corroborated by the total of several hundred signs used in Maya writing, according to Knorozov's calculations from cataloguing the signs to be found in the three codices. The utterly novel idea that Knorozov then had was to revisit Diego de Landa's "ABC" and look at it as if it was part of a syllabary, in this instance, the list of Maya phonograms denoting the sounds made when reciting the Latin alphabet in Spanish.

Knorozov first tested this on the texts of the codices, often with success, and yet the theory was considered at the time so avant-garde that it was only translated in the West in 1967, and then only partially. Meanwhile, new analytical approaches to monumental texts were emerging, notably when a German epigraphist working in Mexico, Heinrich Berlin, identified a type of glyph that he called "emblem glyphs" because each one seemed to be characteristic of a city. Thereafter came the identification of royal names, although these could not yet be read, on the spectacular sarcophagus of the Temple of the Inscriptions, which Mexican archaeologists had a few years previously revealed at Palenque in the state of Chiapas. Very soon results suggesting that monumental texts had a historical dimension were also obtained by Tatiana Proskouriakoff, an art historian of Russian origin based in the USA who was working on groups of monumental texts at Piedras Negras in the region of Petén in Guatemala, and then at Yaxchilan in Chiapas. She recognised certain types of en évidence par Heinrich Berlin (un épigraphiste allemand établi au Mexique) d'un type de glyphes qu'il qualifiait de « glyphes-emblèmes » car chacun semblait caractéristique d'une cité puis avec – sans toutefois être alors en mesure de les lire – l'identification d'anthroponymes royaux sur le spectaculaire sarcophage du Temple des Inscriptions (que les archéologues mexicains avaient depuis quelques années mis au jour à Palenque, dans l'État du Chiapas). Très vite, des résultats allant également dans le sens d'une dimension historique des textes monumentaux allaient être parallèlement obtenus par Tatiana Proskouriakoff, une historienne d'art d'origine russe installée aux États-Unis qui en travaillant sur des groupes de textes monumentaux à Piedras Negras (dans le département guatémaltèque du Petén) puis à Yaxchilán (Chiapas), a reconnu elle aussi certains types de glyphes dont la présence était récurrente dans ces ensembles : il s'agissait en l'occurrence d'une disposition qui par la durée moyenne des cycles de dates indiquées – qui semblaient correspondre approximativement à la durée d'une vie humaine – laissait présager que ces glyphes devaient désigner des évènements ayant marqué la vie des personnages historiques figurés comme protagonistes de chaque groupe.

L'épigraphiste David Kelley fut aux États-Unis l'un des principaux promoteurs des idées de Yuri Knorozov et de ces nouvelles approches historiques, avec dès 1966 le déchiffrement dans les inscriptions de Chichén Itzá (Yucatán) du glyphe anthroponymique d'un personnage nommé K'ak' U Pakal « (de) feu (est) son bouclier », comprenant plusieurs syllabogrammes présents dans l'« abc » de Diego de Landa (le second des deux « k », en fait syllabogramme de valeur **k'a**, le second des deux « q », en fait syllabogramme de valeur **k'u**, et le premier des deux « k » ou « ca »), en fait syllabogramme de valeur **ka**, tandis que le syllabogramme de valeur **pa** figurait dans la liste des glyphes du *haab* en tant que complément phonétique initial dans le glyphe de la 16e « vingtaine » Pax (voir ci-dessus).

À la suite de cela, la reconstruction du syllabaire allait – de la même façon que celle du calendrier avait monopolisé les efforts des déchiffreurs de la fin du XIXe siècle et du début du XXe siècle – concentrer durant toutes les années 1970 et 1980 l'essentiel de la recherche dans le domaine du déchiffrement de l'écriture maya, de sorte qu'au début des années 1990 la table syllabique reconstituée avait plus ou moins acquis l'état qu'elle revêt encore de nos jours (voir figure ci-contre).

Lecture du glyphe K'ak' U Pakal
gravé en 880 sur le linteau 2 de la structure dite « Maison des Nonnes », à Chichén Itzá (d'après Hoppan 2014 : 69, figure 16)

Reading of the glyph K'ak' U Pakal
engraved in 880 on Lintel 2 of the structure known as the "The Nunnery", at Chichen Itza, (after Hoppan 2014: 69, figure 16)

recurring glyphs, which seemed, given the average duration of the dates indicated, to correspond approximately to the length of a human life thus suggesting that these glyphs must designate events that marked the life of historical characters who featured as protagonists in each group.

The epigraphist David Kelley was one of the main promoters in the USA of Yuri Knorozov's ideas and of the new historical approaches that were supported by the decipherment in 1966 of the anthroponomic glyph of a person called K'ak' U Pakal, "Fire (is) his shield". This name contained several syllabograms found in Landa's "ABC": the second of the two "Ks", a syllabogram with the value **k'a;** the second of the two "Qs", a syllabogram with the value **k'u**; and the first of the two "Ks" or "Ca", a syllabogram with the value **ka**; while the syllabogram with the value **pa** featured in the glyph list of *haab* as an initial phonetic complement in the glyph of the 16th 20-days month, *Pax* (see above).

Thereafter, in the same way that the calendar monopolised deciphering efforts from the end of the 19th to the beginning of the 20th century, rebuilding the syllabary would become the focus in the 1970s and 1980s of work on understanding Maya writing, such that by the 1990s the syllabic table had more or less reached the state it currently displays (see opposite).

Ces avancées ont en même temps permis de déchiffrer des centaines de logogrammes, en se basant sur les modèles de substitution syllabique fréquents dans les anciens textes glyphiques (par exemple lorsque, dans le glyphe d'un anthroponyme comprenant de la même façon le lexème *pakal* signifiant « bouclier », on trouve à la place de la notation syllabique **pa-ka-la** un signe figurant un bouclier ou une rondache, montrant ainsi que ce dernier était bien un logogramme de valeur **PAKAL**).

Quelques autres avancées faites dans les années 1990 allaient encore faire évoluer significativement le déchiffrement de l'écriture glyphique, alors que depuis peu les linguistes avaient par exemple revu amplement le système de transcription alphabétique utilisé afin d'écrire les langues mayas modernes (dans l'intention notamment de perfectionner la notation des longueurs de voyelles qui en maya est phonologique, c'est-à-dire que par exemple le lexème *chak* « rouge » n'a pas le même sens que *chaak*, nom du dieu de la pluie qui signifie « averse »).

At the same time, this progress led to the decipherment of hundreds of logographs on the basis of syllable substitution models commonly found in the ancient glyphic texts. For example, in the glyph for an anthroponym including the lexeme *pakal* meaning "shield", instead of the syllabic notation **pa-ka-la,** one finds a sign featuring a shield or a roundel, it demonstrates that this latter is clearly a logograph with the value **PAKAL**.

Other advances made in the 1990s would also significantly develop the decipherment of glyphic writing, at the same time as linguists had widely reviewed the alphabetic transcription used to write modern Mayan languages. This was particularly aimed at perfecting the notation of vowel length, which in Maya is phonological, that is to say, for example, the lexeme *chak* "red" does not have the same meaning as *chaak*, the name of the Rain God meaning "rainshower".

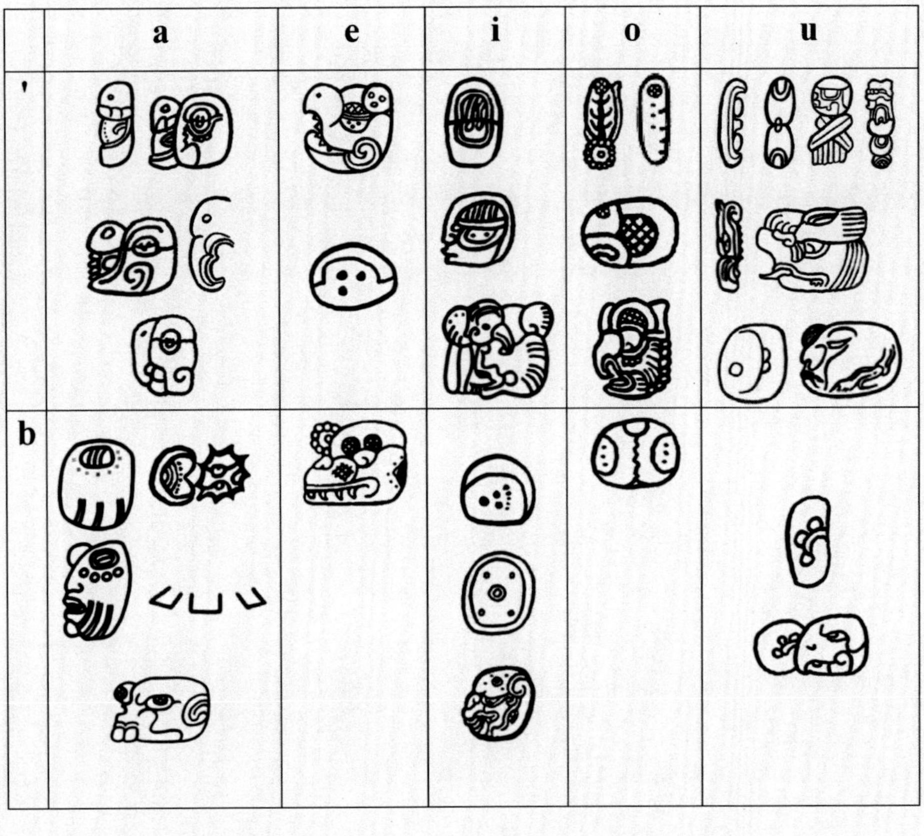

L'état de reconstruction actuel du syllabaire

(d'après Hoppan 2014: 282-86, annexe 4)

Current state of the syllabary

(after Hoppan 2014: 282-86, Annexe 4)

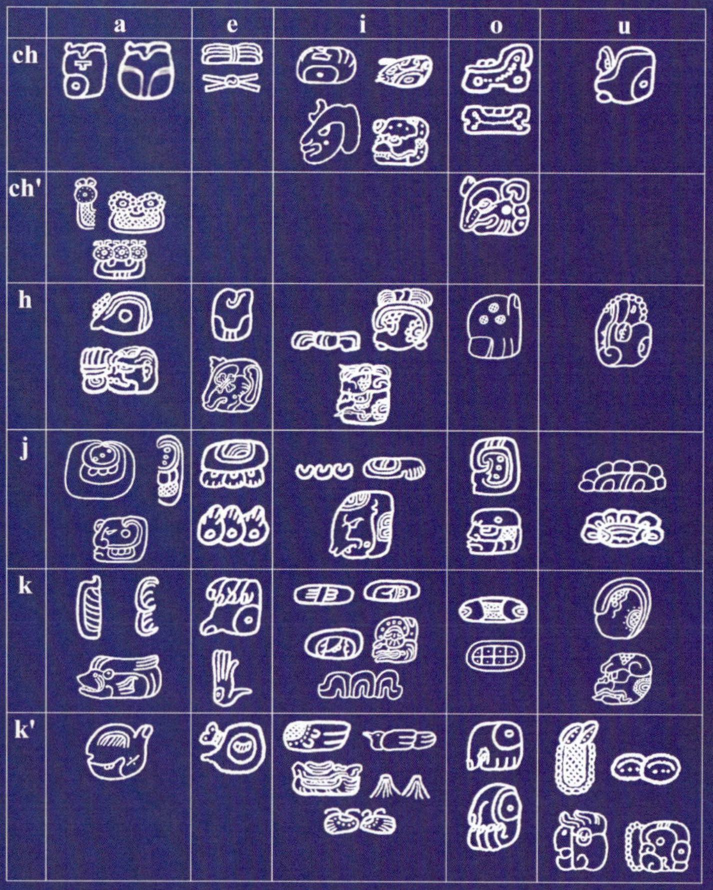
a
e
i
o
u
ch
ch'
h
j
k
k'

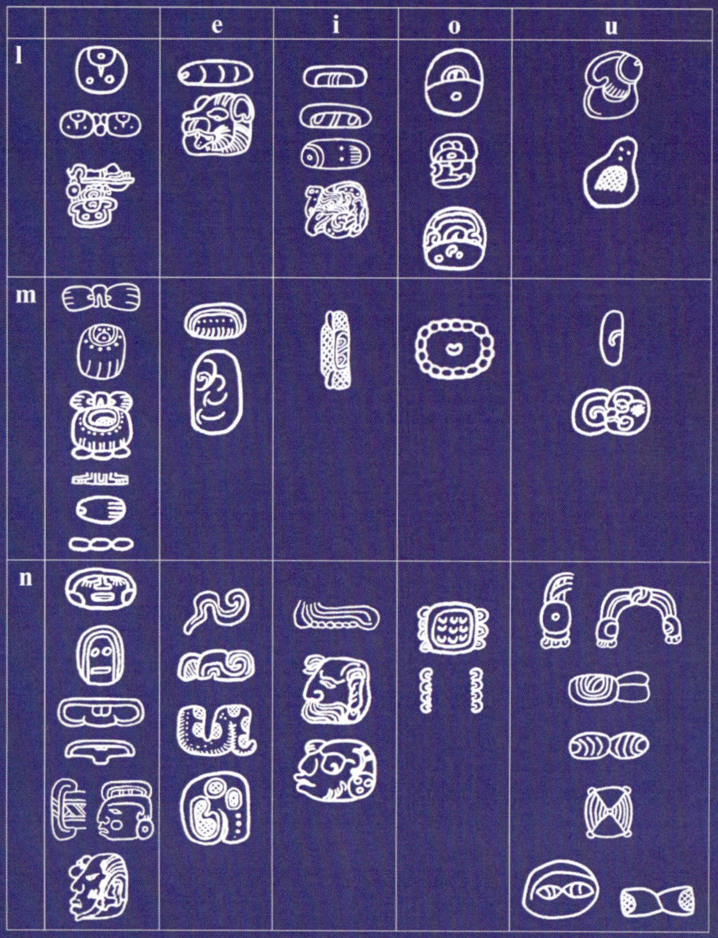
e
i
o
u
l
m
n

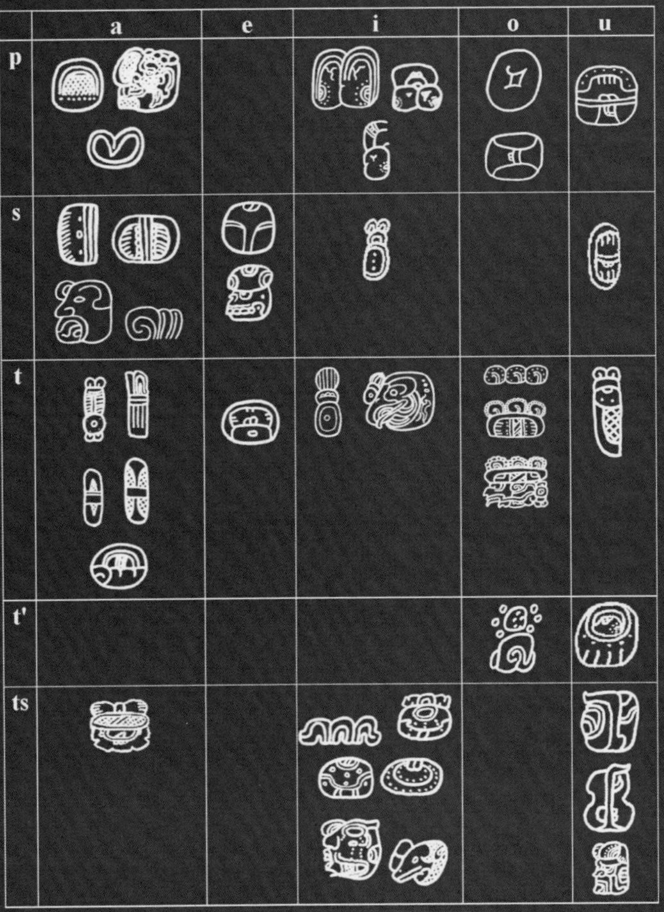

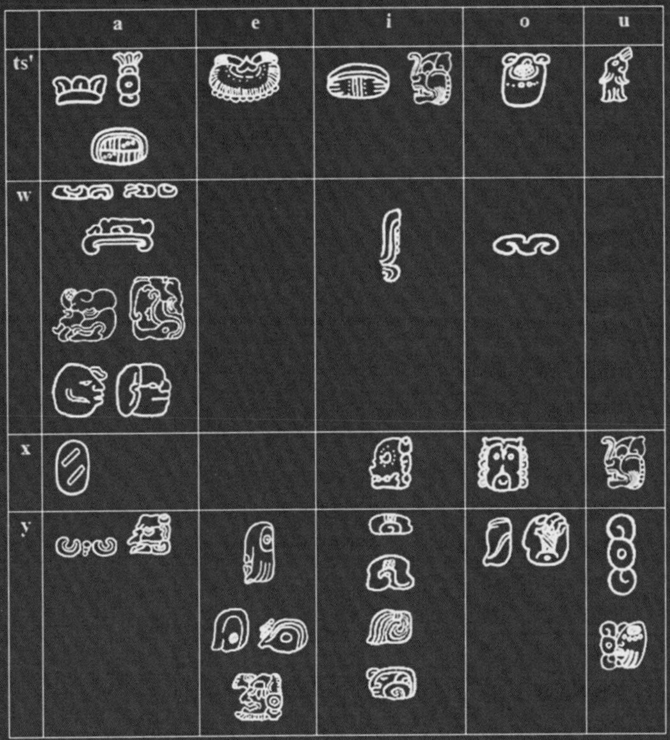

Le syllabaire étant désormais presque complet, les épigraphistes se sont ainsi interrogé sur la raison pour laquelle les exemples bien déchiffrés par Knorozov se terminent par le signe d'une syllabe dont la voyelle était la même que celle de la syllabe précédente (lorsqu'il y a « synharmonie vocalique »), tandis qu'en même temps il existait de nombreux autres cas où cette voyelle était différente (quand il y a « dysharmonie »).

Ainsi fut émise l'hypothèse que ces variations n'avaient certainement pas lieu sans raison et qu'elles devaient en l'occurrence traduire la longueur des voyelles dans les (très fréquentes) racines monosyllabiques de type C-V-C, qui s'obtenaient soit en unissant deux syllabogrammes pour aboutir à une lecture CV-C(V) soit en utilisant un logogramme CVC complété par un syllabogramme. Après avoir été testée sur un échantillon d'exemples suffisamment important, cette hypothèse fut formulée pour la première fois en 1998 (voir Houston, Robertson & Stuart), puis reformulée en 2004 dans une version moins admise à l'unanimité par rapport à la ré-articulation des voyelles (voir Lacadena & Wichmann).

L'état de reconstruction actuel du syllabaire

(d'après Hoppan 2014: 282-86, annexe 4)

Current state of the syllabary

(after Hoppan 2014: 282-86, Annexe 4)

Finalement, ces lectures plus fines des glyphes – qui ne confondent plus des mots susceptibles de former des « paires minimales » – ont au cours du début de ce siècle permis une approche des anciens écrits mayas plus linguistique que jamais, permettant au chercheur d'envisager une reconstruction non plus seulement du lexique mais aussi de la grammaire des états préhispaniques des langues mayanes, les morphèmes grammaticaux (et autres « petits mots » de la langue) étant en général plus difficiles à représenter par des logogrammes. Des avancées sans précédents ont ainsi pu être effectuées, pour en particulier mettre en évidence les paradigmes d'affixes des flexions verbale et nominale, de sorte qu'on peut considérer en ce début de XXIe siècle que – même si subsistent encore inconnues et conjectures – les chercheurs sont en mesure de ne désormais plus se limiter à déchiffrer les glyphes mayas en les paraphrasant mais peuvent souvent les lire plus véritablement, quasiment comme dans n'importe quelle écriture connue.

Le déchiffrement de ce qui nous est parvenu laisse entrevoir que l'écriture maya serait apparue au début de l'époque préclassique récente dans les confins des hautes terres de l'actuel Guatemala et des basses terres de la péninsule (en direction de l'actuel Petén) afin de transcrire la langue d'une élite parlant un dialecte oriental de la branche « tzeltal-chol » des langues mayanes (dont l'héritier le plus direct serait l'actuel chorti de l'est du Guatemala, voir ci-contre).

Cette écriture a au IIIe siècle pris sa forme dite « maya classique » et fut durant les siècles qui suivirent (à l'époque classique ancienne, entre les IIIe et VIe siècle) adaptée pour transcrire également les dialectes occidentaux de la ramification « cholane » de l'ancienne branche « tzeltal-chol » (dont les héritiers les plus directs sont le chol du Chiapas et le chontal de l'État voisin de Tabasco), puis elle le fut au Classique récent pour le tzeltal, le yucatèque et – très exceptionnellement – pour quelques langues des hautes terres telles que l'ixil et le quiché. La forme adaptée au yucatèque est celle qui, à partir de la fin de l'époque classique, donna naissance à ce que l'on voit dans les rares manuscrits à nous être parvenus, bien que l'on retrouve encore dans les codex de Dresde, Paris et Madrid de nombreuses orthographes « figées » d'origine cholane (Lacadena 1997, Macri & Vail 2009).

Now that the syllabary was almost complete, epigraphists turned to looking at why Knorozov's correctly deciphered examples ended with a syllabic sign whose vowel was the same as the preceding syllable (vowel synharmony), whereas at the same time there were numerous other cases where this vowel was different (vowel disharmony).

This gave rise to the theory that these variations were certainly not without a reason and that they must in this instance translate the length of the vowels in the (very frequent) monosyllabic roots of the C-V-C type, which are obtained either by uniting two syllabograms to result in a reading of CV-C(V) or by using a CVC logograph complemented with a syllabogram. After testing on a sufficiently large group of examples, this theory was put forward for the first time in 1998 (see Houston, Robertson & Stuart), and then restated in 2004 in a version that was less accepted by the unanimity for the re-articulation of vowels (see Lacadena & Wichmann).

These very detailed readings of the glyphs, which no longer confuse words that might form "minimal pairs", have over the first decades of this century led to an approach to Ancient Maya writing that is more linguistic than ever. The researcher can now envisage not only reconstituting the lexicon but also the grammar of Pre-Hispanic stages of the Mayan languages, grammatical morphemes (and other "little words" of the language) being generally more difficult to represent with logographs. Unprecedented advances have been made, in particular the revelation of affix patterns for verb and noun inflection, to an extent that although there are still unknowns and areas of conjecture, the researcher in the 21st century is now no longer limited to deciphering Maya glyphs by paraphrasing, but can often truly read them, almost as if in any other known writing system.

The decipherment of the texts that have survived suggests that Maya writing appeared at the beginning of the Late Preclassic Period within the borders of present-day Guatemalan highlands and the peninsula's lowlands (towards current Petén) in order to transcribe the language of an elite who spoke an eastern dialect of the Tzeltal - Ch'ol branch of Mayan languages, whose most direct descendant is the present-day Ch'orti in the east of Guatemala (see opposite). In the 3rd century this writing took on its so-called Classic Maya form, and over the following centuries (Early Classic Period, between the 3rd and 6th century)

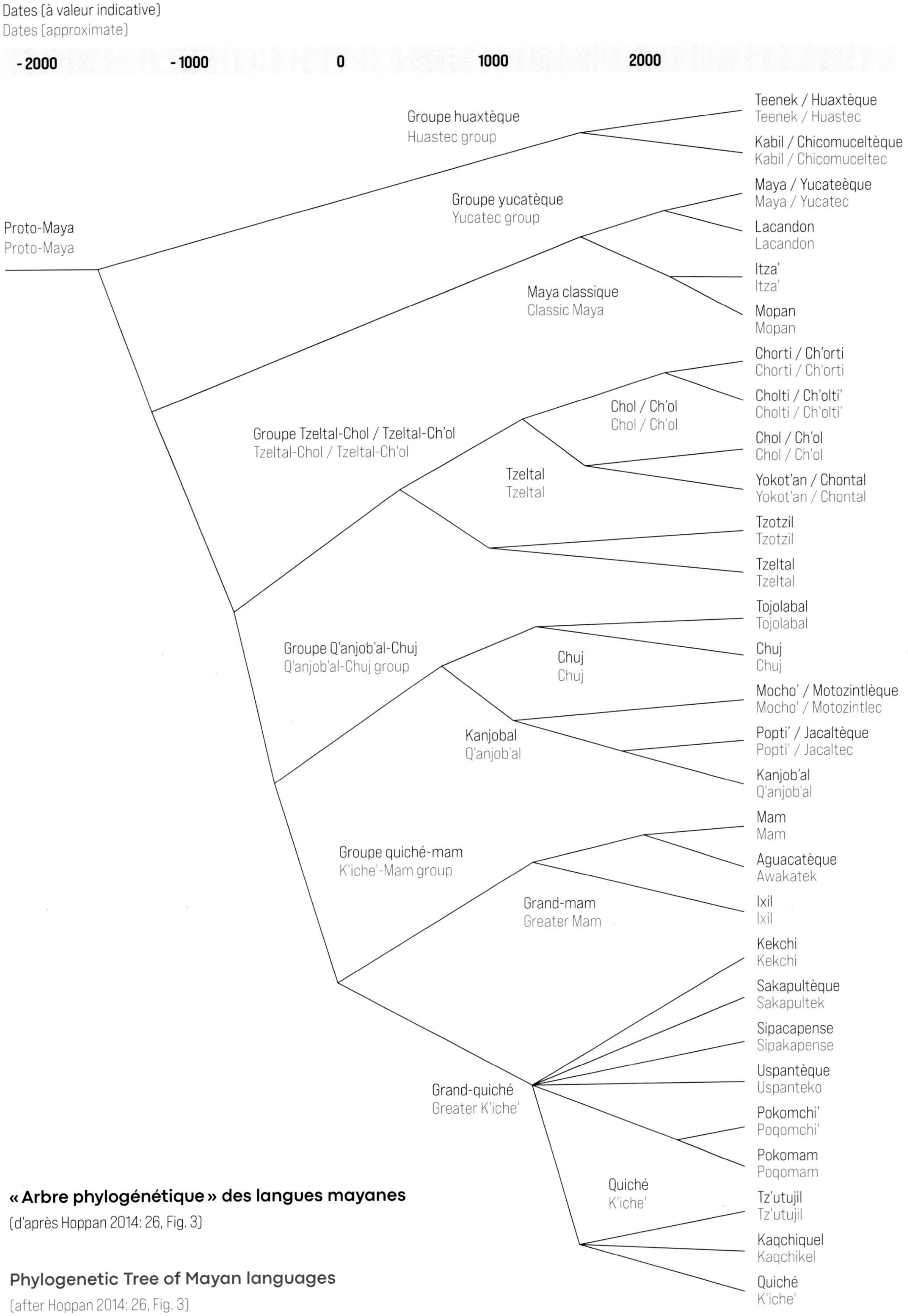

« Arbre phylogénétique » des langues mayanes

(d'après Hoppan 2014: 26, Fig. 3)

Phylogenetic Tree of Mayan languages

(after Hoppan 2014: 26, Fig. 3)

Ces résultats sont également d'une grande importance du point de vue de l'histoire des Mayas : ils permettent enfin de rendre intelligible des milliers de textes glyphiques et d'ainsi parvenir à lever le voile sur deux millénaires d'histoire préhispanique d'un peuple autochtone de l'Amérique (Schele & Freidel 1990, Martin & Grube 2000).

Plat « le jeune dieu du maïs renaissant de l'inframonde aquatique »

Inscriptions en maya, Terre cuite polychrome
Musée du quai Branly – Jacques Chirac, Paris

Plate "The young Maize God is reborn from the watery underworld"

Inscriptions in Maya, polychrome terracotta
Musée du Quai Branly–Jacques Chirac, Paris

adapted to transcribe also western dialects of the Cholan offshoot of the ancient Tzeltal-Ch'ol branch, whose most direct descendants are the Ch'ol of Chiapas and the Chontal in neighbouring Tabasco. It did the same in the Late Classic for Tzeltal, Yucatec and, very rarely, for some languages of the highlands, such as Ixil and K'iche'. From the end of the Classic Period the form that was adapted for Yucatec produced what is seen in the rare manuscripts that have survived, although within the Dresden, Paris and Madrid codices there are numerous "fossil" spellings of Ch'olan origin (Lacadena 1997, Macri & Vail 2009).

These results were also of great importance as regards the history of the Mayas, finally making the thousands of glyphic texts intelligible as well as lifting the veil on two millennia of pre-Hispanic history of an indigenous people of America (Schele & Freidel 1990, Martin & Grube 2000).

Notes :

[1] L'acception du terme « glyphe » ici retenue est celle qui, depuis l'époque des premiers déchiffreurs mexicanistes au XIXe siècle, désigne non pas l'unité scripturale « atomique » que nous appelons dans cet article le signe ou graphème mais les unités de texte consistant elles-mêmes en de petits assemblages compacts de quelques signes (dont le nombre n'excède que rarement quatre ou cinq, le plus souvent assemblés sous la forme d'un signe principal sur lequel sont « greffés » jusqu'à quatre signes périphériques). Cette terminologie cohabite avec une autre, qui n'est pas moins répandue parmi les épigraphistes et dans laquelle ces dernières sont appelées des « blocs (glyphiques) », et où les glyphes sont ce que nous appelons ici les signes ou graphèmes.

[2] Ce que les mexicanistes désignent sous le nom de codex sont les livres de la Mésoamérique traditionnelle. Ces livres étaient en général confectionnés dans une sorte de papier d'écorce connu sous le nom d'*amate* (vocable emprunté au terme nahuatl (/aztèque) *amatl* « ficus », « papier », « écrit (sur papier) »). Ce « papier mésoaméricain » est un type de support obtenu par battage du liber – c'est-à-dire de l'écorce interne – de variétés locales de figuiers (arbres du genre *ficus*). La surface en était lissée et blanchie par application d'un enduit de chaux, qui recevait la couche picturale. Bien que certaines populations – ce fut ainsi le cas des Mixtèques de l'actuel État mexicain de Oaxaca – aient plutôt privilégié l'emploi d'une sorte de parchemin (de peaux d'animaux tels que les cervidés locaux), l'*amate* fut durant les temps préhispaniques utilisé par divers peuples de la Mésoamérique pour la confection de leurs livres. En maya, son nom est *juun* qui – tout comme son équivalent nahuatl *amatl* – désigne tout à la fois les arbres du genre *ficus*, le papier qu'on en tire et les documents écrits qui l'emploient comme support.

Notes :

[1] The meaning of the term "glyph" here is in accordance with usage of the first deciphers of the 19th century and does not designate a basic unit of script, which we call in this article a sign or grapheme, but the units of text composed of small compact clusters of a few signs, rarely exceeding four or five, most often assembled as one main sign onto which up to four surrounding signs are attached. This terminology coexists with another which is common among epigraphists: "glyph blocks", where the glyphs are what we call here signs or graphemes.

[2] The word *codex* refers here to the books of traditional Mesoamerica. They were generally made from a kind of bark paper known as *amate* (a word borrowed from Nahuatl (Aztec) *amatl* meaning "ficus", "paper", "text [on paper]"). This "Mesoamerican paper" is made by beating the phloem, i.e. the internal layer of bark, of local varieties of fig tree (genus Ficus). The surface is smoothed and whitened by applying a coating of chalk. While certain populations, for example the Mixtecs of the present-day Mexican state of Oaxaca, preferred to use a sort of parchment (animal skins, such as local deer), *amate* was used by a variety of peoples during the pre-Hispanic period to make books. In Maya it is called *juun*, which designates, as does the equivalent *amatl* in Nahuatl, ficus trees, the paper made from them and the documents written upon the paper.

Rongorongo, l'écriture des Rapanuis

Rongorongo, the writing system of Rapanui

Paul Horley*

* Docteur en linguistique, spécialiste de l'écriture rongorongo de l'île de Pâques

* PhD in linguistics, specialist in the *rongorongo* script of Easter Island

Des objets portant une écriture *rongorongo* furent découverts en 1864 sur l'Île de Pâques (Rapa Nui) par le frère Eugène Eyraud. Leur collecte et leur conservation sont surtout dues à l'évêque de Tahiti, Monseigneur Tepano Jaussen, après qu'il ait reçu en 1869 en cadeau des habitants de l'île un fragment de tablette gravée. Les principaux objets inscrits, en superbe état de conservation furent collectés en 1870 ; aujourd'hui, le corpus complet des *rongorongo* comprend 27 objets (deux survivent seulement sous forme de photographies et de frottis). Les tentatives de lecture des tablettes avec l'aide des habitants à fin du XIXe siècle échouèrent – la connaissance de l'écriture fut perdue après les tragiques années 1862–1863 marquées par des attaques pour ramener des esclaves et les épidémies qui suivirent. Sans aucun doute, le déchiffrement du *rongorongo* est de grande importance pour rendre une part de la mémoire perdue des Rapanuis. Cependant, les difficultés du déchiffrement sont multiples et, malgré des avancées depuis plus de 150 ans d'études, cette l'écriture n'est pas encore déchiffrée à ce jour.

Objects bearing *rongorongo* script were discovered on Easter Island (Rapa Nui) by Brother Eugène Eyraud in 1864. The samples of this unique writing were collected and preserved in the first place thanks to the timely actions of Tepano Jaussen, the Bishop of Tahiti, who received a fragment of inscribed tablet as a gift from the islanders in 1869. The principal inscribed tablets in a perfect state of preservation were collected in 1870. Today, the complete *rongorongo* corpus consists of 27 objects, two of which survive only in the form of photographs and pencil rubbings. Reading the tablets with the help of the indigenous people, attempted at the end of the 19th century, was unsuccessful. Knowledge of the writing was apparently lost after the tragic years of 1862–1863 which were marked with Peruvian slave raids and epidemics. Certainly, the decipherment of *rongorongo* will be of great importance in recovering the long-forgotten memories of ancient Rapanui society. However, such decipherment is hampered by many difficulties, and, in spite of numerous advances over the past 150 years, this writing system currently remains undeciphered.

Les statues mégalithiques
(Rano Raraku, Rapa Nui)

Megalithic statues
(Rano Raraku, Rapa Nui)

Les signes sont gravés sur des objets de bois (surtout des tablettes) et se suivent de gauche à droite en une séquence de lignes en boustrophédon inversé, où chaque deuxième ligne est écrite dans le sens inverse. L'aspect pictographique du *rongorongo* est très marqué : beaucoup de ces signes sont reconnaissables comme des images stylisées d'hommes, d'animaux et d'objets de la culture matérielle rapanui. Les signes sont standardisés dans toutes les inscriptions authentiques connues et forment un ensemble fermé. L'analyse iconographique du *rongorongo* montre de fortes similitudes avec l'art rupestre de l'île (Lee 1992). La flore et la faune locale (qu'elles soient éteintes ou non) sont aussi représentées. Tous ces éléments plaident en faveur d'un développement de l'écriture sans aucune influence extérieure.

La datation de deux tablettes par la technique de l'analyse du radiocarbone a donné des dates dans la première moitié du XIXe siècle (Orliac 2005; Wieczorek et al. 2021). De fait, le climat humide de l'île ne permet pas la conservation des objets en bois sur une longue durée, et l'usage de l'écriture est, très probablement, plus ancien. On avance souvent que le concept d'écriture est arrivé sur l'île de l'extérieur, lors d'une cérémonie d'annexion par l'Espagne en 1770 (Fischer 1997). Sans aucun doute, l'impact culturel des navires en visite fut énorme; il est visible dans les nombreuses représentations de bateaux ou navires à voiles rectangulaires, peintes ou sculptées, présentes sur des objets jadis sacrés comme des statues mégalithiques. Cependant, si l'influence européenne avait vraiment déclenché le développement de l'écriture, son iconographie devrait être imprégnée du symbolisme et d'images d'objets utilisés pour le troc – couteaux, tissus, chapeaux, animaux domestiques, etc. En réalité, aucun des signes *rongorongo* ne représente d'objet étranger, ce qui suggère fortement que son iconographie fut créée avant la découverte de l'île par les Européens.

Rongorongo signs are carved on wooden objects (mostly on tablets) and run from left to right in reverse boustrophedon fashion, with every second line written upside-down. The pictographic component of *rongorongo* is strong: many of the signs are recognisable as stylised images of men, animals and objects of Rapanui material culture. The signs are standardised in all authentic inscriptions known to us, forming a closed sign set. Iconographic analysis reveals marked similarity between *rongorongo* and designs used in Rapanui rock art (Lee 1992). The island flora and fauna are also represented in the script, including species that are extant and already extinct. All these observations advocate in favour of a local writing development without any external influence.

Radiocarbon dating of two tablets produced dates in the first half of the 19th century (Orliac 2005; Wieczorek *et al.* 2021). This is in part to be expected, since the humid climate of the island does not favour the conservation of wooden objects over long periods of time. However, the script itself could be quite ancient. It is frequently mentioned in the literature that the idea of writing arrived on the island from the outside, during the Spanish annexation ceremony of 1770 (Fischer 1997). Undoubtedly, the cultural impact of visiting ships was enormous, and is visible in the numerous representations of boats and ships with rectangular sails that are painted or carved at various sites of the island, sometimes even over once-sacred objects such as the megalithic statues representing venerated ancestors. If European influence indeed triggered the development of writing, the script should be replete with corresponding symbolism and images, for example, of objects used in barter – knives, cloth, hats, domestic animals, etc. In reality, no *rongorongo* signs represent a foreign object, which strongly suggests that script iconography was created before the European discovery of the island.

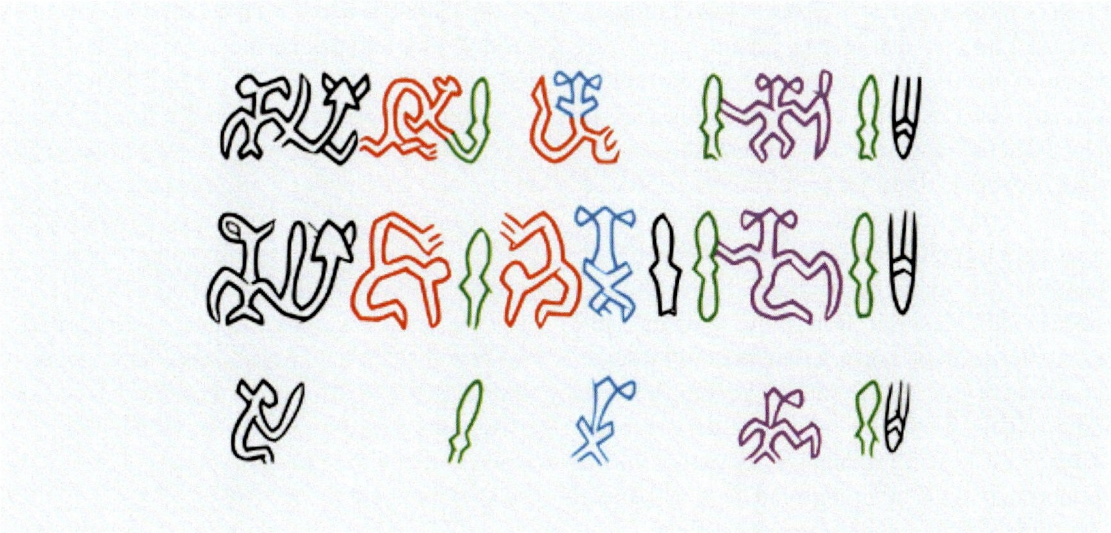

Les textes en rongorongo comportent une grande quantité de fragments courts, qui ne sont pas des copies exactes. Nous pouvons donc étudier les variations des formes calligraphiques et établir les règles de combinaison des signes – ici, les couleurs marquent les éléments équivalents dans trois textes parallèles : la Grande tablette de Santiago (au haut), la Grande tablette de St. Petersburg (au milieu) et la tablette Aruku Kurenga (au bas).

Rongorongo texts share a large quantity of short fragments, which are not exact copies of each other. We can study variations of calligraphic forms and establish the rules of sign combination. Above, colours indicate the equivalent elements in three parallel inscriptions: that of the Large Santiago tablet (top), the Large St Petersburg tablet (centre), and the Aruku Kurenga tablet (bottom).

Le travail de déchiffrement est impossible sans définir un catalogue des signes à travers toutes leurs versions calligraphiques. Cette tâche est énorme mais réaliste, d'autant plus qu'on dispose de deux grandes inscriptions qui ont survécu en plusieurs exemplaires. Les tablettes aussi portent plus de cent fragments courts appelés « mini-textes » (Pozdniakov 1996) conservés en copies variées, écrites dans différentes formes calligraphiques et plusieurs modifications mineures.

La tradition orale des Rapanuis inclut une grande variété de genres : histoires, généalogies, devinettes et chants. De façon analogue, le corpus *rongorongo* comporte des textes très distincts – les uns qui semblent de type narratif, d'autres contenant des listes ou des structures rimées évoquant la poésie. Les listes sont dominantes en *rongorongo*, et cette particularité est commune à toutes les sociétés polynésiennes. Lorsque les insulaires ont appris à écrire avec l'alphabet latin, ils se sont mis à écrire des manuscrits dans leur langue maternelle. Ces manuscrits contiennent également de nombreuses listes : noms des chefs suprêmes, listes de plantes, lieux de pêche, noms de lieux, et des listes à base calendaire – les mois de l'année et les nuits du mois lunaire.

Decipherment work is impossible without the creation of the proper sign catalogue including all calligraphic variants of every sign. This task is formidable but realistic, especially because we have two large inscriptions surviving in multiple copies. The tablets also share more than a hundred short fragments called "mini-texts" (Pozdniakov 1996), appearing as creative copies with different calligraphic forms of the signs and minor textual edits.

Rapanui oral tradition features many genres: stories, genealogies, riddles and chants. Similarly, the *rongorongo* corpus is composed of distinct texts, some resemble narratives, others contain lists or rhythmical structures evoking poetry. Lists are very prominent in *rongorongo*, and the creation of lists is a cultural peculiarity of all Polynesian societies. When the islanders learned the Latin alphabet, they started to write manuscripts in their mother tongue. These manuscripts also contain lists: names of paramount chiefs, lists of plants, fishing places, place names, and calendar lists naming months of the year or nights of the lunar month.

Ressemblant aux listes astronomiques connues dans les manuscrits rapanuis, une liste des nuits lunaires fut découverte sur la tablette Mamari (Barthel 1958). Ici, les 30 signes en forme de croissants représentent un mois de 29.5 nuits, quand la lune passe à travers toutes ses phases. Certains croissants sont accompagnés par des signes supplémentaires, probablement pour identifier les nuits particulières. Le marqueur répétitif du calendrier se termine avec un signe en forme de petit poisson qui peut représenter la première ou la deuxième partie de cycle lunaire (Guy 1990). Le calendrier de la tablette Mamari est le seul fragment dans tout le corpus rongorongo dont on comprend le sens général mais sans arriver à une lecture phonétique.

Similar to the astronomical lists known from Rapanui manuscripts, a list of lunar nights was discovered on the *Mamari* tablet (Barthel 1958). Here, 30 crescent signs represent a synodic month of 29.5 nights, when the moon passes through all its phases. Certain crescents are accompanied with supplementary signs, probably to identify particular nights. The repetitive "refrain" of the calendar ends with a sign depicting a small fish that possibly signals the half of the month (the first or second) to which these night groups belong (Guy 1990). The *Mamari* calendar is unique in the entire *rongorongo* corpus. Although its general meaning is understood, we still cannot read it phonetically.

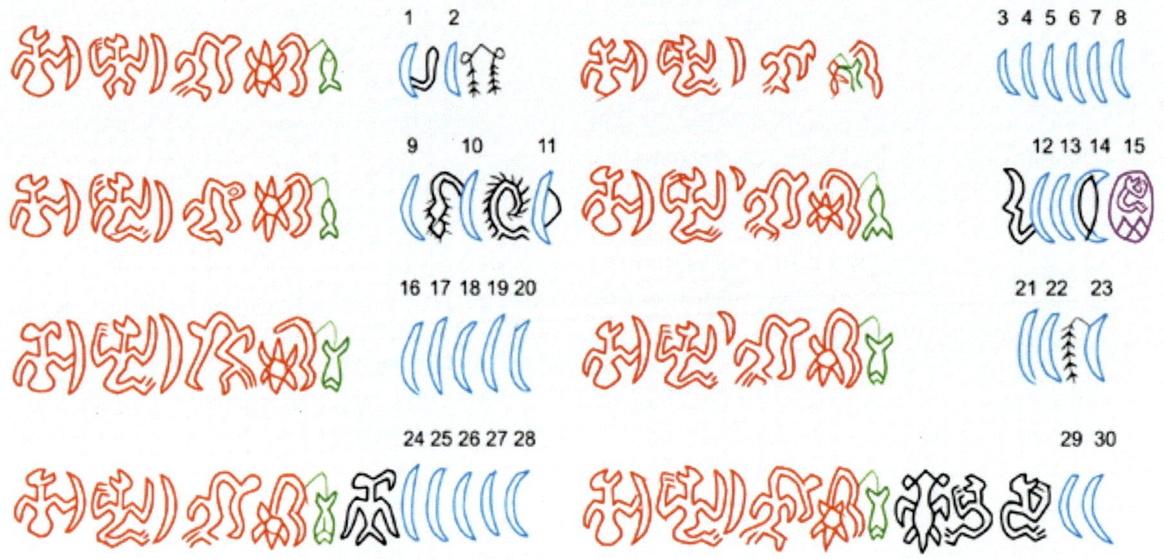

Calendrier lunaire écrit sur la tablette Mamari. Les 30 croissants numérotés, avec leurs signes explicatifs, correspondent aux nuits individuelles. La pleine lune (nuit 15) est représentée par un signe pictographique. Les directions des petits poissons (marques de couleur verte) semblent représenter les deux moitiés d'un mois, quand la lune est en train de croître (le poisson avec la tête vers le haut) et décroître (le poisson avec la tête vers le bas).

Lunar calendar written on the Mamari tablet. The 30 numbered crescents, accompanied with some explicative signs, correspond to individual nights/phases of the moon. The full moon (night 15) is represented by a pictographic sign. The direction of small fishes (highlighted in green) seemingly represents two halves of the month, when the moon is waxing (fish pointing up) or waning (fish pointing down).

Le calendrier de la tablette Mamari est le seul fragment dans tout le corpus rongorongo dont on comprend le sens général mais sans arriver à une lecture phonétique.

The Mamari calendar is unique in the entire rongorongo corpus. Although its general meaning is understood, we still cannot read it phonetically.

Moulage de la tablette Mamari (C)
Inscription en rongorongo, plâtre
Musée du quai Branly – Jacques Chirac, Paris

Cast of the Mamari tablet (C)
Inscription in *rongorongo*; plaster
Musée du Quai Branly–Jacques Chirac, Paris

Calendrier lunaire
Lunar calendar

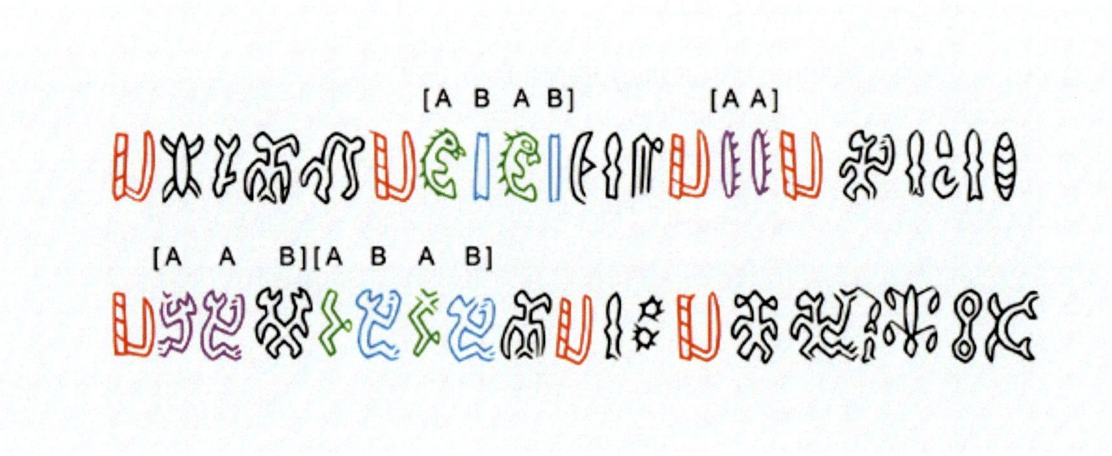

Les éléments des listes sont séparés par le même groupe des signes (en rouge), comme dans cet exemple qui apparaît sur la Grande tablette de Santiago. Les textes contiennent de manière répétée les séquences ABAB et AAB (accentuées par des couleurs), ce qui ressemble à la structure des textes des langues polynésiennes à transcription syllabique.

The elements of lists are separated by a fixed sign group (marked in red), as in this example taken from the Large Santiago tablet. Note that the text contains many reduplications following the patterns ABAB and AAB (highlighted in colours), which resemble textual structures of Polynesian languages written in syllabic notation.

Les entrées d'une liste se marquent communément avec une combinaison fixe de signes, le plus probablement associée au type de liste. L'existence de ces marqueurs permet la segmentation des textes. Notamment, des signes forment les combinaisons répétitives de type ABAB ou AAB. Cette régularité suggère des liens entre le *rongorongo* et les structures phonétiques de la langue rapanui. Comme d'autres langues polynésiennes, le rapanui utilise la réduplication des mots simples pour former de nouveaux mots complexes, exprimant diverses nuances sémantiques – intensivité ou actions répétitives, pluralité des acteurs, différents degrés de comparaison pour les adjectifs, etc. Les motifs de répétition des signes observés dans l'écriture *rongorongo* ressemblent aux schémas de réduplication des syllabes caractéristiques de la langue, tels que la réduplication complète et partielle des racines lexicales; il en résulte la répétition des syllabes A et B selon des patrons caractéristiques ABAB et AAB. Cette observation suggère fortement que l'écriture *rongorongo* est, au moins partiellement, syllabique (Pozdniakov 1996).

The entries of a list are usually delimited with a fixed combination of signs, which is most probably associated with the type of the list. The existence of these delimiters permits the segmentation of texts. Notably, the signs can form repetitive combinations with patterns ABAB or AAB, suggesting a link between *rongorongo* and the Rapanui language. As in other Polynesian languages, Rapanui uses reduplication of simple words to form new complex ones, which express different semantic nuances – intensity of action or repetitive actions, plurality of actors, different degrees of comparison for adjectives, etc. For a complete or partial reduplication of lexical roots, which are commonly composed of two syllables A and B, one will obtain the very same patterns ABAB and AAB. This observation strongly suggests that *rongorongo* script is at least in part syllabic (Pozdniakov 1996).

Plusieurs fragments possèdent une structure rimée. Les strophes et les refrains sont d'habitude formés de huit (ou quatre) signes, qui correspondent à huit syllabes (ou la moitié), le patron de rime polynésienne selon la « règle de huit » (McLean 1982). Le caractère répétitif des chants permet des abréviations, particulièrement à l'approche de la fin de la ligne. De plus, le document comprend beaucoup de corrections, utilisées pour obtenir des signes plus jolis, pour insérer des textes omis, etc. En cas de fautes graves, des fragments entiers ont été effacés et les textes corrigés réécrits au-dessus.

Many fragments have a rhythmical structure. The stanzas and refrains are usually formed of eight (or four) signs, which correspond to eight syllables (or half thereof) – the common Polynesian rhyming pattern known as the "rule of eight" (McLean 1982). The repetitive character of chants leads to the use of abbreviations, especially upon approaching the end of the line. Moreover, there are many scribal corrections: traces of minor sign adjustments to obtain the most elegant and beautiful shapes, insertion of omitted portions of texts, etc. In the case of serious errors, entire fragments of text were polished away and rewritten with the correct passages.

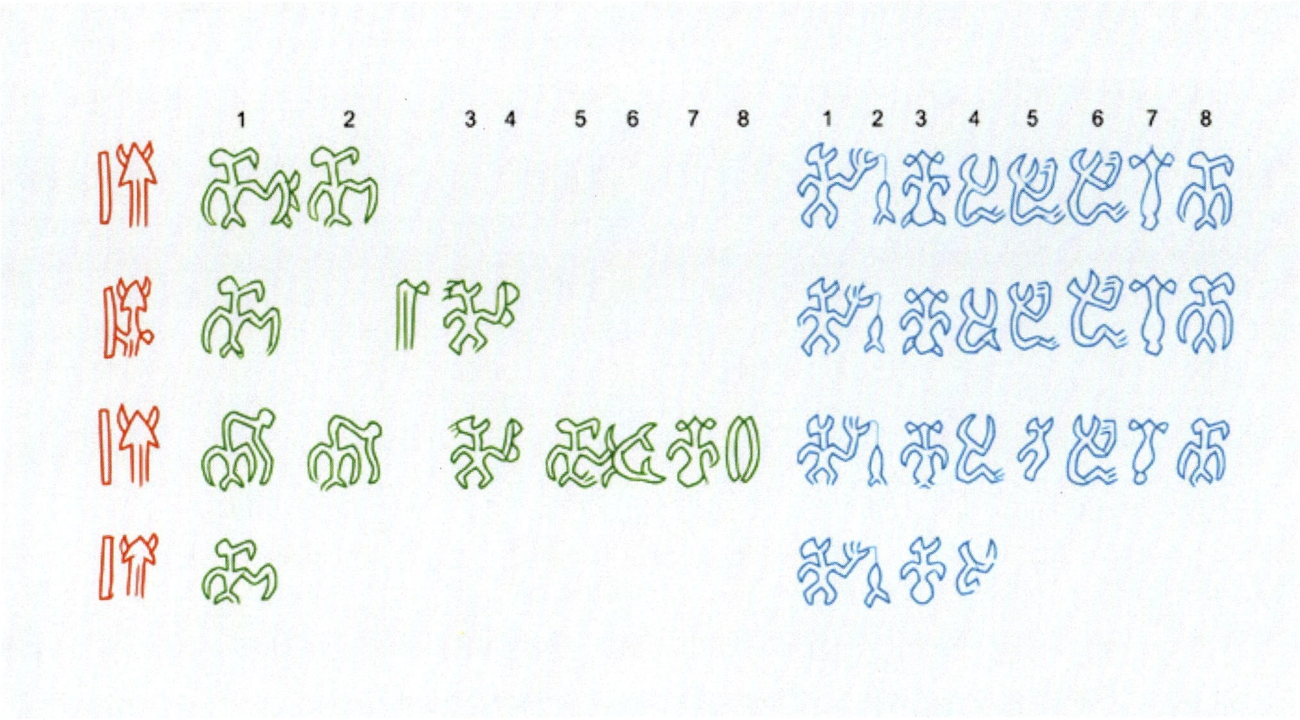

Un texte rimé de la tablette Tahua, avec un refrain fixe (de couleur bleue) et des strophes variables (en vert). Chaque ligne débute avec la même séquence de signes (en rouge). On peut noter que les parties marquées en vert et en bleu se composent de 2, 4, ou 8 signes. La strophe et le refrain final ont été écrits jusqu'à la fin de la ligne sur la tablette et c'est pourquoi ils sont abrégés.

Rhythmical text written on the Tahua tablet, with a fixed refrain (in blue) and variable stanzas (in green). Each line starts with the same sequence of signs (in red). It is notable that the parts marked in green and blue are composed of 2, 4, or 8 signs. The last stanza and refrain fill the line up to its end; they are abbreviated because there was no space to write them in full.

Les efforts des scribes rapanuis pour produire les textes les plus précis et raffinés, ainsi que l'existence d'abréviations, suggèrent fortement que le *rongorongo* est une écriture de qualité ; les similitudes structurelles avec la langue rapanui laissent penser que les tablettes comportent des textes suffisamment précis pour être lus presque sans ambigüité. Cependant, il reste beaucoup de recherches à faire avant que les tablettes *rongorongo* nous donnent accès aux messages de l'ancienne société rapanui, soigneusement gravés par ses scribes talentueux.

The effort invested by the Rapanui scribes in the production of the most precise and refined texts, as well as the existence of abbreviations, strongly indicate that *rongorongo* represents a well-developed script. The structural similarities with Rapanui language suggest that these inscriptions are sufficiently complete for unambiguous reading. Much research still needs to be done before the *rongorongo* tablets, carefully carved on precious wood by talented Rapanui scribes, will eventually reveal their old narratives and chants.

Pétroglyphes similaires aux signes rongorongo
(Ana o Keke, Rapa Nui)

Petroglyphs resembling *rongorongo* signs
(Ana o Keke, Rapa Nui)

Miroir

Inscription en étrusque, bronze
Figeac, Musée Champollion – Les Écritures du Monde

Mirror

Inscription in Etruscann, bronze
Figeac, Musée Champollion–Les Écritures du Monde

Le déchiffrement de l'étrusque : un problème qui ne se pose pas

Deciphering Etruscan: the problem that never was

Dominique Briquel*

* Professeur émérite à Sorbonne-Université, directeur d'études émérite à l'École Pratique des Hautes Étude, spécialiste des civilisations et langues de l'Italie pré-romaine

* Professor emeritus at the Sorbonne, director of studies emeritus at the École Pratique des Hautes Études, specialist in the civilisations and languages of pre-Roman Italy

On parle souvent de l'étrusque comme d'une langue non déchiffrée, et cela participe de l'impression de mystère qui émane de cette civilisation qui s'était épanouie dans l'Italie du premier millénaire avant notre ère, et qui a profondément marqué de son empreinte la civilisation romaine, ne serait-ce que parce que Rome, de 616 à 509 av. J.-C., a eu pour rois des souverains d'origine étrusque (Tarquin l'Ancien, Servius Tullius, Tarquin le Superbe). En fait, les inscriptions que les Étrusques nous ont laissées sont relativement nombreuses (de l'ordre de 14 000), mais sont dans l'énorme majorité de courtes épitaphes, qui ne nous livrent guère que les noms des défunts, avec parfois quelques précisions (ainsi « Untel fils de Untel », « Unetelle fille ou épouse de Untel », ce qui fait que nous savons que fils se dit *clan*, fille *sech*, épouse *puia*). En fait, elles ne posent aucun problème de lecture;c'est pourquoi, pour l'étrusque, le terme de « déchiffrement » est faux:nous n'avons aucune difficulté à lire ces documents. En effet, l'écriture étrusque – apparue vers la fin du VIIIe siècle av. J.-C. – est dérivée de l'écriture grecque, et à son tour elle a donné naissance – vers le milieu du VIIe siècle av. J.-C. – à l'écriture latine: les Étrusques ont d'abord appris à écrire auprès des Grecs lorsque ceux-ci ont installé des colonies en Italie, puis ils ont ensuite transmis cet alphabet aux Latins au moment où ils étaient le peuple dominant en Italie centrale.

Etruscan is often referred to as an undeciphered language, adding to the air of mystery that surrounds this civilisation which flourished in Italy during the first millennium BC, and which left such a profound imprint on Roman civilisation, if only because from 616 to 509 BC Rome had rulers of Etruscan origin (Tarquin the Elder, Servius Tullius, and Tarquin the Proud). Indeed, the Etruscans left behind rather a lot of inscriptions – around 14,000 – but in the vast majority they are short epitaphs that give us little more than the names of the deceased with occasional precisions such as "Jack, son of John" or "Jill daughter/wife of John", thus we know that son is *clan*, daughter is *sech*, and wife is *puia*. These documents are not difficult to read and, in this sense, the term "decipher" is misleading. In fact, Etruscan writing, which appeared towards the end of the 8th century BC, is derived from Greek, and in turn gave birth to Latin script around the mid-7th century BC. The Etruscans first learnt to write from the Greeks as these latter settled parts of Italy, creating what is called Magna Graecia, and then they transmitted this alphabet to the Latins when they were the dominant people in central Italy.

Cette histoire explique certains traits de l'écriture latine que nous utilisons aujourd'hui : ainsi, la troisième lettre de l'alphabet est pour nous le C (qu'il faut prononcer comme un C « dur », avec valeur phonétique de [k], comme dans cave), alors que pour les Grecs (qui avaient une série alpha, béta, gamma), il s'agissait d'un G « dur », avec valeur phonétique de [g], comme dans grand. Cela s'explique par l'intermédiaire de l'étrusque, car la langue étrusque ne connaissait pas le [g] : les Étrusques ont donc remplacé le gamma du grec par un signe correspondant au phonème le plus proche qu'ils possédaient dans leur langue, qui était le [k] – avec le résultat absurde que notre alphabet comporte trois lettres de valeur phonétique équivalente, C, K, Q, qui toutes ont la même valeur de [k] (si bien qu'un mot tel que coq pourrait s'écrire aussi bien koq, cok ou coc), l'ancien gamma du grec devenu C s'ajoutant pour noter le [k] au K, le kappa du grec, et aussi au qoppa, qui a donné notre Q, vieille lettre qui existait dans l'alphabet grec au moment où les Étrusque ont reçu d'eux leur écriture mais qui a été éliminée par la suite en grec.

Mais si nous lisons l'étrusque, nous ne comprenons que très imparfaitement la langue. Le problème n'est pas différent de celui qui se pose pour un touriste qui, arrivant en Finlande ou en Hongrie, n'a aucune difficulté pour lire ce qui est écrit dans la langue locale, puisqu'elle est notée en caractères latins, mais serait parfaitement incapable de comprendre quoi que ce soit, à moins d'avoir quelques notions sur ce parler. Or l'étrusque paraît être une langue isolée, et qui n'appartient à aucune famille linguistique connue (nous avons cité les noms des fils, fille, épouse *clan*, *sech*, *puia*, qui ne ressemblent à rien qui existe ailleurs). Déjà l'historien grec Denys d'Halicarnasse, qui écrivait à l'époque d'Auguste, constatait que « l'étrusque ne ressemble à aucune autre langue ». Cela empêche toute possibilité d'interprétation par comparaison avec une autre langue que nous connaîtrions.

Pour parvenir à comprendre l'étrusque, le rêve des étruscologues a toujours été de disposer de leur pierre de Rosette, c'est-à-dire d'un document bilingue d'une certaine longueur où le même énoncé serait exprimé à la fois en étrusque et en latin ou en grec. Mais force est de constater que des siècles de fouilles en Étrurie – puisque les premières trouvailles épigraphiques remontent à la fin du Moyen-Âge – ne nous ont livré aucun document de ce genre. Au reste, il convient de se méfier de la notion de « bilingue », car la même idée peut être exprimée de manière fort différente selon les langues, sans que les formulations soient identiques. Un bon exemple est fourni par les indications quadrilingues, en français, anglais, allemand, italien, qu'on lisait naguère devant les fenêtres des wagons de chemin de fer : « Ne pas se pencher au dehors » / « Do not lean out of the window » / « Nicht hinauslehnen » / « È pericoloso sporgersi ». On voit ce à quoi on aboutirait si on imaginait que le français « en dehors » se traduit en anglais par « window » ou en italien par « sporgersi ».

This history explains certain features of the Latin script that we use today. Thus, the third letter of the alphabet for us is C (which should be pronounced as a "hard" C, with the phonetic value [k], as in *cave*), whereas for the Greeks (who had the sequence *alpha, beta, gamma*), it is a "hard" G, with the phonetic value [g], as in *great*. This came about through the intermediary of Etruscan, since that language does not have a [g], and so they replaced the Greek *gamma* with a sign corresponding to the closest phoneme of their language, which was [k]. The result is that our alphabet somewhat absurdly contains three letters with an equivalent phonetic value, C, K, Q, all with the same value of [k], so that a word like *cock* could be written as *koq, cok, coc* etc. The former *gamma* of Greek became C giving us another [k] to add to the Greek *kappa*, and also *qoppa*, our Q, an old letter that used to exist in the Greek alphabet at the time when the Etruscans began writing, but which has since disappeared.

However, when we read Etruscan we can only understand the language very poorly. The problem is no different from that which is faced by a tourist arriving in Finland or Hungary. He or she will have no difficulty reading what is written in the local language since it is denoted in Latin characters, but they will be perfectly incapable of understanding anything at all, unless they have a smattering of the language beforehand. Now, Etruscan appears to be a language isolate and does not belong to any known family of languages: we have noted the words for son, daughter and wife as *clan, sech, puia*, which resemble nothing that exists elsewhere. Already, Dionysius of Halicarnassus, writing at the time of Augustus, stated, "Etruscan does not resemble any other language". This prevents any possibility of interpretation by comparison with another language that we know.

The dream of etruscologists has always been to find their own "Rosetta Stone", a bilingual document of a certain length in which the same text would be expressed in both Etruscan and Latin or Greek. Unfortunately, however, after centuries of excavations in Etruria – the first epigraphic discoveries date back to the Middle Ages – no such document has been found. Moreover, one should be wary of the idea of "bilingual" since the same idea can be expressed in very different ways depending on the language, without the wording being identical. A good example can be seen in the quadrilingual warnings in French, English, German and Italian that used to feature on French train windows: "Ne pas se pencher au dehors" / "Do not lean out of the window" / "Nicht hinauslehnen" / "È pericoloso sporgersi". One can see the result of imagining that the French "en dehors" can be translated into English as "window" and Italian as "sporgersi". Etruscologists experienced this problem in 1964 when golden tablets were found at the site of Pyrgi. The inscribed texts recorded the foundation and dedication of a temple in both Etruscan and Punic, but it was quickly understood that the Etruscan

Les étruscologues en ont fait l'expérience lorsqu'on a retrouvé en 1964, sur le site de Pyrgi, des formules de dédicace d'un temple, inscrites sur des lamelles d'or et rédigées à la fois en étrusque et en carthaginois : ils ont rapidement compris que le libellé étrusque n'était pas une traduction du texte carthaginois, mais que les deux versions usaient de formulaires sensiblement différents.

Pour appréhender la langue, en l'absence d'une langue-sœur dont on pourrait rapprocher l'étrusque, comme cela a été fait pour tant de langues sémitiques retrouvées par l'archéologie, ou pour le hittite à partir du moment où on a compris qu'il appartenait à la famille des langues indo-européennes, il est nécessaire de partir d'une analyse interne des documents. Il convient en particulier

wording was not a translation of the Punic text and that the two versions used significantly different formulations.

In order to understand the language in the absence of a sister-language with which one can compare Etruscan, as has been done for a number of Semitic languages rediscovered through archaeology, and for Hittite once it was understood that it belonged to the Indo-European family of languages, it is necessary to engage in an internal analysis of the documents, to focus on what is immediately identifiable, such as proper nouns, whether personal names (in the case of funerary inscriptions) or gods (in the case of votive inscriptions).

Urne funéraire

Inscription en étrusque, argile cuite
Figeac, Musée Champollion – Les Écritures du Monde
Dépôt du Musée du Louvre, Paris

Funerary urn

Inscription in Etruscan, fired clay
Figeac, Musée Champollion–Les Écritures du Monde
Permanent loan from the Louvre, Paris

de dégager ce qui se repère immédiatement, comme les noms propres, noms de personnes (en cas d'inscriptions funéraires) ou de dieux (en cas d'inscriptions votives). La méthode bilinguistique peut aider : elle repose sur le fait que dans des contextes donnés, une formule étrusque a des chances d'être parallèle à celles qu'on trouverait pour le latin ou pour le grec. Ainsi, beaucoup d'objets portent des marques de possession, donnant le nom de leur propriétaire : en latin, la formule est alors du type *ego* suivi de ce nom, l'objet étant censé s'exprimer et dire « j'appartiens à Untel », avec le pronom de la première personne « je » ; en étrusque, on trouve des inscriptions où ce qui correspond à *ego* est *mi*.

The so-called bilinguistic method might help: the fact that, in certain given contexts, Etruscan wording could well be parallel to that which is found in Latin or in Geek. Thus, many objects bear marks of ownership, giving the name of the owner. In Latin the formula is of the type *ego* followed by the name, the object supposedly expressing "I belong to So-and-so", with the first person pronoun "I": there are inscriptions in Etruscan where *mi* corresponds to *ego*. Another common formula appears on objects placed as ex-votos in sanctuaries. In Latin the object again expresses itself in the first person and reads "So-and-so gave me to such-and-such a god" with *me dedit* for "gave me". Etruscan has a parallel wording with the words *mini muluvanice* or *mini turuce* for "gave me".

Autre type de formule courante, cette fois sur des objets déposés en ex-voto dans des sanctuaires : en latin, l'objet s'exprimant toujours à la première personne, on trouve une formule du type « Untel m'a donné à tel dieu », avec *me dedit* pour « m'a donné » : l'étrusque offre un énoncé parallèle, avec pour « m'a donné » les mots *mini muluvanice* ou bien *mini turuce*. Outre le sens des mots, ces inscriptions nous révèlent des points du fonctionnement de la langue : elle possède un système pronominal avec, pour la première personne, un cas-sujet *mi* et un cas-objet *mini*, un système verbal qui comporte un parfait caractérisé par un suffixe -ce. Mais ces progrès sont limités et notre ignorance persistante du lexique fait que, surtout lorsqu'il s'agit de textes longs, nous ne pouvons les comprendre que très approximativement. Si bien que les plus grands spécialistes restent avec l'impression décevante que ces textes qui se lisent sans la moindre difficulté continuent, sur bien des points, à nous échapper.

In addition to the meanings of the words, these inscriptions reveal information about the functioning of the language: it possesses a pronominal system with, in the first person, a subjective case *mi* and an objective case *mini*; and a verbal system which includes a perfect tense characterised by a suffix –*ce*. However, such advances have been limited and our continued ignorance of the vocabulary means that when it comes to long texts we can only understand them very loosely. The upshot is that the leading specialists still hold the disappointing belief that these texts, which can be read without the slightest difficulty, continue to escape us on many points.

Mon Cousin. J'ay receu tant par l'ordinaire de Rome que par
celuy de Venise les originaux et duplicata de vos lettres des 8. 12.
et 17. Juin qui m'informent de toutes les diligences que vous
avez faites pour 201 459 170 523 172 381 477 201 10 508
141 140 527 523 172 309 483 386 306 407 201 203
407 30 142 12 309 433 27 309 102 433 22 306 180
104 201 Evesques qui ont assisté à l'assemblée du Clergé
de 1682. 513 32 97 446 396 130 491 77 170 180 481
77 107 12 32 51 22 180.
479 446 23 130 488 409 22 170 il est bien raisonable
que la Cour de Rome demandant que lesd. Evesques declarent
par leurs lettres qu'ils n'ont point pretendu par les quatre
articles que l'assemblée a publiez sur la puissance Ecclesiastique
faire une decision de foy, encore moins d'establir un dogme,
elle doit aussy souffrir qu'ils adjoutent que cette assemblée
a seulement voulu faire une simple declaration de ses sentimens
qui ont toujours esté ceux de l'Eglise de France, et c'est aussy
l'expedient que vous m'avez écrit par vostre lettre du 25e
Avril 2 47 53 6 10 106 473 20 23 138 12 122
118 434 207, qui estoit de mettre après la profession de foy
exprimée dans led. projet, que lesd. Evesques avoient toujours

Histoire de la cryptographie

A history of cryptography

Irénée Briquel*

* Docteur en informatique, professeur agrégé au département d'informatique de Cergy Paris Université, spécialiste en informatique théorique

* PhD in computer science, associate professor of the IT department, Cergy Paris University, specialist in theoretical computer science

Attestée depuis l'Antiquité, la cryptographie est l'art de coder un message pour le rendre inintelligible pour tout autre que son destinataire légitime.

Ainsi Plutarque a-t-il décrit l'utilisation de la *scytale* par les Spartiates : en enroulant une lanière en spirale autour d'un bâton, on peut écrire un message dont les lettres se retrouveront mélangées une fois la lanière déroulée. Il faudra un bâton de diamètre identique pour y enrouler la lanière et déchiffrer le message.

César, quant à lui, a donné son nom au « chiffrement de César », ou chiffrement par décalage. Chaque lettre du message en clair est remplacée par une lettre à distance fixe dans l'alphabet. César utilisait un décalage de 3 : A est changée en D, B en E, jusqu'à Z en C.

Ces deux premiers exemples de chiffrement structurés illustrent deux grandes familles de techniques de chiffrement, à la base de la cryptographie jusqu'à nos jours : les chiffrements par transposition, où comme pour la *scytale*, les lettres du message en clair sont conservées, mais dans un ordre différent ; et les chiffrements par substitution, où les caractères restent à leur place, mais sont échangés pour d'autres caractères suivant une règle précise.

Cryptography, which has existed since antiquity, is the art of coding a message in order to make it unintelligible to anyone except its intended recipient.

Plutarch describes the Spartans use of the *scytale*: by winding a strap in a spiral around a rod one can write a message on it that will be illegible once the strap is unwound. The recipient must have a rod of exactly the same diameter on which to roll the strap and decipher the message.

Julius Caesar has given his name to the "Caesar cipher" where encryption is by a simple shift. Each letter of the message in plaintext is replaced by a letter at a fixed number of positions along the alphabet. Caesar used a shift of three: A is changed to D, B to E, until Z becomes C.

These two examples illustrate two of the wider families of encryption techniques that are at the foundation of cryptography into the present day: encryption by transposition, in which, like the *scytale*, the letters of the plaintext are retained but in a different order; and encryption by substitution, where the characters remain in place but are exchanged for other characters in a defined manner.

Lettre codée signée par Louis XIV, adressée à Charles d'Abert d'Ailly, gouverneur de Bretagne et ambassadeur à Rome

Encre sur papier, Figeac, Musée Champollion – Les Écritures du Monde

An encoded letter signed by Louis XIV and addressed to Charles d'Abert d'Ailly, governor of Brittany and ambassador to Rome

Ink on paper, Figeac, Musée Champollion–Les Écritures du Monde

Les techniques de chiffrement n'ont depuis cessé de progresser, les progrès dans ce domaine répondant aux progrès dans la cryptanalyse – l'art de décrypter un message sans la clé de déchiffrement. Ainsi doit-on à Al Kindi, savant arabe du IXe siècle, l'analyse de la fréquence des lettres pour casser un alphabet de substitution : il est possible de retrouver quel symbole correspond à quelle lettre par le calcul de leur fréquence.

Les progrès visent à rendre le chiffre inviolable, tout en facilitant autant que possible les opérations de codage et de décodage. Ainsi, le chiffre de Vigenère (XVIe siècle) consiste à alterner plusieurs décalages de César : on fixe un mot-clé, chaque lettre du mot-clé codant un décalage (A pour 0, B pour 1...). On répète le mot-clé au-dessus du message à chiffrer, et on décale chaque lettre du message en fonction de la lettre du mot-clé à son niveau. Ainsi une même lettre, suivant sa position dans le message, peut être chiffrée par des lettres différentes, rendant la méthode résistante à l'analyse de fréquences. A l'aide d'un carré présentant les 26 alphabets décalés, le chiffrement comme le déchiffrement sont très aisés. Il a fallu attendre le XIXe siècle et les travaux de Kasiski pour disposer d'une méthode efficace de cassage de ce code.

Les procédés de chiffrement et de déchiffrement devinrent progressivement de plus en plus mécaniques. Par exemple, Thomas Jefferson proposa un cylindre fait de 26 disques métalliques indépendants contenant chacun un alphabet désordonné : il devint facile de chiffrer chaque lettre successivement avec l'alphabet d'un disque différent.

Mais la plus spectaculaire étape vers la mécanisation du chiffrement fut l'utilisation de la machine Enigma par les Allemands durant la Seconde Guerre mondiale. De la taille d'une machine à écrire, cette machine électromécanique comportait un clavier, et des voyants lumineux pour chaque lettre. La pression d'une lettre du clavier entraînait un courant électrique, qui, à travers un réseau complexe de fils, allumait l'un des voyants, indiquant une lettre chiffrée. Les circuits électriques traversaient des cylindres dont la position s'incrémentait à chaque frappe : l'alphabet de substitution changeait ainsi pour chaque lettre !

Encryption techniques have never ceased to progress in response to progress in cryptanalysis – the art of decrypting a message without the decoding key. In this, we must recognise the 9th century Arab scholar, Al Kindi, for his analysis of the frequency of letters in order to break a substitution alphabet: it is possible to find which symbol corresponds to which letter by calculating their frequency.

Progress in the field aims to render the cipher unbreakable while facilitating as much as possible the operations of encoding and decoding. So, the Vigenère cipher (16th century) involves several Caesar ciphers in sequence: a key word is defined and each letter of the key codes a shift (A for 0, B for 1...). The key is repeated above the message to be encrypted, and then each letter of the message is shifted according to the letter of the key directly above. Thus, the same letter, depending on its position in the message, can be encoded by different letters making it resistant to decoding by frequency analysis. A table of 26 alphabets each shifted one letter off the previous makes both encryption and decipherment very simple. It was only in the 19th century that Friedrich Kasiski developed an efficient method of breaking this code.

Processes of encrypting and decrypting were gradually to become more and more mechanical. Thomas Jefferson, for example, developed a cylinder made of 26 separate metal disks each marked with the alphabet in random order. One could then easily encode each letter successively with the alphabet of a different disk.

However the most spectacular stage in the mechanisation of encryption was the use of the Enigma machine by the Germans during the Second World War. This electromechanical device was the size of a typewriter and was equipped with a keyboard and 26 indicator lights, one for each letter. By striking a letter on the keyboard an electric current passed through a complex network of wires and lit up an indicator highlighting the encrypted letter. Electrical pathways running through rotors shifted every time a letter was typed and so the substitution alphabet changed for each letter!

Troupe de transmission de la Wehrmacht avec une machine à chiffrer «Enigma»,

Allemagne, Berlin, BPK

Soldiers of the Wehrmacht Signal Corps with an "Enigma" encryption machine

Germany, Berlin, BPK

Les progrès faits côté alliés pour casser quotidiennement les codes du jour de la machine Enigma furent tout aussi spectaculaires. Des travaux polonais furent poursuivis par les Anglais à Bletchley Park, avec la célèbre contribution d'Alan Turing, père de l'informatique. Les besoins en calcul pour déchiffrer rapidement une grande quantité de codes stimulèrent d'énormes avancées dans la fabrication de « bombes cryptographiques », machines à calculer spécialisées pour ce problème, et constituèrent une étape décisive vers l'invention de l'ordinateur.

La cryptographie est alors entrée dans l'ère de l'informatique, qui multiplie à la fois les possibilités et les besoins de chiffrement. Il est remarquable que certains algorithmes modernes de chiffrement utilisent toujours les procédés nés dans l'Antiquité, transposition et substitution, sur des données à présent écrites sous forme de 0 et de 1. Les algorithmes de chiffrement les plus rapides et sûrs enchaînent ainsi un réseau de transpositions et de substitutions, comme les standards successifs Data Encryption Standard (DES, 1977) et Avanced Encryption Standard (AES, 2000).

Mais l'informatique a aussi vu naître des techniques entièrement nouvelles comme le chiffrement RSA, du nom de leurs inventeurs Rivest, Shamir et Adelman, qui a marqué l'invention de la cryptographie asymétrique. Il utilise une paire de clés, la clé publique et la clé privée. Un message chiffré par la clé publique ne peut être déchiffré qu'avec la clé privée – pas même avec la clé publique !

Cette invention a permis le développement

The progress made by the Allies in continuously breaking the Enigma machine's daily codes was just as spectacular. Work done in Poland was followed by the British at Bletchley Park and involved the celebrated contribution of Alan Turing, the father of computing. The calculations required for quickly deciphering a large quantity of codes led to huge advances in the manufacture of specialised calculators called "cryptologic bombes", and represented a decisive stage in the invention of the computer.

Cryptography had now entered into the era of computing, which would increase both the possibilities and the needs for encryption. It is remarkable that certain modern encryption algorithms still use procedures that were born in antiquity, transposition and substitution, on data now written as 0 and 1. The fastest and safest encryption algorithms, like the Data Encryption Standard (DES, 1977) and Advanced Encryption Standard (AES, 2000), string together a network of transpositions and substitutions.

However, computing has also seen the appearance of entirely new techniques, such as RSA encryption named after its inventors Rivest, Shamir and Adelman who developed the notion of asymmetric cryptography. It uses a pair of keys, one public and one private. A message encrypted with the public key can only be decrypted with the private key, and not with the public key!

Par nature, la cryptographie a besoin de se placer à la frontière de ce qui est facilement calculable : il doit être facile de chiffrer et déchiffrer un message avec la clé, mais difficile de casser un message sans la clé.

de nouveaux usages de la cryptographie. Il est en effet à présent possible d'échanger de manière sécurisée avec un pair, sans avoir échangé de clé secrète au préalable car l'envoi d'une clé publique sur un réseau ne pose pas de problème de sécurité. Il est aussi possible de vérifier l'identité d'un pair sans compromettre le secret de sa clé en lui soumettant un problème que seul le détenteur de la clé privée sera capable de résoudre.

La cryptographie est ainsi omniprésente aujourd'hui notamment sur internet, pour chiffrer des communications qui seraient sinon lisibles par l'ensemble des routeurs du réseau ainsi que dans de nombreux objets du quotidien, comme les cartes bleues ou les badges sans contact.

Mais par nature, la cryptographie a besoin de se placer à la frontière de ce qui est facilement calculable : il doit être facile de chiffrer et déchiffrer un message avec la clé, mais difficile de casser un message sans la clé. Les protocoles de chiffrement sont donc sans cesse remis en question par les progrès de l'informatique, matériels et algorithmiques.

Ainsi, la sécurité du chiffrement RSA, utilisé universellement, repose-t-elle sur la difficulté à factoriser de grands nombres premiers. Or Peter Shor a proposé un algorithme rapide, capable de résoudre ce problème, conçu pour fonctionner sur une machine encore théorique : l'ordinateur quantique. La fabrication d'ordinateurs quantiques de taille raisonnable remettrait donc provisoirement en question la sécurité de toutes nos communications et transactions en ligne !

This invention has led to the development of new uses for cryptography. It is now possible to exchange messages in a secure manner with a peer without having exchanged a secret key beforehand because sending a public key on the network no longer involves any security problems. It is also possible to check the identity of a peer without compromising the secret of ones key by submitting a problem that only the holder of the secret key can solve.

Cryptography is thus ubiquitous today, especially on the internet to encode communications that otherwise would be legible by all the routers of the network, as well as for numerous everyday objects, such as credit cards and contactless badges.

By its very nature, cryptography needs to sit at the very frontier of what can be calculated: it must be easy to encrypt and decrypt a message with a key, but difficult to break a message without the key. Encryption protocols are therefore continuously challenged by software and hardware progress in computing, materials and algorithms.

Thus, the security of RSA encryption, which is universally used, lies in the difficulty of factoring large prime numbers. Peter Shor devised a rapid algorithm capable of solving this problem designed for a still-theoretical device – the quantum computer. The manufacture of reasonable-sized quantum computers will, at least temporarily, challenge the security of all of our on-line communications and transactions!

By its very nature, cryptography needs to sit at the very frontier of what can be calculated: it must be easy to encrypt and decrypt a message with a key, but difficult to break a message without the key.

Bibliographie
Bibliography

Les déchiffreurs d'écritures
The decipherers of scripts

L'abbé Barthélemy auteur des premiers déchiffrements
Jean-Jacques Barthélemy and the first successful decipherment

Abbé Barthélemy, « Réflexions sur l'alphabet et sur la langue dont on se servoit autrefois à Palmyre », *Mémoires de l'Académie des Inscriptions et Belles-Lettres* 26, 1754, p. 567-597.

Abbé Barthélemy, « Réflexions sur quelques monumens phéniciens et sur les alphabets qui en résultent », *Mémoires de l'Académie des Inscriptions et Belles-Lettres* 30, 1758, p. 405-427.

Briquel Chatonnet F., « L'abbé Barthélemy, déchiffreur du palmyrénien et du phénicien », *Histoires de déchiffrements. Les écritures du Proche-Orient à l'Égée*, B. Lion et C. Michel (dir.), Errance, Paris, 2009, 173-185.

Briquel Chatonnet F. et Gubel E., *Les Phéniciens. Aux origines du Liban*, Gallimard, Paris, 1998.

Sartre-Fauriat A. et Sartre M., *Palmyre. La cité des caravanes*, Gallimard, Paris, 2008.

Mort et résurrection de l'écriture hiéroglyphique
The death and resurrection of hieroglyphic writing

Andreu-Lanoë G., Desclaux V. et Virenque H., *L'Aventure Champollion. Dans le secret des hiéroglyphes*, Bibliothèque nationale de France, Paris, 2022.

Dewachter M., *Champollion : un scribe pour l'Égypte*, Découvertes Gallimard, Paris, 1990.

Farout D., « De la Renaissance à la Restauration : quelques étapes du déchiffrement des hiéroglyphes. », *Les Cahiers de l'École du Louvre* 9 (2016). [http//cel.revues.org/433]

Faure A., *Champollion. Le savant déchiffré*, Fayard, Paris, 2004, 2020.

Fournet J.-L. (dir.), *Les Hieroglyphica d'Horapollon, de l'Égypte antique à l'Europe moderne. Histoire, fiction et réappropriation*, Association des amis du Centre d'histoire et civilisation de Byzance, collection Studia papyrologica et ægypticaparisiana, n° 1, Paris, 2021.

Lacouture J., *Champollion. Une vie de Lumière*, Grasset, Paris, 1988.

Madrigal K., *L'aventure du déchiffrement des hiéroglyphes. Correspondance. Jean-François & Jacques-Joseph Champollion*, Les Belles Lettres, Paris, 2021.

Winand J., *La Réception des hiéroglyphes de l'Antiquité aux Temps modernes*, Académie royale, Bruxelles, 2014.

Winand J. et Chantrain G. (dir.), *Les hiéroglyphes avant Champollion. Depuis l'Antiquité classique jusqu'à l'Expédition d'Égypte*, Presses universitaires de Liège, Liège, 2022.

Le déchiffrement du méroïtique
Deciphering Meroitic

Cailliaud F., *Voyage à Méroé, au fleuve Blanc, au-delà du Fâzoql dans le Midi du Royaume de Sennâr, à Syouah et dans cinq autres oasis fait dans les années 1819, 1820, 1821 et 1822*, 3 vol., Imprimerie Royale, Paris, 1823-1827.

Griffith F. Llewellyn, *The Meroitic Inscriptions of Shablûl and Karanóg*, E. B. Coxe Expedition to Nubia, VI, Philadelphie, 1911.

Rilly C. « Un nouvel outil pour comprendre la langue de Méroé : la comparaison des langues », *Égypte, Afrique & Orient* 78, 2015, p. 37-48.

Rilly C., *Le méroïtique et sa famille linguistique*, Peeters, Afrique et Langage n° 14, Paris (et Louvain), 2010.

Bernand A., *La prose sur pierre dans l'Égypte hellénistique et romaine*, 2 vol., Paris, 1992.

Leclant J., « Le lieutenant Bouchard, l'institut d'Égypte et la Pierre de Rosette », *Bulletin de la Société Française d'Egyptologie* 146, 1999, p. 6-24.

La pierre de Rosette : un document bilingue de l'Égypte hellénistique au service du déchiffrement des hiéroglyphes

The Rosetta Stone:
a bilingual document from Hellenistic Egypt and the decipherment of the hieroglyphs

Bernand A., *La prose sur pierre dans l'Égypte hellénistique et romaine*, 2 vol., Paris, 1992.

Leclant J., « Le lieutenant Bouchard, l'institut d'Égypte et la Pierre de Rosette », *Bulletin de la Société Française d'Egyptologie* 146, 1999, p. 6 24.

Nespoulous-Phalippou A., *Ptolémée Épiphane Aristonikos et les prêtres d'Égypte. Le Décret de Memphis (182 a.C.). Étude commentée des stèles Caire RT 2/3/25/7 et JE 44901, Cahiers de l'Égypte Nilotique et Méditerranéenne XII,* 2 vol., Montpellier, 2015.

Recklinghausen D., *Die Philensis-Dekrete. Untersuchungen über zwei Synodaldekrete aus der Zeit Ptolemaios' V und ihre Geschichtliche und religiöse Bedeutung*, 2 vol., Wiesbaden, 2018.

Solé R., Valbelle D., *La pierre de Rosette,* Paris, 1999.

Thompson D.J., *Memphis under the Ptolemies,* 2e éd., Oxford, 2012 (1re éd. 1988).

Le déchiffrement des cunéiformes

Deciphering cuneiform

Lettre de Rawlinson à Norris datée du 20 juillet 1847. Royal Asiatic Society, Letter V in *III*/03.

Niebuhr, Carsten, *Description de l'Arabie,* 1774, S. J. Baalde, Pays-Bas.

Norris E., "Memoir on the scythic version of the Behistun inscription", *JRAS* 15, 1853, p. 1-213.

Oppert J., *Expédition scientifique en Mésopotamie exécutée par ordre du gouvernement de 1851 à 1854 par mm. Fulgence Fresnel, Félix Thomas et Jules Oppert*, Imprimerie Impériale, France, 1859.

Renan, E., « Recension d'Expédition scientifique en Mésopotamie, par M. Oppert. Tome II, contenant les principes de l'interprétation de l'écriture cunéiforme assyrienne, Paris, Imprimerie impériale, 1859 », *Journal des savants,* 1859, p. 165-186, 244-260, 360-368.

Le déchiffrement de l'élamite linéaire, un système d'écriture iranien du 3e millénaire av. J.-C.

The decipherment of Linear Elamite, an Iranian writing system of the 3rd millennium BC

Desset F., *Premières écritures iraniennes : les systèmes proto-élamite et élamite linéaire,* Series Minor no. 76, Naples, 2012.

– « A new writing system discovered in 3rd millennium BCE Iran: the Konar Sandal 'geometric' tablets », *Iranica Antiqua* 49, 2014, p. 83-109.

– « The proto-Elamite writing in Iran », *Archéo-Nil* 26, 2016, p. 67-104.

– « Linear Elamite writing », in J. Álvarez-Mon [e. a.] (ed.), *The Elamite world*, 2018, p. 397-415.

– « Nine linear Elamite texts inscribed on silver *'gunagi'* vessels (X, Y, Z, F′, H′, I′, J′, K′ and L′): new data on linear Elamite writing and the history of the Sukkalmaḫ dynasty », *Iran* 56/2, 2018, p. 105-143.

Desset F., Tabibzadeh K., Kervran M., Basello G.-P. et Marchesi G., « The decipherment of Linear Elamite writing », *Zeitschrift für Assyriologie und Vorderasiatische Archäologie* 112/1, 2022.

– *Linear Elamite inscriptions and related cuneiform related texts,* OrientLab Series Maior, Ante Quem editor, Dipartimento di Storia Culture e Civiltà dell'Università di Bologna, 2022.

Hinz, W, «Eine neugefundene altelamische Silbervase », *Altiranische Funde und Forschungen*, Berlin, 1969, p. 11-44.

– « Problem of linear Elamite », *Journal of the Royal Asiatic society* 107/2, 1975, p. 106-115.

Meriggi, P., *La scrittura proto-elamica, parte 1: la scrittura e il contenuto dei testi*, Rome, 1971.

Salvini, M., « Elam iv. Linear Elamite », *Encyclopaedia Iranica* 8/3, 1998, p. 330-332.

Vallat, F., « The most ancient scripts of Iran: the current situation », *World Archaeology* 17/3, 1986, p. 335-347.

Le déchiffrement du linéaire B
Deciphering Linear B

Les écritures égéennes
Aegean scripts

Blegen, C.W., « An Inscribed Tablet from Pylos », in *Εις Μνήμην Γεωργίου Π. Οικονόμου*, Μέρος Πρώτον, *Arch.Eph.* 1953-1954, 1955, p. 59-62.

Chadwick J., *Le déchiffrement du linéaire B*, Gallimard, Paris, 1972.

Del Freo M., Perna M., *Manuale di epigrafia micenea. Introduzione allo studio dei testi in lineare B*, Padoue,2016.

Del Freo, M., « L'expression ka-ko na-wi-jo de la tablette Jn 829 de Pylos », in R. Laffineur & E. Greco (eds.), *Emporia. Aegeans in Central and Eastern Mediterranean*, Liège, Austin (Aegaeum, 25), 2005, p. 793-803.

D'Ercole M. C., Zurbach J., *Naissance de la Grèce. De Minos à Solon*, Belin, Paris, 2019.

Godart, L., Olivier, J.-P., *Recueil des inscriptions en Linéaire A*. Tablettes éditées avant 1970, vol.1, Paris, 1976, p. 18-19 (HT 9a-9b), p. 52-53 (HT 28a-28b).

Killen, J., « The Pylos Ta Tablets Revisited », in F. Rougemont & J.-P. Olivier (eds.),"*Recherches récentes en épigraphie créto-mycénienne*", BCH 122, 1998, p. 421-422.

Killen J., « Observations on the Thebes Sealings » in J.-P. Olivier, (ed.) *Mykenaïka: Actes du* IXe *Colloque international sur les textes mycéniens et égéens organisé par le Centre de l'antiquité grecque et romaine de la Fondation hellénique des recherches scientifiques et l'École française d'Athènes,* BCH (Suppl. 25), Athènes, 1992, p. 365–380.

Michailidou, A. « Late bronze age economy: Copper/ bronze in linear B script and material evidence», in A. Sacconi, M. Del Freo, Godart & Negri (eds.), *Colloquium Romanum atti del XII Colloquio Internazionale di Micenologia*, Rome, 20-25 Feb. 2006, vol. 2, Pasiphae, 2008, p. 521-540.

Montecchi, B., *Contare a Haghia Triada. Le tavolette in Lineare A, I documenti sigillati e il Sistema economico-amministrativo nel TM IB*, Roma: CNR – Istituto di Studi sul Mediterraneo Antico, Rome, 2019, p. 63, 136 and p. 59, 122–123, 132, 142, 164, 332.

Palaima, T.G., « The Pylos Ta Series: From Michael Ventris to the New Millennium », *BICS* 44, 2000, p. 236- 237.

Le déchiffrement de l'écriture maya
Deciphering Maya writing

Berlin H., « El glifo emblema en las inscripciones mayas », *Journal de la Société des Américanistes*, n°47, 1958, p. 111-119.

Berlin H., « Glifos nominales en el sarcófago de Palenque », *Humanidades*, 2 (10), 1959, p. 1-8.

Christin A-M., *L'écriture du nom propre*, L'Harmattan, Paris, 1998.

Coe M. D., *Breaking the Maya Code, Revised Edition*, Thames and Hudson, Londres (et New York), 1999.

Coe M. D. & Van Stone M., *Reading the Maya Glyphs*, Thames and Hudson, Londres (et New York), 2001.

Davoust M., *L'écriture maya et son déchiffrement*, CNRS Éditions, Paris, 1995.

Hoppan J-M., *Parlons maya classique. Déchiffrement de l'écriture glyphique (Mexique, Guatemala, Belize, Honduras)*, L'Harmattan, Paris, 2014.

Houston S., Robertson J. & Stuart D., « Disharmony in Maya Hieroglyphic Writing: Linguistic Change and Continuity in Classic Society », Andrés Ciudad Ruiz (ed.), *Anatomía de una civilización: Aproximaciones interdisciplinarias a la cultura maya*: Sociedad Española de Estudios Mayas, 1998, p. 275-296.

Kelley D.H., *Deciphering the Maya Script*, University of Texas Press, Austin, 1976.

Knorozov Y. V., *Pismennost indeitsev maiia,* Académie des Sciences de l'U.R.S.S., Moscou (et Léningrad), 1963.

Knorozov Y. V., *The Writing of the Maya Indians-* Translation by Sophie Coe of Chapters 1, 6, 7 and 9 of Knorosov 1963, Peabody Museum of Archaeology and Ethnology, Université Harvard, Cambridge, 1967.

Lacadena A., "Bilingüísmo en el Códice de Madrid", *Los investigadores de la cultura maya* 5, Universidad Autónoma de Campeche, Campeche, 1997, p.184-204.

Lacadena A. & Wichmann S., "On the Representation of the Glottal Stop in Maya Writing", *The Linguistics of Maya Writing*, Søren Wichmann ed., University of Utah Press, Salt Lake City, 2004, p. 100-162.

Landa F. D. de, *Relación de las Cosas de Yucatán*, Dirección general de Publicaciones de Consejo Nacional para la Cultura y las Artes, collection Cien de México (1994), Mexico, 1566.

Macri M. J. & Looper M. G., *The New Catalog of Maya Hieroglyphs, Vol.1, The Classic Period Inscriptions*, University of Oklahoma Press, Norman, 2003.

Macri M. J. & Vail G., *The New Catalog of Maya Hieroglyphs, Vol.2, The Codical Texts*, University of Oklahoma Press, Norman, 2009.

Martin S. & Grube N., *Chronicle of the Maya Kings and Queens: Deciphering the Dynasties of the Ancient Maya*, Thames and Hudson, Londres, 2000.

Montgomery J., *Dictionary of Maya Hieroglyphs*, Hippocrene Books, New York, 2002a.

Montgomery J., *How to read Maya Hieroglyphs*, Hippocrene Books, New York, 2002b.

Proskouriakoff T., "Historical Implications of a pattern of dates at Piedras Negras, Guatemala", *American Antiquity*, 25 (4), 1960, p. 454-475.

Proskouriakoff T., "Historical data in the insriptions of Yaxchilán", *Estudios de Cultura Maya*, 3, 1963, p. 149-167.

Proskouriakoff T., "Historical data in the insriptions of Yaxchilán (part. II)", *Estudios de Cultura Maya*, 4, 1964, p. 177-202.

Schele L., & Freidel D., *A Forest of Kings: The Untold Story of the Ancient Maya*, William Morrow and Co, Inc. New York, 1990.

Stone A. & Zender M. U., *Reading Maya Art: A Hieroglyphic Guide to Ancient Maya Painting and Sculpture*, Thames and Hudson, Londres (et New York), 2011.

Rongorongo, l'écriture des Rapanuis

Rongorongo, the writing system of Rapanui

Barthel T., *Grundlagen zur Entzifferung der Osterinselschrift*, Cram, de Gruyter, Hamburg, 1958.

Fischer S. R., *Rongorongo, the Easter Island script: History, traditions, texts*, Clarendon Press, Oxford, 1997.

Guy J. B., « The lunar calendar of tablet Mamari », *Journal de la Société des Océanistes* 91(2), 1990, p. 135–149.

Lee G., *The rock art of Easter Island: Symbols of power, prayers to the gods*, Monumenta Archaeologica 17, Los Angeles, The Institute of Archaeology, 1992.

McLean M., « The "rule of eight" and text / music relationships in traditional maori waiata », *Anthropological Linguistics* 24(3), 1982, p. 280–300.

Orliac C., « The rongorongo tablets from Easter Island: Botanical identification and 14C dating », *Archaeology in Oceania* 40, 2005, p. 115–119.

Pozdniakov K., « Les bases du déchiffrement de l'écriture de l'Île de Pâques », *Journal de la Société des Océanistes* 103(2), 1996, p. 289–303.

Wieczorek R. M., Frankiewicz K. E., Oskolski A. A. and Horley P., « The rongorongo tablet from Berlin and the time-depth of Easter Island's writing system », *The Journal of Island and Coastal Archaeology* 16, 2021.

Le déchiffrement de l'étrusque : un problème qui ne se pose pas

Deciphering Etruscan: the problem that never was

Briquel D., *Catalogue des inscriptions étrusques et italiques du Musée du Louvre*, Paris, 2016.

Benelli E., *Iscrizioni etrusche, leggerele e capirle*, Ancône, 2007 ; version française *Lire et comprendre les inscriptions étrusques*, Paris, 2015.

Bonfante G., Bonfante L., *The Etruscan Language. An Introduction*, Manchester (et NewYork), 1983 ; 2e édition, Manchester (et NewYork), 2002.

Briquel D., *La Civilisation étrusque*, Paris, 1999.

Bruschetti P., Gaultier F., Giulierini P., Haumesser L., Pernet L. (dir), *Les Étrusques en toutes lettres. Écriture et société dans l'Italie antique*, exposition Lattes-Cortone, Milan, 2015.

Cristofani M., *Introduzione allo studio dell'etrusco. Nuova edizione interamente aggiornata*, Florence, 1991.

Pallottino M., *La Langue étrusque. Problèmes et perspectives*, traduit par J. Heurgon, Monographies linguistiques 3, Paris, 1978.

Staccioli R. A. , *Il « mistero » della lingua etrusca*, Rome, 1977, 2e édition, 1987.

Wallace R., *Zikh Rasna. A Manual of the Etruscan Language and Inscriptions*, Ann Arbor (et New York), 2008.

Histoire de la cryptographie

A history of cryptography

Findinier B. (dir), *Cacher Coder. 4000 ans d'écritures secrètes*, exposition du Musée Champollion – Les Écritures du Monde, Figeac, 2015.

Singh S., *Histoire des codes secrets*, JC Lattès éditions, Paris, 1999 (traduit de l'anglais).

Crédits photographiques

Photo credits

p.6 et 10 (C) Paul-N. Dubuisson

p. 14, 40, 56, (C) Nelly Blaya

p.15 (C) Gilles Tordjeman

p.20 (C) Château de Versailles, Dist. RMN-Grand Palais / image château de Versailles

p.22 (C) RMN-Grand Palais (musée du Louvre) / Franck Raux

p.27 (C) Image by Daniel Cilia, Courtesy of Heritage Malta – National Museum of Archaeology

p.32 (C) Museo Arqueológico Nacional. Inv. 2014. Foto: Linés Viñuales, Pablo

p.36 (C) Département de l'Isère / Musée Champollion

p.44 (C) Département de l'Isère / Archives départementales

p.46 (C) Musée du Louvre, Dist. RMN-Grand Palais / Hervé Lewandowski

p.50 (C) The British Museum, Londres, Dist. RMN-Grand Palais / The Trustees of the British Museum

p.42 (C) BnF, Dist. RMN-Grand Palais / image BnF

p.60 (C) The British Museum, Londres, Dist. RMN-Grand Palais / The Trustees of the British Museum

p.64, 118, 121, 124 (C) Méravilles

p.66 (C) Musée du Louvre, Dist. RMN-Grand Palais / Christian Larrieu

p.68 (C) Musée du Louvre

p.71 et 72 (C) F. Desset

p.73 (C) Mathieu Rabeau / Département des Antiquités orientales

p.74 (C) Tom Blau / Camera Press/GAMMA RAPHO

p.79, 80, 88 et 91 (C) J. Zurbach

p.82 et 83 (C) Musée archéologique national, Athènes / Département des collections d'antiquités préhistoriques, égyptiennes, chypriotes et proche-orientales, Ministère de la culture et des sports - Agence de gestion et de développement, Ministère hellénique de la Culture et des Sports/ Organisation hellénique des Développement des ressources culturelles

p.84 (C) Musée du Louvre, Dist. RMN-Grand Palais / Michel Urtado

p.89 et 90 (C) Musée archéologique d'Héraklion, Ministère de la culture et des sports - Agence de gestion et de développement, Ministère hellénique de la Culture et des Sports/ Organisation hellénique des Développement des ressources culturelles

p.92, 113 (C) musée du quai Branly - Jacques Chirac, Dist. RMN-Grand Palais / image musée du quai Branly - Jacques Chirac

p.94, 97, 100, 101, 102, 103 et 105 (C) J.-M. Hoppan

p.98 (C) musée du quai Branly - Jacques Chirac, Dist. RMN-Grand Palais / Claude Germain

p.107 (C) musée du quai Branly - Jacques Chirac, Dist. RMN-Grand Palais / Patrick Gries / Valérie Torre

p.108, 111, 112, 114, 115 et 116 (C) P. Horley

p. 122 et 123 (C) Photo SCALA, Florence - Courtesy of the Ministero Beni e Att. Culturali e del Turismo, Dist. RMN-Grand Palais / image Scala

p.127 (C) BPK, Berlin, Dist. RMN-Grand Palais / E. Bauer

L'Institut français d'archéologie orientale édite 25 ouvrages scientifiques chaque année dans ses disciplines de recherche : égyptologie, archéologie, papyrologie, études arabisantes, études coptes.
Il publie des éditions scientifiques de matériel archéologique, des rapports de fouilles archéologiques, des actes de colloques, des thèses éditorialisées, des essais et catalogues d'objets. L'institut propose aussi une gamme d'ouvrages pour le grand public. Tous les ouvrages sont disponibles en librairie et en ligne (Amazon, la Fnac, Decitre). Le catalogue des publications et l'actualité éditoriale sont présentés sur le site de l'Ifao : www.ifao.egnet.net

Every year the Institut Français d'Archéologie Orientale publishes twenty-five academic works across all of its disciplinary fields: egyptology, archaeology, papyrology, Arab studies and Coptic studies.
These cover archaeological materials, excavation reports, conference proceedings, doctoral theses, monographs and catalogues of objects. The Institute also issues a range of books aimed at the general public. All of these publications are available in good bookstores and online (Amazon, Fnac, Decitre). Our catalogue and publishing updates can be consulted on the IFAO website: www.ifao.egnet.net

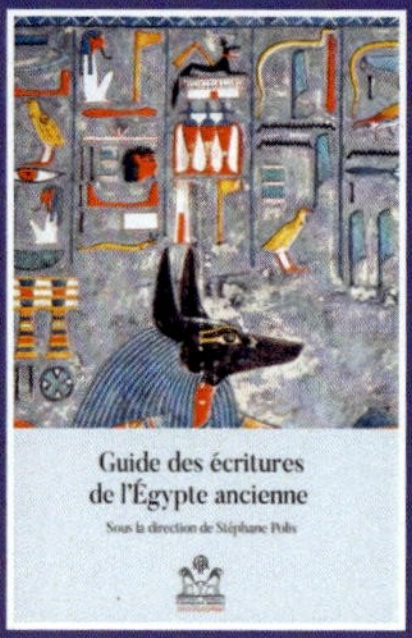

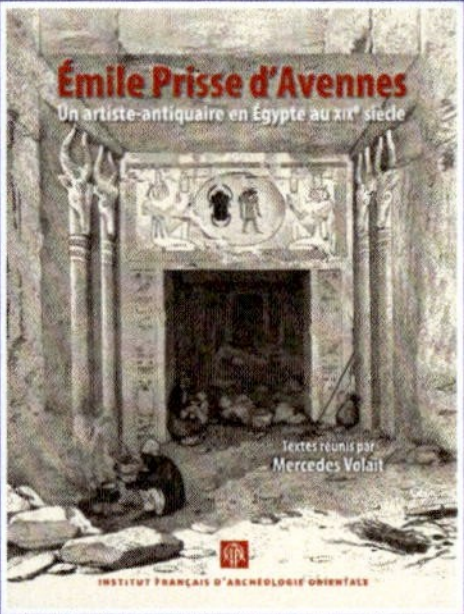

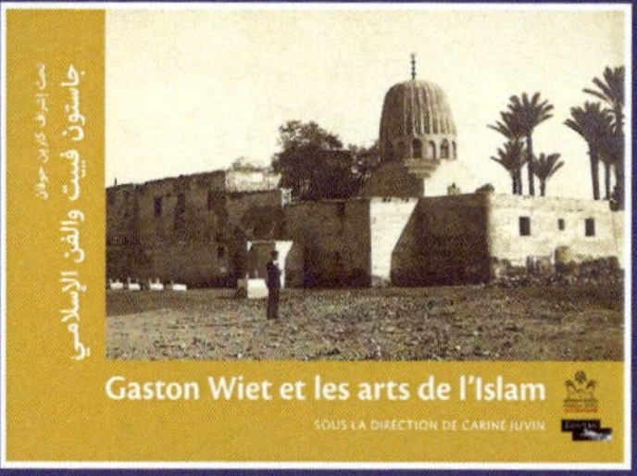

DIFFUSION
Ventes directes et par correspondance

Au Caire
à l'Ifao,
37 rue al-Cheikh Ali Youssef (Mounira)
[B.P. Qasr al-ʿAyni 11562]
11441 Le Caire, Égypte
Section Diffusion Vente

Tél. : (+20 2) 27 90 02 55
https ://www.ifao.egnet.net
mél : diffusion@ifao.egnet.net

En France
Vente en librairies

Diffusion AFPU-D
C/O Université de Lille
3 rue du Barreau
BP 60149 - 59653 Villeneuve d'Ascq Cedex
Tél. +33 (0)3 20 41 66 95

Distribution DILISCO
Zone artisanale Les Conduits
Rue du Limousin
BP 25 - 23220 Cheniers
Tél. +33 (0)5 55 51 80 00

Ministère de l'Enseignement supérieur et de la Recherche, Paris
Publication de l'Institut français d'archéologie orientale
Achevé d'imprimer sur les presses de l'Ifao,
37 rue al-Cheikh Ali Youssef au Caire, en septembre 2022
Dépôt légal : 2e semestre 2022 ; N° éditeur : 7247

فك شفرات الكتابات القديمة

ملخص الكتالوج باللغة العربية

ترجمة د. أحمد منصور

المحتويات

المُحررون

فرانسواز بريكل شاتونيه

مؤرخة، ومديرة أبحاث في المركز الوطني للبحث العلمي، مختبر أبحاث «دراسات الشرق والبحر المتوسط»، متخصصة في المخطوطات السريانية والخطوط السامية، وعضوة في أكاديمية النقوش والآداب

دومينيك فارو

عالم مصريات، ومسئول الدورات البحثية في مدرسة متحف اللوفر، وباحث مشارك في متحف اللوفر

كلود ريلي

مدير أبحاث في المركز الوطني للبحث العلمي، أستاذ في المدرسة العلمية للدراسات العليا، وحاصل على درجة الدكتوراه في علم المصريات واللغويات

ألكساندرا نيسبولوس-فاليبو

دكتوراه في علم المصريات، باحثة مشاركة في فريق بحث «مصر: وادي النيل والبحر المتوسط»، مختبر أبحاث «آثار مجتمعات البحر المتوسط»، جامعة بول فاليري، مونبلييه

كارول روش حاولي

متخصصة في علم الآشوريات، ومديرة أبحاث في المركز الوطني للبحث العلمي، ومتخصصة في تاريخ كتابات ولغات بلاد الرادفين في الشرق الأوسط

فرانسوا ديسيه

أثري، متخصص في تاريخ بلاد إيران منذ عصور ما قبل التاريخ وحتى العصر البرونزي، وعالم لغوي متخصص في الكتابات العيلامية الخطية الثانية، (جامعة طهران، آثار الشرق UMR 5133)

جوليان زورباش

محاضر في تاريخ اليونان في مدرسة الدراسات العليا للدراسات العليا، ومتخصص في النقوش الإيجية (الكتابة الخطية الأولى (أ)، والكتابة الخطية (ب)، والكتابات اليونانية القديمة)

جان-ميشيل هوبان

دكتوراه في علم الآثار، مدير دراسات في المركز الوطني للبحث العلمي، ومدرس في مدرسة الدراسات العليا، متخصص في كتابات المايا

بول هورلي

دكتوراه في اللغويات، ومتخصص في كتابات الرونجورونجو بجزيرة إيستر (جزيرة القيامة)

دومينيك بريكل

أستاذ زائر في جامعة السوربون، مدير الدراسات الزائر في مدرسة الدراسات العليا، متخصص في حضارات ولغات إيطاليا في عصر ما قبل الفترة الرومانية

إيرينيه بريكل

دكتوراه في علم الحاسوب، أستاذ مساعد في قسم علم الحاسوب بجامعة سيرجي باريس، متخصص في علم الحاسوب النظري

شكر وعرفان

تم تنظيم هذا المعرض بفضل الدعم المالي المقدم من الدولة- محافظ منطقة أوكسيتاني، وبرعاية وفد أوكسيتاني من مجموعة لا بوست.

كما نود بشكل خاص أن نشكر فرانسواز بريكل شاتونيه، دومينيك بريكل، إيرينيه بريكل، فرانسوا ديسيه، دومينيك فارو، كارول روش حاولي، جوليان زورباش، جان-ميشيل هوبان، كلود ريلي، بول هورلي، ألكساندرا نيسبولوس-فاليبو لقبولهم الانضمام إلى اللجنة العلمية لهذا المعرض، لذلك نتقدم لهم بخالص الامتنان والعرفان.

كما نتوجه بالشكر والتقدير لجميع الأشخاص الذي ساهموا في إخراج هذا المعرض إلى النور: أريان توماس، فريدريك دويارا، توماس ساجوي، إيستر بونس، خريستوس كوتسثاسيس، أليسون أوتا، كاتارينا فوتسا، جيورجيا فلودا، ريبيكا نايلور، سيلين جاريجس، روماريك ديفرانس، دميان بونمير.

أخيرًا، نتوجه بالشكر والعرفان للمساهمات السخية المقدمة من جميع المؤسسات: متحف برانلي-جاك شيراك، باريس، المكتبة الوطنية الفرنسية، باريس، متحف اللوفر، باريس، كوليج دي فرانس، باريس، متحف كالفيه، أفينيون، متحف الإرسال، سيسون-سيفنيي، مؤسسة تراث مالطة، المتحف الوطني للآثار، لافاليت، المتحف الوطني للآثار، مدريد، إسبانيا، المتحف الوطني للآثار، أثينا، اليونان، هيراكليون، متحف آثار هيراكليون، كريت، اليونان، وزارة الثقافة والرياضة اليونانية.

تصدير

يحتفل العالم في عام ٢٠٢٢ بمرور مائتي عام على فك رموز الكتابة الهيروغليفية على أيدي العالم الفرنسي جان-فرنسوا شامبليون، وبهذه المناسبة، قامت مدينة فيجاك - مسقط رأس شامبليون - بإحياء ذكرى الإنجازات القيمة لأحد أهم أبنائها.

كذلك، فإن متحف شامبليون -كتابات العالم، والذي أسس في مسقط رأس شامبليون، إذ قد خصص لدراسة تاريخ الكتابة، إذ يحتفي بالمنهج الفكري للباحث الذي أردنا أن نشيد به.

والسؤال الذي يطرح نفسه، كيف تمكن ابن بائع الكتب -والذي لم توقع أحد له بمثل هذا المستقبل- أن ينجح فيما فشل فيه الآخرون؟ ما هي المنهجية البحثية التي اتبعها، ما هي خطوات العمل التي انتهجها، ما هي المهارات المسبقة التي امتلكها لكي يستطيع أن يسبر أغوار لغز نظام كتابي غير معروف؟

تدور فكرة معرض «فك الشفرات» حول الشخصية الرئيسة وهي «شامبليون»، كما يثير المعرض فضول الزائرين للغوص في تفاصيل هذه المغامرة الرائعة من البحث والاكتشاف، سيرًا على خطى أعظم علماء فك رموز وشفرات الكتابة.

وفي هذا الصدد، نود أن نشيد مرة أخرى بالدعم والتمويل الذي وفرته الدولة، ومجموعة «لابوست La Poste»، والذي سمحت لمدينتنا -فيجاك- أن تعرض هذا الأعمال الاستثنائية. كما نوجه الشكر والتقدير للباحثين المشاركين في إعداد هذا الكتالوج، مما سمح لنا بسبر أغوار وفهم الكتابات «القديمة».

عسى أن يثري هذا العمل مغامرة المعرض، وربما يشعل الحماس!

أندريه ميلنجير

عمدة مدينة فيجاك

علماء فك شفرات ورموز الكتابات

بقلم: س. راميو
مديرة متحف شامبليون-كتابات العالم

يشهد عام ٢٠٢٢ مرور مائتي عام على فك رموز الكتابة الهيروغليفية على أيدي العالم الفرنسي جان-فرنسوا شامبليون، وهو الاكتشاف الذي فتح به ابن مدينة فيجاك الطريق أمام تأسيس علم المصريات. وإذا كان نجاح شامبليون يعد أمرًا فاتنًا حتى يومنا هذا، فإن ذلك يعود إلى مقدرته على فهم نظام كتابي استمر، لقرون عدة، في طي النسيان، بالإضافة إلى الاهتمام الذي أثارته مصر القديمة. كذلك نشأت حول شامبليون هالة صوفية وحالة من التقدير؛ بسبب نجاحه، ثم موته المفاجئ، وكذلك بسبب شخصيته وثقافته العظيمة. وفي هذا الإطار، يمكن أن يكون شامبليون هو الشخصية الأكثر رمزية من بين أولئك الذين يمكن وصفهم بـ«علماء فك رموز وشفرات الكتابات». وبالرغم من ذلك، لم يكن شامبليون هو العالم الوحيد الذي استطاع أن يفك رموز الكتابات القديمة التي ذهبت طي النسيان، فهناك علماء آخرون حاولوا سبر أغوار وكشف أسرار كتابات الحضارات القديمة، لكن ثلة منهم استطاع الوصول بنجاح إلى فك الشفرات. لا يزال هناك الكثير من الباحثين والباحثات يعملون إلى يومنا هذا على فك رموز الكتابات المشفرة، والتي لم تفك طلاسمها حتى اليوم، وذلك لأن فك رموز الكتابات المشفرة يعتبر مطلبًا رئيسًا وأزليًا لدراسة وفهم الحضارات السابقة؛ فالكتابات والنقوش تفتح الطريق لفهم ودراسة تاريخ هذه الحضارات، ومعتقداتها، وأسلوب معيشتها، ولفهم التاريخ بصورة أكثر شمولاً (انظر الأشكال ص١٤ من النسخة الفرنسية).

والسؤال الذي يطرح نفسه: ما هي المقاربة التي نتعامل بها مع شفرة كتابية أصبحت في طي النسيان، بل نجهل نظامها الكتابي، بالإضافة إلى عدم معرفتنا باللغة المسجلة بها؟ للإجابة على هذا السؤال، قمنا بدراسة دقيقة للمنهجية البحثية التي استخدمها علماء فك رموز الكتابات القديمة، واستنتجنا أن هناك خطوات بحثية مشتركة وضرورية لإنجاز البحث العلمي، على الرغم من أن فك رموز كل نظام كتابي ينطوي على مغامرة منفصلة، يختص بها كل نظام كتابي.

يعتبر الأب بارتليمي أحد علماء فك رموز الكتابات القديمة، وذلك استنادًا على محاولاته السابقة والمبكرة، فهو عالم رصين، امتلك ناصية معرفة الكتابات القديمة والمعاصرة، وهو ما أتاح له فرصة إجراء المقارنات اللغوية والافتراضات البحثية التي ثبتت، لاحقًا، صحتها. وبتلك الميزة البحثية، يشترك الأب بارتليمي مع كل علماء فك رموز الكتابات القديمة، حيث كانوا جميعًا متقنين لأكثر من لغة قديمة، أي «متعددي اللغات». على سبيل المثال، نجد أن عالم اللغات الإنجليزي فينتريس، أتقن ست لغات أوروبية، بالإضافة إلى إتقانه اللغات اللاتينية، واليونانية، أما شامبليون فقد أتقن العبرية، والقبطية، والأمهرية، والسريانية، والكلدانية، والعربية، والفارسية، وحتى اللغة الصينية. كما نجد أن أوبرت قد أتقن اللغات العبرية، والعربية، إلى جانب أنه درس اللغة الفارسية القديمة، ... إلخ.

انتهج علماء فك رموز الكتابات القديمة منهجية خاصة للتعامل مع الكتابات المشفرة، وطرحوا -بكل أريحية- بعض الافتراضات العلمية، على سبيل المخاطرة البحثية. وفي هذا الصدد، لابد أن نشير، أن فك رموز الكتابات القديمة، قبل كل هذا، هو نتاج عملية بحثية دقيقة، تتمتع بخصوصية وشخصية الباحث التي اقترحها، لكن يمكن بشكل عام السير على نفس أسسها وقواعدها.

كذلك لا يمكن أن يكتب النجاح لأية منهجية بحثية لفك رموز الكتابات المشفرة دون توافر عدد وفير ومكتمل من نصوص هذه الكتابات، حيث إنه كلما توفرت نصوص مكتملة، كلما زادت فرص النجاح في فك رموز تلك الكتابات المشفرة. ذلك، لأن النصوص المكتملة تعطي رؤية بانورامية ومعبرة عن العلامات المستخدمة ومدى تكرارها في تدوين النصوص المختلفة، وهو ما يتيح عملية المراجعة والتدقيق للمقترحات البحثية أثناء عملية فك الرموز والكتابات.

أما «الجائزة الكبرى»، فهي عندما يتم العثور على نقش ثنائي أو ثلاثي اللغة، حتى وإن لم يكن هذا النقش كافيًا ووافيًا لفك رموز الكتابات المشفرة، أو كما ذكر الأب بارتيلمي، أن الترجمات المتعددة لنفس النص تختلف فيما بينها.

من الأهمية بمكان أن يتم تحديد النظام الكتابي المتبع في تدوين اللغات القديمة، فنجد بصفة عامة، أن النظام الكتابي الألفبائي يضم ما يقارب من ثلاثين علامة أو رمزًا كتابيًا. أما النظام الكتابي المقطعيّ فإنه يضم بين أربعين إلى ما يقارب المائة علامة ورمزًا كتابيًا، وإذا ما تجاوز العدد إلى مئات العلامات والرموز الكتابية، فإنه بذلك يمثل نظامًا كتابيًا تصويريًا. ويظهر في هذا المقام أهمية حجم وعدد النقوش والنصوص المستخدمة في فك رموز الكتابات المشفرة، وذلك أنه كلما ازداد عدد النقوش والنصوص، كلما ساهم ذلك في تحديد تنوع واختلاف العلامات الكتابية على وجه اليقين. لذلك لا يجب أن نغفل، بعد الآن، ظاهرة تعدد الأنظمة الكتابية في تدوين وتوثيق الكتابات القديمة. ولهذا السبب، تحديدًا، لم يتمكن علماء اللغات القديمة، لفترة طويلة، من التعامل مع الهيروغليفية باعتبارها نظام كتابي، وبالتالي لم يتمكنوا من فك رموزها. أما شامبليون فقد أيقن أن الكتابة الهيروغليفية تحتوي على علامات تصويرية وعلامات صوتية، مما ممكنه من امتلاك مفتاح اللغة المصرية القديمة (انظر الأشكال ص١٦ في النسخة الفرنسية).

كذلك لابد لنا أن إدراك أهمية الكتابة، وذلك من خلال فهم السياق التاريخي أو اللغوي للنص، وهو ما يعزز معرفتنا بمضمون النص الكتابي. على سبيل المثال، نعرف أن اللغات السامية كانت تُكتب من جهة اليمن إلى جهة اليسار، وبالرغم من ذلك، يجب أن نضع في اعتبارنا فرضية وجود نظام كتابي يدون في اتجاهات مختلفة، أفقيًا ورأسيًا، يبدأ من جهة اليمين في اتجاه اليسار، والعكس، أو ربما يكتب النص الواحد في اتجاهات مختلفة. مثلما هو الحال في اللغة اليونانية القديمة عندما استخدمت طريقة «المحراث أو الزجزاج» في تدوين بعض النصوص الكتابية، وكذلك استخدام طريقة «المحراث المقلوب» في تدوين كتابة الرونجو-رونجو في جزيرة «إيستر (جزيرة القيامة)".

إجمالاً، يستهل علماء اللغات القديمة، بشكل عام، عملهم في فك رموز الكتابات المشفرة من خلال استخراج الصيغ اللغوية والجمل المكررة، والتي قد تشير إلى الأسماء الشخصية أو أسماء الأماكن. ونشير في هذا المقام إلى أهمية النصوص ثنائية أو ثلاثية اللغة باعتبارها ركن الزاوية ونقطة الانطلاق للحصول على نطق بعض العلامات المشفرة. لذلك تعتبر الأسماء الشخصية المدونة داخل الخراطيش الملكية على حجر رشيد من الأهمية بمكان، إذ ساهمت في التعرف على النطق الصوتي للعلامات الهيروغليفية، مما يعد أحد أهم إنجازات شامبليون.

في النهاية، يجب أن ندرك أن علماء فك رموز اللغات والكتابات المشفرة لم يكونوا منعزلين عن بعضهم البعض، بل كان هناك باحثون آخرون- معاصرون أو سابقون- قاموا بالاعتماد على النتائج البحثية السابقة. على سبيل المثال، هل كان بمقدور عالم اللغات القديمة البريطاني فينتريس أن يفك شفرة الكتابة الخطية الثانية (الكتابة الخطية ب)، بدون الاطلاع على نتائج أليس كوبر، والتي أثبتت ترادف بعض الكلمات مما يشير إلى أن الكتابة الخطية الثانية تدون لغة تتسم بالمرونة اللغوية؟ كذلك لولا الاستنتاج الخاطئ لجوزيف جويني، بأن الهيروغليفية المصرية تتصل بشكل ما بالكتابة الصينية، هل كان شامبليون سيظل مهتمًا بالكتابة الصينية، ومن ثمَّ يفند -أي شامبليون- معنى العلامات والرموز الكتابية.

إن فك رموز أية كتابة مشفرة هو نتاج تضافر جهود فريق عمل بحثي من علماء فقه اللغة، إذ تنطوي هذه الجهود على المنافسة والمحاكاة، التي قد تسبب، في بعض الأحيان، أخطاءً، أو تسير في اتجاه معاكس، أو أنها تطرح رؤى عظيمة تساهم في تطوير وتنمية الأفكار (انظر الأشكال ص١٨ من النسخة الفرنسية).

الأب بارتيلمي: صاحب أولى محاولات فك رموز الهيروغليفية

بقلم: فرانسواز بريكل-شاتونيه
مؤرخة، ومسئولة بحث علمي في المركز الوطني للبحث العلمي، مختبر أبحاث «الشرق والبحر المتوسط»،
متخصصة في المخطوطات السريانية، والنقوش السامية، (عضو أكاديمية النقوش والآداب)

استمرت العديد من اللغات والكتابات القديمة (قراءة وكتابة) مستخدمة لقرون عديدة في النطاق البحثي واللاهوتي، على الرغم من اختفائها من الاستخدام اليومي، وهو ما يعني أن هذه اللغات والكتابات ظلت معروفة لنا، مثل اللغة اللاتينية، واللغة اليونانية القديمة، وكذلك كان الحال بالنسبة للغة القبطية، التي استخدمت في الطقوس الدينية للأقباط. بالإضافة إلى اللغة السريانية التي استخدمها العديد من المسيحيين في كنائس الشرق الأوسط، وبالمثل اللغة العبرية التي استخدمها اليهود. لقد أثارت اللغات القديمة الاهتمام والشغف البحثي إبان عصر النهضة، حيث إن معظم هذه اللغات كانت تدرس أثناء القرن السادس عشر في المناهج التعليمية الفرنسية في الكلية الملكية، والتي أصبحت فيما بعد «كوليج دي فرانس» (انظر الأشكال ص٢٠ من النسخة الفرنسية).

كذلك اندثرت العديد من اللغات القديمة بما فيها خطوطها المختلفة، ليس فقط بسبب اختفاء الناطقين والمتحدثين بها، لكن بسبب استبدالها بلغات وخطوط أخرى، حتى أصبحت اللغات الجديدة هي الأداة الفاعلة في تدوين النواحي الثقافية والدينية للمجتمع. على سبيل المثال، اندثرت اللغة الأكدية، بسبب صعود نجم اللغة الآرامية واللغة اليونانية القديمة. كذلك كان الحال مع اللغة المصرية القديمة عندما توقف استخدامها في المعابد المصرية بناء على مرسوم الإمبراطور ثيودوروس. منع هذا المرسوم الإمبراطوري الطقوس الوثنية في المعابد المصرية القديمة، مما أدى إلى اختفاء النظام الكتابي للغة المصرية القديمة، والتي كانت مرتبطة بالطقوس الدينية. أما على مستوى اللغات الألفبائية التي اختفت واندثر استخدامها، فنجد على سبيل المثال اللغة الفينيقية توقفت هذه اللغة عن الاستخدام في الشرق في القرن الأول قبل الميلاد، حيث حل محلها اللغة اليونانية وكذلك اللغة الآرامية. كما كانت اللغة الفينيقية مستخدمة من قبل البونيين (البونيقيين) حتى القرن الثالث الميلادي، وذلك على أقل تقدير. بل ظلت مستخدمة لفترات زمنية أطول، وذلك لأن القديس أغسطينوس (القرن الرابع-الخامس الميلادي) استخدم اللغة البونية أثناء التبشير للمسيحية. وبالرغم من ذلك، توقف استخدام اللغة البونية، مثلما توقف استخدام العديد من اللهجات والخطوط الآرامية، بالأخص في مدينة تدمر، إثر الاستيلاء عليها من قبل الإمبراطور أورليان في عام ٢٧٢ ميلاديًا. لم تكن اللغة النبطية أو الألفبائيات العربية الشمالية أو العربية الجنوبية بمنأى عن نفس المصير، حيث تم استبدالها باللغة العربية. وقد اكتشف العديد من المسافرين والرحالة الكثير من النقوش المشفرة في منطقة الشرق الأوسط، والتي تشير إلى إرث الماضي من هذه اللغات والكتابات (انظر الأشكال ص٢٢ من النسخة الفرنسية).

لذلك بدءً من القرن السابع عشر الميلادي، وبالأخص أثناء القرن الثامن عشر الميلادي، ظهر على الساحة العلمية العديد من العلماء الثقات في اللغات القديمة من أجل سبر أغوار الكتابات المندثرة، وبالأخص الكتابة المصرية القديمة والكتابة الفينيقية. أما فيما يخص الأخيرة (الكتابة الفينيقية)، نجد أن عالم اللغات القديمة جيوم بوستل، ذكر في منتصف القرن السادس عشر الميلادي أوجه التشابه مع الكتابة الفينيقية واللغات السامرية (العبرية القديمة)، والتي استخدمها السامريون حول مدينة شكيم (تل بلاطة-نابلس). تمثل الألفبائية السامرية، في حقيقة الأمر، الشاهد الأخير للألفبائية العبرية من العصر الملكي، والتي كانت الألفبائية الفينيقية هي المستخدمة في الأصل. قام العبرانيون، بعد السبي البابلي، بتبني الألفبائية الآرامية لتدوين كتاباتهم، مما أدى إلى ظهور الحروف العبرية «المربعة» المستخدمة الحالية. قام العديد من علماء اللغات الثقات مثل إدوارد

برنارد، وبرنارد دي مونتفاكون، بالدراسة المستفيضة والعميقة للألفبائية السامرية من أجل تفسير وفك رموز الكتابة الفينيقية. لكن الألفبائية الفينيقية شهدت تطورات لغوية مختلفة على مدار آلاف السنين، وفي مناطق مختلفة من العالم القديم مثل البحر المتوسط، والأناضول، بالإضافة إلى مصر، مما جعل من الصعوبة بمكان تتبع تطورها في الوثائق السامرية، حتى وإن كانت تعود إلى فترة زمنية متأخرة. يؤكد لنا الأب بارتيلمي في مذكراته هذه الحقيقة، والتي نشرها حول اللغة الفينيقية إذ قال «لا يمكن تمييز الأحرف الفينيقية عن مثيلاتها السامرية، إذ إن غالبية الأحرف الفينيقية شهدت تبعًا للمكان والزمان العديد من الاختلافات الشكلية مما جعل من الصعوبة بمكان تتبع أصل هذه الأحرف». وقد كشف لنا تحليل الكتابة الفينيقية، من خلال عمليات مقارنة أشكال الحروف، عن مأزق بحثي، إذ تم الاعتماد في عملية فك رموز وتحليل الكتابة الفينيقية على نقش ثنائي اللغة من مالطة. في حقيقة الأمر تم استخدام نسخة رديئة من هذا النقش، مما أدى إلى ترجمة غير دقيقة للنص من خلال المقاربة بين أشكال الحروف، لكن الترجمة الدقيقة للنص أشارت إلى المعركة التي درات بين الصوريين والليديين.

شهد القرن الثامن عشر الميلادي أولى عمليات فك رموز الكتابات المشفرة، إذ جاء الاهتمام باللغات القديمة متسقًا مع روح البحث العلمي التي انتشرت في عصر التنوير، ومن ثمَّ تأثر بها الأب جان-جاك بارتيلمي. استطاع الأب بارتيلمي تأسيس وتطوير منهجية مختلفة بشكل كلي للتعامل مع اللغات القديمة، وقام في النهاية بنشر إصدارين يتناول فيهما قواعد ومبادئ فك رموز وشفرات الكتابات القديمة، حيث أصبحت الأساس لجميع عمليات فك الشفرات اللاحقة. تعود أصول الأب بارتيلمي إلى منطقة أوبانيي Aubagne، إذ ولد جان-جاك بارتيلمي في مدينة كاسي Cassis في عام ١٧١٦، وتلقى تعليمه في مدينة مارسيليا. توجه في بداية الأمر إلى دراسة اللاهوت في الكنيسة حيث تعلم اللغة العبرية واللغة العربية، ثم أتبعها بدراسة اللغة السريانية ثم اللغة القبطية. في فترة لاحقة أيقن الأب بارتيلمي عدم اهتمامه باستكمال سلك الكهنوت، لذلك قام في عام ١٧٤٤ بتغيير طريقه المهني، ومن ثمَّ شد الرحال إلى باريس، محملاً بتوصية إلى كلود جروس دي بوز، أمين مجموعة الأوسمة الملكية، والسكرتير الدائم لأكاديمية النقوش والآداب. قام الأخير بتعيينه في قسم تصنيف وفهرسة مجموعة الأوسمة والميداليات الملكية، والذي خلفه الأب بارتيلمي، بعد عشر سنوات، في منصبه. استمر الأب بارتيلمي في منصبه حتى نهاية حياته، إذ قام بتصنيف وفهرسة مجموعة المقتنيات الملكية من الأوسمة والميداليات الملكية، كما عمل على زيادة تلك المقتنيات، حتى أصبحت نواة تأسيس قسم الأوسمة والميداليات الملكية في المكتبة الوطنية الفرنسية.

يعتبر الأب بارتيلمي أحد العلماء الثقات الذي يعكس الصورة الإيجابية لعصر التنوير، كما كان مواظبًا على حضور الصالون الثقافي للسيدة ديفان، وذلك بحسب تقاليد التواصل الاجتماعي والفكري إبان هذا العصر. في عام ١٧٤٧، انتخب الأب بارتيلمي عضوًا في أكاديمية النقوش والآداب، كما اشتهر بعد نشر روايته «رحلات أناكارسيس الصغير في اليونان»، وهو رواية تاريخية نشرت للمرة الأولى في عام ١٧٨٨ حول رحلات الحكيم السكوثي أناكارسيس في اليونان في منتصف القرن الرابع قبل الميلاد. كانت هذه الرواية مليئة بالمعلومات الوفيرة عن بلاد اليونان، مما كان له تأثير كبير على ازدياد الولع بالحضارة اليونانية القديمة، ومن ثمَّ لاقت الرواية نجاحًا كبيرًا ساهم في طباعتها مرات عديدة. لذلك كان انتخابه عضوًا في أكاديمية النقوش والآداب في عام ١٧٨٩، أمرًا مستحقًا، كما حظى بالتكريم اللائق من قبل الثوار باعتبارهم من المتحمسين للحضارات الكلاسيكية القديمة. توفي الأب بارتيلمي في عام ١٧٩٥ (انظر ص٢٤ من النسخة الفرنسية).

كانت الكتابة التدمرية هي أولى الكتابات القديمة التي جذبت انتباه الأب بارتيلمي وشغلت اهتمامه. تقع مدينة تدمر في وسط الصحراء السورية، إذ يتم الوصول إليها بعد معاناة ومشقة. لم تكن الكتابة التدمرية معروفة سوى من قبل بعض النقوش التي دونها بعض الجنود في أماكن متفرقة من الإمبراطورية الرومانية، بل عثر على بعض نقوشها في مدينة روما. ومن خلال دراسة تلك النقوش المتفرقة تمت أولى محاولات فك رموزها، والتي كشفت لنا نصوصًا أدبية وشعرية مثل هذا النص «لقد بلغت من الكبر عتيًا، ولم تعد قدمي تحملني»، والذي ربما كتب على شرف أحد النبلاء، دون أن يكون محكم المعنى.

رجح العديد من علماء اللغات القديمة أن الحروف التدمرية هي حروف عربية، لكن الأب بارتيلمي كان يؤكد على ضرورة الحصول على كمية وفيرة من النقوش الأصلية للوصول إلى نتيجة رصينة، لذلك قدم العالمان الإنجليزيان روبرت وود وجايمس داوكينس فرصة ثمينة للأب بارتيلمي في عام ١٧٥٣، إذ نشرا مجلدًا ضخمًا باللغة الفرنسية بعنوان (أطلال بالميرا، وبتعبير آخر تدمر في الصحراء)، حيث ضم العديد من النقوش التي كانت في حاجة لها. يقدم هذا الإصدار ثمرة الرحلة التي قام بها العالمان الإنجليزيان في عام ١٧٥١، إذا قضيا خمسة عشر يومًا في نسخ العديد من النقوش المنتشرة في صحراء تدمر، ومن بين ثلاثة عشر نقشًا كان هناك ثمانية نقوش ثنائية اللغة (يونانية-تدمرية)، مما مكّن علماء اللغات القديمة من الاعتماد عليها عند فك رموز الكتابة التدمرية. وبدءً من عام ١٧٥٤، قام الأب بارتيلمي بنشر مقتطفات من سجلات الأكاديمية الملكية للنقوش ولآداب ضمن سلسلة «المذكرات الأدبية»، ثم قام بنشر ملزمة منفصلة عن أولى محاولاته لفك رموز الكتابة التدمرية تحت عنوان «إضاءات على الألفبائية واللغة التي عثر عليها في بالميرا»، كما تمكن من التعرف في بادئ الأمر على اسم علم Septimion Ouorodè في أعلى النص اليوناني مما جعله يفترض أن الاسم نفسه موجود في بداية النص التدمري.

أفول وسطوع الكتابة الهيروغليفية

بقلم: دومينيك فارو

عالم مصريات، ومسئول الدورات البحثية في مدرسة متحف اللوفر، وباحث مشارك في متحف اللوفر

في عام ٣٩١م، أصدر الإمبراطور ثيودوروس مرسومًا يقضي بتحول الإمبراطورية الرومانية إلى الديانة المسيحية بالإضافة إلى إغلاق المعابد المصرية، وهو ما مثل الخطوة الأخيرة من الموت البطيء للكتابة المصرية القديمة، والتي كانت مرتبطة بالوثنية، وذلك باستثناء جنوب مصر، الذي استمر لفترة من الزمن يقاوم هذا التحول، واستخدم الكتابة المصرية القديمة. إذ نجد على جدران معبد إيزيس على جزيرة فيلة آخر نص مصري قديم مدون بالهيروغليفية، ويعود إلى عام ٣٩٤م، كما نجد آخر نص مدون بالديموطيقية ويعود إلى عام ٤٥٢م؛ أي بنهاية القرن الخامس الميلادي دخلت اللغة المصرية القديمة في طي النسيان، وانتهى الأمر. وبالرغم من اهتمام الكثير من العلماء اليونانيين والرومان بدراسة وتفسير اللغة المصرية القديمة، إلا أن تفسيراتهم جانبها الصواب، ولم تكن واضحة. لكن على الجانب الآخر، استمرت اللغة المصرية القديمة مستخدمة من خلال تدوينها باستخدام الألفبائية اليونانية القديمة، مع إضافة بعض العلامات الديموطيقية. بل استمرت جنبًا إلى جنب مستخدمة مع اللغة العربية، لغة العرب المسلمين، والذين أطلقوا على أهل مصر كلمة «قبطي»، والأخيرة اشتقت من الكلمة اليونانية (أيجيبتوي)، أي سكان وادي النيل، وهم الأقباط. انتشرت اللغة العربية في جميع نواحي الحياة اليومية في مصر، في القرن الرابع عشر الميلادي، مما أدى إلى انحسار استخدام اللغة المصرية القديمة (القبطية) داخل الكنيسة المصرية، وذلك حتى يومنا هذا. وانطلاقًا من هذه الحقيقة، وعلى غرار أسطورة ست وأوزير، مثلما ساهمت المسيحية في توقف استخدام اللغة المصرية القديمة، تأتي المسيحية لتعيد اللغة المصرية القديمة إلى الحياة، وأصبح كلمة «الأقباط» تشير اصطلاحًا إلى «المسحيين المصريين المعاصرين» (انظر الأشكال ص٣٢ من النسخة الفرنسية).

اهتم بعض علماء العرب بدراسة وتفسير العلامات والرموز الهيروغليفية من خلال استخدام المبادئ الفلسفية والتقاليد الهرمسية، وهي كتابات تنسب إلى هيرمس تريسمجيستوس، (مثلث العظمة) وهو إله يوناني يقابل المعبود المصري تحوت (جحوتي). لكن في حقيقة الأمر، لم تكن هذه التفسيرات ذات صلة أو علاقة بالمعنى الأصلي لتلك العلامات. أطلق على هذه المبادئ الفلسفية اسمًا سحريًّا، مشتقًا من الجذر المصري القديم «كم *Km*» أي «كامل، غني، مثالي»، واستخدم هذا الاسم في الكلمات *Km.t* كمت «مصر»، وفي القبطية كيميه (**Keme**) khme، "، ⲬⲎⲘⲒ (*ḥémi*)، كذلك كتاب كميت «جامع المعارف»، وهو كتاب شارح للمعارف الهامة للكاتب الماهر المتميز. أما الكلمات العربية الكيميا، والخيميا والتي تشير إلى الكلمة المعاصرة «الكيمياء»، فهي تدل على علم مصري قديم انتقل من خلال هيرمس تريسميجيستوس، عبر تدوين هذا العلم في كتب باطنية، يمكن وصفها بـ«جامع المعارف» أو «الموسوعي».

على الرغم من هذه الشروحات الباطنية للعلماء العرب، إلا إنهم نجحوا في تدوين ونشر معلومة أساسية: وهي أن القبطية هي لغة المصريين القدماء، وأطلقوا عليها اسم القلم القبطي أي «الكتابة القبطية». بالإضافة إلى ذلك، فقد استخدموا مصطلحًا آخرًا وهو (قلم الطير أو خط الطيور)، والذي من المحتمل أنه قد استخدم للإشارة إلى الحروف المصرية الصامتة، والتي يعبر عنها باستخدام الطيور، متبعة الترتيب: h-i-ḫ-m.

كان يجب علينا الانتظار حتى عهد الحملة الفرنسية على مصر، وتحديدًا في يوم ١٩ يوليه ١٧٩٩، إذ عثر مجموعة من الجنود الفرنسيين على قطعة ضخمة من الحجر، مدون عليها أحد النصوص، وذلك أثناء القيام بأعمال التأهيل والتدعيم لقلعة

السلطان قايتباي في مدينة رشيد الساحلية. أدرك الملازم العبقري بيير فرانسوا زافير بوشار أهمية هذه الأثر، ثنائي اللغة، ومن ثمّ قام بإرساله على الفور إلى القاهرة. خضع الحجر للعديد من عمليات النسخ إذ تم إرسالها إلى فرنسا. وفي عام ١٨٠١، وبعد هزيمة الفرنسيين في مصر، أجبر الإنجليز القوات الفرنسية على التنازل عن حجر رشيد، والذي استقر في النهاية داخل المتحف البريطاني. وعلى الفور، بدأ المستشرقون من كل حدب وصوب دراستهم للحجر. قام سلفيستر دي ساسي في عام ١٨٠٢، بتحديد أماكن خمسة خراطيش ملكية، كما قام تلميذه جون دافيد أكربلاد بتحديد الأسماء الشخصية وبعض الكلمات في النص الديموطيقي. كذلك أوضح إتيين-مارك كواتريمير في عام ١٨٠٨ أهمية اللغة القبطية ومدى قدمها، وذلك عندما نشر بحثه تحت عنوان «دراسات نقدية وتاريخية حول اللغة والأدب في مصر» (انظر الأشكال ص٣٦ من النسخة الفرنسية).

في عام ١٨٠١، لم يكن العالم الإنجليزي الموسوعي، توماس يونج -والذي أثبت الطبيعة الموجية للضوء كرد فعل على اختراع أثناسيوس كيرشر الفانوس السحري، بمنأى عن دراسة الهيروغليفية. اتبع توماس يونج منهج الأب بارتيلمي عند دراسة حجر رشيد، إذ قام أولاً بتحديد الخراطيش الملكية، وقد نجح في تحديد أماكن بعض الأسماء بل استطاع أن يحدد القيمة الصوتية لبعض من حروفها. كذلك استطاع توماس يونج التوصل إلى تفسير بعض الكلمات الهيروغليفية، وعلى الرغم من هذه البدايات المبشرة، وبسبب انشغاله بمجالات بحثية وعملية أخرى، انتهى الأمر بخروجه من المنافسة، إذ لم يستطع مجاراة إنجازات المستشرقين.

أما جان-فرانسوا شامبليون فقد بدأ منذ فترة المراهقة بتعلم كل اللغات الممكنة سواء اللغات القديمة أو اللغات الحديثة. كما درس شامبليون اللغة القبطية في عام ١٨٠٤، وتوصل إلى علاقتها بالكتابة واللغة في مصر القديمة. وفي عام ١٨٠٦، على أقل تقدير، بدأ شامبليون في تعلم اللغة الصينية، مما أتاح له فهم الكتابة التصويرية عن قرب، وهو ما يعد نقطة محورية وهامة عند توصله في عام ١٨٢٢ إلى فك رموز حجر رشيد. قام شامبليون بين عامي ١٨٠٨-١٨٠٩ بتكثيف دروسه في تعلم اللغة القبطية، من خلال مطالعة أجرومية اللهجات القبطية المختلفة، وذلك لاعتماده عليها لفك وفهم رموز الكتابة المصرية القديمة. وفي عام ١٨٠٩، أشار عليه أخوه الأكبر جاك-جوزيف شامبليون بترجمة النص اليوناني على حجر رشيد إلى اللغة القبطية، ومن ثمَّ ترجمة النص من القبطية إلى اللغة المصرية القديمة.

في حقيقة الأمر، إن هذا المقترح المبتكر من جاك-جوزيف يعتبر، في الأساس، تطبيقًا عمليًا لإحدى الفرضيات النظرية للأب بارتيلمي. لكن شامبليون كان مترددًا في ذلك الأمر، إذ اعتقد أن النسخة اليونانية لم تقدم الترجمة الدقيقة للنص المصري القديم، بالإضافة إلى صعوبة تطبيق الفكرة، وهي نفس العقبة التي كان على الأب بارتيلمي التغلب عليها عند فك رموز الكتابة الفينيقية.

كان شامبليون، في تلك الفترة، يفكر في الأمر بطريقة مختلفة، لقد كان، في حقيقة الأمر، مقتنعًا بفكرة الكتابة التصويرية، وهذا ما نقرأه في إحدى رسائله إلى أخيه في عام ١٨١٨. كما نجد أن شامبليون قد أرسل في ١٨ سبتمبر ١٨٢٠ رسالة إلى فرانسوا أرتو يؤكد له فيها توصله لتحليل وفهم العلامتين 𓄟 ، 𓇳𓏤 إذ تعبران العلامتان عن معنى «الولادة». وهو ما كان عاملاً حاسمًا عند إعلانه عن فك رموز حجر رشيد في عام ١٨٢٢، عندما أرسل خطابه الشهير إلى السيد داسيه (انظر الأشكال ص٤٠ من النسخة الفرنسية).

وعلى الرغم من توصل شامبليون إلى فك رموز الكتابة الهيروغليفية إلا أنه لم تتوفر في المجموعات المتحفية الفرنسية الكم الكافي من النصوص المصرية القديمة لكي يقوم شامبليون بدراستها وفك رموزها. لذلك، رحل شامبليون في عام ١٨٢٤، إلى مدينة تورينو في إيطاليا لدراسة المجموعة الاستثنائية من الآثار المصرية القديمة، والتي اقتناها القنصل الفرنسي دروفيتي. خطوة بخطوة، يمكن تتبع تقدم شامبليون في فهم وفك رموز الكتابة الهيروغليفية، وذلك من خلال نشره «خطابات إلى دوق دي بلاكاس». يتبين لنا من هذه الرسائل تمكن شامبليون من قراءة أسماء ملوك مصر القديمة من بداية

الأسرات، كما تمكن من قراءة الألقاب، والصفات، إلى جانب توصله لفهم كيفية التعبير عن الأرقام وصيغ التأريخ، بالإضافة إلى تفسير وتحليل بعض الصيغ اللغوية الأخرى. هكذا تأكد شامبليون في تلك المرحلة من صحة نظريته وفرضيته البحثية، لكن على الجانب، سعى شامبليون للحصول على نصوص هيروغليفية طويلة لكي يتمكن من التطبيق الكامل لنظريته البحثية. وعلى عكس ما هو متداول في الأوساط البحثية، فإن عملية فك رموز اللغة المصرية القديمة لم تنته بعد، وهذا ما دونه شامبليون بكل وضوح في تلك الفترة. لذلك رحل شامبليون في عام ١٨٢٨-١٨٢٩ إلى مصر، لكي يطبق ويختبر على الواقع نظريته البحثية. قام شامبليون أثناء الإبحار عبر النيل، صعودًا إلى مصر العليا، بتوصيف موضوعات النصوص المصرية القديمة التي حصل عليها، وعندما يتأكد من دقة توثيقه، يقوم بترجمة تلك النصوص حتى تكتمل جميع الخطوات، وهذه المنهجية البحثية تعتبر غير مألوفة بالمرة.

واعتبارًا من هذه اللحظة، انطلق علم المصريات، وإلى يومنا الراهن، نقوم بتحسين معرفتنا وفهمنا للقيم الصوتية للعلامات الهيروغليفية، ولمعانيها المختلفة، وللأجرومية والقواعد الصرفية حتى ندرك كيفية تطور اللغة المصرية القديمة عبر آلاف السنوات.

فك رموز الكتابة المروية

بقلم: كلود ريلي
مدير أبحاث في المركز الوطني للبحث العلمي، أستاذ في مدرسة الدراسات العليا،
وحاصل على درجة الدكتوراه في علم المصريات واللغويات

في عام ١٨٢٢، وبينما كان شامبليون في غرفته في شارع مازارين في باريس يستعد لإعلان اكتشافه عن أسرار الكتابة الهيروغليفية إلى المجتمع العلمي، كانت هناك مجموعة من المغامرين والمستكشفين الشجعان يصاحبون جيش محمد علي في بلاد السودان. حمل لنا هؤلاء المستكشفون النماذج والنسخ الأولية لكتابة ولغة قديمة كانت توجد في وادي النيل، ألا وهي الكتابة المروية. كانت اللغة المروية مستخدمة في جنوب مصر وشمال السودان، إذ كانت لغة «الفراعنة السود»، والذين بسطوا سيطرتهم على مصر في الفترة من ٧٣٠ إلى ٦٦٤ قبل الميلاد، حتى تم طردهم من قبل الآشوريين. إذ اضطر المرويون إلى التراجع إلى حدودهم الأصلية، وهي أرض مملكة كوش، واستمروا في حكمها حتى نهاية العصور القديمة. امتد حكم «مملكة مروى» خلال الفترة الزمنية من ٢٧٠ قبل الميلاد إلى ٣٣٠ ميلاديًا، وشكلت الكتابة المروية الخط الرسمي للدولة، والتي كان نظامها الكتابي ألفبائي-مقطعي، حيث استمدت العلامات شكلها وهيئتها من العلامات المصرية القديمة.

كان يجب علينا الانتظار حتى بدايات القرن العشرين لفك رموز تلك الكتابة على أيدي عالم الآثار المصرية الاستثنائي، البريطاني فرانسيس للوين جريفيث. قام جريفيث بنشر مؤلفه في عام ١٩١١ تحت عنوان «كارانوق»، وهو اسم جبانة عثر عليها في النوبة السفلى، وتضم العديد من النقوش الجنائزية المروية. تقدم مقدمة هذا الإصدار القيمة الصوتية للعلامات المروية، و«المقاربات اللغوية» التي اعتمد عليها للوصول إلى القيمة الصوتية. في غالب الأمر تم الاعتماد على المقاربة اللغوية مع اللغة اليونانية من خلال قراءة الأسماء الشخصية باللغة اليونانية أو باللغة المصرية القديمة في العصر المتأخر. لكن السؤال الذي طرح نفسه: «ماذا بعد فك رموز العلامات المروية؟» لقد ظلت اللغة التي تعبر عنها الكتابة المروية مجهولة بالنسبة لنا. وعلى عكس اللغة المصرية القديمة، التي استمرت مستخدمة في مرحلتها القبطية حتى العصر الحديث، ذهبت اللغة المروية في طي النسيان منذ العصور الوسطى. لذلك لم يقتصر التحدي على فك رموز عدة مئات من العلامات، بل كان التحدي الأكبر هو فهم معنى آلاف الكلمات المستخدمة في ألفي نص تم اكتشافه حتى الآن. لذلك يتشابه فك رموز الكتابة واللغة المروية مع فك رموز العديد من الكتابات القديمة التي ذهبت في طي النسيان مثل الكتابات الأتروسكية، وكتابات شعوب الغال (انظر الأشكال ص٤٦ من النسخة الفرنسية).

وعلى الرغم من ذلك، استطاع جريفيث التعرف على معاني بعض عشرات من المصطلحات، المستعارة في الغالب من اللغة المصرية القديمة. على سبيل المثال كلمة *Wos* «إيزيس»، وكلمة *Amni* «آمون»، وكلمة *ant* «كاهن» (قارن على سبيل المثال كلمة *ḥm-nṯr*، تقرأ في القبطية *hont*)، وكلمة *apote* «رسول»، (*wpwti*)، واعتمادًا على هذه الوسيلة المساعدة، استطاع جريفيث التعرف على مقتطفات من النصوص المروية. على سبيل المثال، كانت النصوص الجنائزية كثيرة، وطويلة نسبيًا، ومصاغة بطريقة متكررة، مما ساهم في ترجمة جزء كبير منها. على العكس تمامًا، ظلت لوحات المراسيم الرسمية، والتي احتوت على الأحداث والحوليات التاريخية التي تثير الشغف البحثي، مغلقة الفهم وغامضة في الكثير من محتواها، باستثناء الصيغ الافتتاحية التي تحتوي على أسماء وألقاب الحكام.

ولقد فضَّل جريفيث والعديد من علماء اللغة اللاحقين استخدام «المنهجية الفيلولوجية»، كما أطلق عليها علماء الحضارة المروية، أو «المنهجية التوافقية»، كما أطلق عليها علماء الحضارة الأتروسكية.

تطبق هذه المنهجية من خلال «ملء المربعات الفارغة»، إذ تشير هذه المربعات في النص إلى المصطلحات النحوية أو المصطلحات مغلقة الفهم، والتي يمكن تفسيرها باستخدام الكلمات المعروفة مسبقًا. كذلك إذا ما قابلنا كلمة مجهولة المعنى تأتي بعد اسم، وتسبق في الوقت نفسه، الأداة التي تنتهي بها المجموعة الإسمية، فإننا بالتأكيد أمام اسم أو صفة. أما فيما يخص المعنى، فيتم تحديد بنية الكلمة المجهولة، انطلاقًا من الكلمات المعروفة مسبقًا، في محاولة للوصول إلى المعنى الدلالي للكلمة، ومن ثمَّ اقتراح ترجمة ممكنة لها. ومن المؤكد أنه يتم مراجعة ظهور هذه الكلمات المجهولة في العديد من النصوص الأخرى، وعلى الرغم من متانة هذا الأسلوب في الترجمة إلا أنه يستغرق وقتًا وجهدًا كبيرًا من أجل الحصول على معاني بعض الكلمات.

حجر رشيد: نص ثنائي اللغة من مصر الهلنستية ساهم فك رموز الهيروغليفية

بقلم: ألكساندرا نيسبولوس-فاليبو
دكتوراه في علم المصريات، باحثة مشاركة في فريق بحث «مصر: وادي النيل والبحر المتوسط»،
مختبر أبحاث «آثار مجتمعات البحر المتوسط»، جامعة بول فاليري، مونبلييه

يعتبر حجر رشيد من أكثر آثار مصر الهلنستية شهرة. أما على مستوى التاريخ الأوروبي، فقد لعب حجر رشيد دورًا محوريًا إبان القرن التاسع عشر الميلادي، في نجاح جان-فرانسوا شامبليون في فك رموز الهيروغليفية.

في مدينة فيجاك، وحينما بلغ جان-فرانسوا شامبليون ثمان سنوات، اطلع على نسخة من صحيفة «كورييه دي ليجيبت (بريد مصر)» التي وصلت للتو إلى مكتبة والده -كانت هذه الصحيفة تطبع في القاهرة لتنشر أخبار حملة نابليون على مصر آنذاك، وقد جاء فيها ذكر لحجر رشيد. عثر على حجر رشيد في عام ١٧٩٩، في مدينة رشيد الساحلية، والتي تقع على بعد ٦٠ كم إلى الشرق من مدينة الإسكندرية، حيث كان من بين الأحجار التي أعيد استخدامها لتدعيم قلعة قايتباي (قلعة سان جوليان). للوهلة الأولى، اندهش الملازم بوشار، والذي كان مسئولاً عن ترميم المبنى، من شكل تلك اللوحة سواءً لونها أو عدم اكتمالها، وقد ظن في البداية أنها صنعت من البازلت. جاء وجه اللوحة منقوشًا بنص هيروغليفي، وإلى الأسفل منه نقش نص مجهول الكتابة (ربما كانت كتابة سريانية، لكننا نعرف اليوم إنه نص ديموطيقي)، ثم أخيرًا، نجد نصًا باللغة اليونانية القديمة. ولما كان بوشار شابًا متقنًا للغة اليونانية القديمة فقد تمكن من قراءة مضمون النقش وأسباب وشروط نشره، والتي أشارت إلى أنه يجب أن ينقش النص على كتلة من الحجر الصلد، وأن يوضع في كل المعابد المصرية القديمة، وأن يكتب «بالكتابة المقدسة، والكتابة الشعبية، والكتابة اليونانية». وبناء عليه، فقد كان مضمون النقش متماثلاً، لكن تم تدوينه بأكثر من نظام كتابي، وترجم إلى أكثر من لغة (انظر الأشكال ص٥٠ من النسخة الفرنسية).

أثار اكتشاف الحجر الكثير من الاهتمام، آخذين في الاعتبار أن اللغة والكتابة المصرية القديمة كانتا في طي النسيان وانقطعت بهما الألسنة منذ أكثر من ألف عام. تم نقل الحجر من مدينة رشيد إلى مدينة القاهرة من أجل دراسته ونسخه في عدة نماذج من قبل علماء الحملة الفرنسية، على أمل الوصول إلى مفتاح فك شفرة الكتابة الهيروغليفية.

لكن الإنجليز استولوا، فيما بعد، على الحجر باعتباره غنيمة حرب، وتم عرضه للجمهور في عام ١٨٠٢ في المتحف البريطاني في لندن. ولم يتحصل شامبليون نهائيًا على فرصة رؤية حجر رشيد (على الواقع، مما أضاف قيمة كبيرة لعمله واكتشافه، بالإضافة إلى أن بعض العلامات الهيروغليفية لم تكن بنفس الشكل عند تنفيذ نسخ الحجر في ذلك الوقت).

على الرغم من أن حجر رشيد يمثل علامة فارقة في تاريخ تأسيس علم المصريات في العصر الحديث باعتباره مجالاً علميًا وبحثيًا، إلا إنه من المفارقات أن تاريخ حجر رشيد ومضمونه لم ينل نفس الشهرة. ومع ذلك، فإن حجر رشيد يعتبر وثيقة مميزة تنتمي إلى مجموعة من النقوش التي تميز مصر في العصر الهلنستي؛ وهي مراسيم الشكر والعرفان. تعود الشواهد الأولى لمراسيم الشكر والعرفان إلى التقاليد الهيلنية التي كانت متبعة في المدن اليونانية، إذ كانت تكتب باللغة اليونانية القديمة. كان مضمون تلك المراسيم ينطوي على تقديم الشكر والعرفان، بشكل رسمي، من قبل سكان إحدى المدن إلى أحد النبلاء الخيريين أو أصحاب الفضل والنعمة، والذين أسدوا مجموعة من الخدمات الخيرية لسكان المدينة. وبالتالي، كان سكان المدينة يقيمون نصبًا تذكاريًا تخليدًا لذكرى المتبرع، إلى جانب تنظيم مجموعة من الاحتفالات.

انتشرت مراسيم الشكر والعرفان في مصر الهلنستية، وتم وضعها داخل حرم المعابد المصرية القديمة بدءًا من عصر بطلميوس الثالث (٢٤٦-٢٢١ ق.م)، وقام الكهنة بموائمة وتكييف هذه المراسيم مع الوضع السياسي في مصر. كما تم موائمة

وتكييف هذه المراسيم مع الطقوس والشعائر الدينية، والتقاليد الملكية في مصر القديمة، والتي تبناها، في حقيقة الأمر، حكام مصر البطالمة (٣٠٥-٣٠ ق.م) بعد دخول الإسكندر الأكبر إلى مصر في عام ٣٣٢ ق.م.

كان مجموع مراسيم الشكر والعرفان، إبان تلك الفترة الزمنية في مصر الهلنستية، يصل إلى ما يقارب ثلاثين لوحة، وكان بعضها غير مكتملة، لكن يعتبر حجر رشيد من أفضل النماذج التي وصلت إلينا من هذه المجموعة. ومن أمثلة هذه المراسيم، نجد مرسومين قد صدرا في عصر الملك بطلميوس الثالث (٢٤٦-٢٢١ ق.م)، يشيران في مضمونها إلى إعادة التقسيم الإداري لمصر، بالإضافة إلى تطوير وتحديث الطقوس والشعائر المرتبطة بتقديس وتأليه الملوك البطالمة. كذلك يوجد مثال آخر لهذه المراسيم، يعود إلى عصر الملك بطلميوس الرابع (٢٢١-٢٠٤ ق.م)، والذي سجل فيه انتصاره على أنتيوخس الثالث في معركة رفح.

كما انتشرت مراسيم الشكر والعرفان في عصر الملك بطلميوس الخامس (٢٠٤-١٨٠ ق.م)، إذ تم إصدار خمسة مراسيم تحت حكم هذا الملك، وذلك في العام ٧ (١٩٨ ق.م)، وفي العام ٩ (١٩٦ ق.م)، وفي العام ١٩ (١٨٦ ق.م)، وفي العام ٢١ (١٨٥ ق.م)، وفي العام ٢٣ (١٨٢ ق.م). تتناول هذه المراسيم حدثًا تاريخيًا هامًا، ألا وهو سيطرة التاج السكندري (أي الملك) على جنوب مصر، بعدما انفصل في ثورة عارمة (٢٠٦-١٨٦ ق.م) إبان عصر والده الملك بطلميوس الرابع - فيلوباتر - وكذلك السيطرة على دلتا النيل، والتي كانت ضحية للثورات المتكررة.

تميزت مراسيم الشكر والعرفان في مصر الهلنستية بأنها كانت تكتب بأكثر من خط، وذلك حرصًا على وصول مضمونها إلى أكبر عدد ممكن من الشعب المصري. لذلك كتبت بالخط الهيروغليفي «لسان الآلهة في مصر القديمة»، كما كتبت بالخط الديموطيقي «اللغة الدراجة للمصريين»، كذلك كتبت باستخدام الكوينه، وهي إحدى اللهجات المقدونية التي استخدمت الألفبائية اليونانية. استخدمت اللهجة الموينه في البلاد التي استولى عليها الإسكندر الأكبر باعتبارها اللغة الرسمية للإدارة، وبالتالي استمر استخدامها في مصر الهلنستية. بالإضافة إلى ذلك، تميزت هذه المراسيم بأنها ثنائية أو ثلاثية اللغة، وهو ما سبب تعارضًا عند استخدام اللغة اليونانية القديمة جنبًا إلى جنب مع اللغة المصرية القديمة، وخاصة «الخط الهيروغليفي»، باعتبارها لغة ميتة لا يتم استخدامها من قبل قطاع عريض من الشعب المصري، إلا من خلال الكهنة المتعلمين. لذلك نجد أن النصوص المدونة بالهيروغليفية على هذه المراسيم تحتوي على مجموعة من المرادفات المتنوعة والمختلفة أكثر منها في النصوص المدونة بالديموطيقية واليونانية، مما يشير إلى أن النسخ الثلاثة ليست حرفيًا متطابقة فيما بينها. علاوة على ذلك، لم يكن أمر تحرير المراسيم بثلاثة كتابات مختلفة أمرًا منهجيًا ومعتادًا، بل كان الأمر يخضع للظروف المحلية المحيطة بكيفية عرض هذه المراسيم داخل المعابد المصرية. لكن على أية حال، فقد شكل هذا الوضع الاستثنائي للازدواج اللغوي في مصر القديمة فرصة حقيقية للعلماء الأوربيين للوصول إلى كنز لغوي قديم، كان قد وقع في طي النسيان.

فك رموز الكتابة المسمارية

بقلم: كارول روش حاولي
متخصصة في علم الآشوريات، ومديرة أبحاث في المركز الوطني للبحث العلمي،
ومتخصصة في تاريخ كتابات ولغات بلاد الرادفين في الشرق الأوسط

في نهاية القرن الثامن عشر الميلادي، قام عالم النباتات أندريه ميشو (١٧٤٦-١٨٠٢) بجلب حجر إلى فرنسا، منقوش بالكتابات المسمارية. تعتبر هذه القطعة الأثرية، والتي حفظت في قسم الأوسمة والميداليات بالمكتبة الوطنية الفرنسية منذ عام ١٨٠٠، أولى القطع الأثرية المنقوشة بالكتابات المسمارية، كانت قد وصلت إلى أوروبا. كان العلماء والرحالة الأوروبيون على دراية بالكتابات والنقوش المسمارية، وذلك من خلال الحصول على نسخ لها، مثل تلك التي نشرها نيبور في كتابه عن الجزيرة العربية في عام ١٧٧٣، أو من خلال ذكر تلك النقوش في كتابات الرحالة مثل الرحالة بيترو ديلا فاليه. عندما وصل «حجر ميشو» إلى فرنسا لم يكن بمقدور أي شخص قراءة أو فهم النص المدون عليه. وعلى مدار خمسين عامًا، وبفضل التعاون الوثيق بين العديد من الباحثين، أصبح من الممكن فك رموز الكتابات المسمارية، وذلك في النصف الأول من القرن التاسع عشر.

يعود تاريخ دراسة الكتابات المسمارية على آثار مدينة برسبوليس (تخت جمشيد) إلى بداية القرن السابع عشر، حينما قام الرحالة الروماني بيترو ديلا فاليه بتحديد اتجاه قراءة النقوش المسمارية، وذلك من اليسار إلى اليمين. ثم جاء نيبور، وقام بتحديد ثلاثة خطوط أو كتابات مسمارية مختلفة. وفي حقيقة الأمر، تقدم لنا النقوش المسمارية من مدينة برسبوليس ثلاثة كتابات مسمارية مختلفة: الأولى تضم قائمة بأربعين علامة أو رمزًا كتابيًا، وتضم الثانية قائمة بما يقارب ١١٠ علامة أو رمز كتابي، بينما تضم الكتابة الثالثة، وهي الأكثر تعقيدًا، قائمة بما يقارب خمسمائة علامة أو رمز كتابي (انظر الأشكال ص٥٦ من النسخة الفرنسية).

ومن حين إلى آخر، كانت هذه الخطوط الثلاثة للكتابات المسمارية تنقش معًا على قطعة أثرية واحدة، ربما للتعبير عن ثلاثة لغات مختلفة، إذ كان النص المسماري الواحد يكتب ثلاث مرات، إما باستخدام ثلاثة خطوط أو ثلاث لغات مختلفة. لكن لم تتوفر، آنذاك، أي وسيلة مساعدة لك رموز الكتابات المسمارية، أو لتحديد طبيعتها: ثلاثة خطوط مختلفة أم ثلاث لغات مختلفة.

فك رموز الكتابات العيلامية الخطية: نظام كتابي من بلاد إيران، من الألف الثالث قبل الميلاد

بقلم: فرانسوا ديسيه

أثري، متخصص في تاريخ بلاد إيران منذ عصور ما قبل التاريخ وحتى العصر البرونزي،
وعالم لغوي متخصص في الكتابات العيلامية الخطية (جامعة طهران، آثار الشرق UMR 5133)

تعود أولى اكتشافات النصوص العيلامية الخطية إلى عام ١٩٠٣ من قبل البعثة الفرنسية العاملة في مدينة شوشان (جنوب غرب إيران). صاحبت النصوص العيلامية الخطية مثيلاتها المسمارية، والتي تعود إلى فترة أحد الملوك الذين حكموا منطقة جنوب غرب إيران في القرن الثاني والعشرين قبل الميلاد، وهو الملك بوزور إنشو-شيناك، وقد استمد اسمه من اسم أبيه شيني-هيش-هوك، ومن اسم مدينة شوشان، ومعبودها إنشو-شيناك. وقد استطاع العديد من علماء اللغة أمثال ف. بورك، س. فرانك، و. هينز، وكذلك ب. ميريجي التوصل إلى قراءة عشرات العلامات العيلامية وذلك على مدار سبعين عامًا من ١٩٠٠ إلى ١٩٧٠ (انظر الأشكال ص٦٧ من النسخة الفرنسية).

هكذا كان حال معرفتنا بالعلامات والرموز الكتابية في بداية عام ٢٠٠٠م، حتى تم اكتشاف مجموعة جديدة من النقوش العيلامية في منطقة كامفيروز في مقاطعة فارس. تتألف هذه المجموعة من ثمان نصوص نقشت على أواني جوناجي الفضية، والتي ترجع إلى الفترة ما بين ٢٠٠٠-١٨٠٠ ق.م. وبعد دراسة وتحليل هذه النصوص، أمكن القول إنه تم فك شفرة الكتابة العيلامية الخطية، بشكل شبه كامل، بين عامي ٢٠١٧-٢٠٢٠. بدأت دراسة وتحليل هذه النصوص من خلال التعرف على ترتيب العلامات والرموز الكتابية، وذلك لتحديد الأسماء الشخصية. ومن بين كل أربع علامات أو رموز كتابية، توجد واحدة بينها يطلق عليها «السابق». ولقد تم تحديد أول علامة، «السابق»، وهي *ši* (بين علامات الاسم Puzur-Sušinak وInsušinak)، حيث تكرر العلامتان الثالثة والرابعة.

لقد ساهمت هذه النصوص في فك رموز ٧٢ علامة كتابية (والتي تعطي ٧٣ قيمة صوتية، لأنه في الحقيقة هناك علامة تعبر عن صوتين و، واو المد). وبذلك أمكن التوصل إلى قراءة ٩٦,٣٪ من إجمالي ١٨٩٠ علامة، أمكن حصرهم في أربعين نقشًا تم اكتشافهم حتى الآن. وبناء عليه، فنحن نتحدث عن التوصل شبه كامل لفك رموز الكتابات العيلامية، وبالتالي يمكن تقييم الوضع الحالي للكتابة العيلامية بأنها كانت مستخدمة في الفترة من ٢٣٠٠-١٨٠٠ ق.م، في جنوب إيران، وذلك للتعبير عن اللغة العيلامية، وهي لغة منعزلة من الناحية اللغوية، وتم التعرف عليها من خلال النصوص المسمارية. تعتبر اللغة العيلامية من أقدم الأنظمة الكتابية المستخدمة في العالم، بجانب كل من اللغة المصرية القديمة (الهيروغليفية)، واللغة المسمارية في بلاد الرافدين، وكتابة نهر الإندوس. كذلك تعتبر اللغة العيلامية من أقدم الأنظمة الكتابية التي تستخدم العلامات الصوتية (إذ لم يتم العثور على أية علامات تصويرية)، إذ يتكون النظام المقطعي-الصوتي من ٧٦ علامة تعبر عن ٧٧ قيمة صوتية، تم ترتيبها كالآتي: ٥ صوائت (a/e/i/o/u)، و١٢ صامت (... h/k/l/)، بالإضافة إلى ٦٠ مقطع صوتي (ha/he/hi/ho/hu/ka).

وإذا ما اعتبرنا أن الكتابة العيلامية الخطية، هي النسخة الأكثر «تحديثًا ونضجًا» من الكتابة العيلامية المبكرة (٣٣٠٠-٣٠٠٠ ق.م) -مثلما هو الحال مع النصوص المسمارية، ولكن بشكل أقل، والتي تم فك رموزها من خلال الاعتماد على قراءة النصوص الحديثة (الفترة الأخمينية) لفهم النصوص المسمارية القديمة (الألف الثالث والرابع قبل الميلاد) - فإن فك رموز هذه الكتابة - العيلامية الخطية - سوء يمكن من فتح الباب وتمهيد الطريق أمام أقدم نظام كتابي في العالم، وهو

الكتابة العيلامية المبكرة، والتي تعود إلى الألفية الرابعة قبل الميلاد، إذ كانت معاصرة للكتابة المسمارية المبكرة المستخدمة في بلاد الرافدين، والكتابات الهيروغليفية في مصر. وهو ما يسمح لنا بفهم أفضل لاختراع الكتابة في العالم (انظر الأشكال ص٧١ من النسخة الفرنسية)!

فك رموز الكتابة الخطية الثانية (الكتابة الخطية ب)

بقلم: جوليان زورباش
محاضر في تاريخ اليونان في مدرسة الدراسات العليا،
ومتخصص في النقوش الإيجية (الكتابة الخطية الأولى (أ)، والكتابة الخطية (ب)، والكتابات اليونانية القديمة)

تم اكتشاف الكتابات الإيجية في عام ١٩٠٠، وذلك مع قيام عالم الآثار البريطاني أرثر إيفانس ببدء الحفائر الأثرية في مدينة كنوسوس على جزيرة كريت. إذ يعتبر هذا الاكتشاف هو ثمار جهد متصل من الحفائر الأثرية بدأت منذ عام ١٨٧٠، وكان أيضًا من ضمن نتائج هذا الحفائر الأثرية هو الكشف عن آثار العصر البرونزي في منطقة بحر إيجة، والتي تعود إلى فترة ما قبل تأسيس المدن اليونانية. إذ يعد كل من هاينريش شليمان، وفيلهلم دوربفيلد، وخريستوس تسونتاس رواد الحفائر الأثرية في كل من طروادة، وميسينيا، وتيرنز والعديد من الأماكن الأثرية الأخرى، حيث استطاعوا اكتشاف شواهد العصر البرونزي في منطقة بحر إيجة. وفي ذلك العصر، يمكن أن نستخدم مصطلح «حضارة»، لتوصيف المجتمعات الحضرية القديمة، مثل «الحضارة الميسينية» والتي استمدت اسمها من منطقة ميسينيا، وهي أولى الحضارات التي نشأت على أرض اليونان. كذلك يمكن إطلاق اسم «الحضارة المينوية»، على المجتمع الحضري الذي نشأ في مقاطعة مينوس الأسطورية، حيث استطاع عالم الآثار إيفانس العثور على شواهدها في جزيرة كريت، أثناء حفائره في كنوسوس.

كان إيفانس صادق الحدس والتخمين، إذ نشر في عام ١٨٩٣، مقالاً يضم العديد من الأختام المنقوشة بعمالات ورموز، يؤكد من خلالها أن سكان جزيرة كريت عرفوا الكتابة في الفترة السابقة للفترة الهلنستية. لكن شهد عام ١٩٠٠، حدثًا فريدًا تمثل في اكتشاف إيفانس ألواح طينية، منقوشة بعلامات ورموز مجهولة المعنى والتفسير، لكن يؤكد هذا الاكتشاف، بما لا يدع مجالاً للشك، أن منطقة بحر إيجة قد عرفت خلال العصر البرونزي نظامًا كتابيًا أو أكثر. وهو اتضح من خلال القطع التي تم العثور عليها، إذ استطاع إيفانس تحديد ثلاثة أنظمة كتابية مختلفة، وهي كالتالي:

* الكتابة الهيروغليفية الكريتية؛ أطلق عليها هذا المصطلح لأننا كنا نعتقد أنها تعتمد على العلامات التصويرية. لكن الأمر لم يكن صحيحًا، إذا كانت تعتمد على النظام المقطعي، مثلما هو الحال مع باقي الأنظمة الكتابية. استخدمت الكتابة الهيروغليفية الكريتية خلال العصر البرونزي الوسيط، وهي الفترة التي نطلق عليها عصر «القصور الكريتية الأول»، والتي تمتد من (٢٠٠٠-١٧٥٠ ق.م)، وقد وصل لنا من هذه الفترة بعض النصوص القصيرة والمقتطفات المختصرة.
* الكتابة الخطية الأولى، وقد أطلق عليها هذا المصطلح، نظرًا لاحتوائها على عدد أقل من الرموز التصويرية، بالإضافة إلى أن أشكال العلامات تتسم بالبساطة. كانت الكتابة الخطية الأولى مستخدمة في عصر «القصور الكريتية الجديد»، أي فترة العصر البرونزي الأوسط الثالث، والعصر البرونزي المتأخر الأول (١٧٥٠-١٤٥٠ ق.م)، وقد وصل إلينا ١٥٠٠ نصًا كتابيًا من تلك الفترة.
* الكتابة الخطية الثانية، والتي جاءت بعد الكتابة الخطية الأولى، حيث استخدمت في القصور المينوية في الفترة ما بين ١٤٥٠-١١٩٠ ق.م. وقد وصل إلينا ما يقارب من ٣٥٠٠ نصًا كتابيًا غير مكتمل من كنوسوس، كما وصل إلينا أقل من ١٠٠٠ نص كتابي من مدينة بيلوس، بالإضافة إلى العثور على بضع مئات من النصوص من كل من مدينة طيبة (على الطرف الجنوبي لسهل بيوتيا، اليونان)، وميسينيا، وتيرنز.

وفي حقيقة الأمر، فإن الصلات اللغوية والخطية معقدة بين الكتابات الثلاثة، فبينما تتشابه الكتابة الخطية الأولى مع الهيروغليفية الكريتية، واستخدامهما بالتزامن خلال عصر «القصور الكريتية الأول»، إلا إنهما لا تتشاركان نفس الجذور اللغوية. أما الكتابة الخطية الثانية فقد اشتقت رموزها من الكتابة الخطية الأولى، ومن المحتمل أنها دونت باستخدام الحبر، وبالتالي فإن الكتابة المنقوشة على الألواح الطينية هي الكتابة الخطية الأولى.

لكن تتشارك هذه الأنظمة الكتابية في وظيفة واحدة، وهي استخدامها كأداة من أدوات الإدارة، وذلك من أجل إعداد الحسابات، وقوائم الجرد لمسئولي وموظفي القصور الملكية. وقد تمت عملية تدوين وإعداد الحسابات على الألواح الطينية، وغيرها من الوسائط الكتابية صغيرة الحجم مثل الأقراص الطينية أو البنورات الصغيرة. ومن أجل تجهيز هذه الوسائط للكتابة عليها، كان يتم حرقها صدفة في أفران غير مجهزة، مما أدى إلى تدمير الكثير من المباني ذات الطوب اللبن، حيث كان يتم استخدام الكثير من الأخشاب، وبالتالي لم يتم الحفاظ عليها. لكن من المحتمل أن تكون بعض قوائم الجرد أو المراسلات قد دونت على الجلد. ويرجح بشكل كبير أن الكتابة الخطية الأولى قد دونت على الجلد. لكن يجب أن نشير في هذا المقام، إلى أنه إذا كانت الكتابة الخطية الثانية تستخدم في الأمور الإدارية، إلا أن الكتابات السابقة لها كانت تستخدم في أمور ومجالات أخرى. على سبيل المثال، استخدمت الكتابة الهيروغليفية الكريتية للتدوين على الأختام (عثر على نماذج في المقتنيات الشخصية)، كما استخدمت الكتابة الخطية الأولى في تدوين نصوص التكريس والإهداء في الهياكل المقدسة، مع الأخذ في الاعتبار أننا لم نعثر على أية نصوص مدونة على الجلود (انظر الأشكال ص٧٩ من النسخة الفرنسية).

الكتابات الإيجية

بقلم: جوليان زورباش
محاضر في تاريخ اليونان في المدرسة العليا،
ومتخصص في النقوش الإيجية (الكتابة الخطية الأولى (أ)، والكتابة الخطية (ب)، والكتابات اليونانية القديمة)

الكتابات القبرصية

لم تنضم جزيرة قبرص إلى العالم الإيجي؛ إذ لم تكن جزءًا من الحضارة «المينوية» أو الحضارة «الميسينية»، بل تمتعت جزيرة قبرص بثقافتها وحضارتها الخاصة بها، والتي أصبحت معروفة فيما بعد. وقد لعبت حضارة جزيرة قبرص دورًا في تطور مجتمعات العصر البرونزي الحديث، إذ كانت شاهدة على تقدم وترقي المراكز الحضارية الهامة، والتي استمدت ثرائها من استغلال معدن النحاس الهام. ويتضح لنا ضعف التواصل الحضاري بين العالم الإيجي وجزيرة قبرص خلال العصر البرونزي الحديث، وذلك من خلال قلة تداول القطع الأثرية بين جزيرة قبرص وبين جزيرة كريت المينوية، وبشكل أكثر مع العالم الميسيني. وبالرغم من ذلك، فإنه من المحتمل، أن تكون جزيرة كريت المينوية، كانت خلال عصر القصور الجديد (بداية العصر البرونزي الحديث، حوالي ١٧٠٠-١٤٥٠ ق.م)، هي مصدر النظام الكتابي المستخدم في جزيرة قبرص. في حقيقة الأمر، استخدمت جزيرة قبرص خلال العصر البرونزي الحديث نظامًا كتابيًا قائمًا على الكتابة الخطية الأولى. كانت هذه الأنظمة الكتابية الثلاثة هي: الكتابة القبرصية-المينوية الأولى، والثانية، والثالثة. وظهرت الأخيرة (الكتابة القبرصية-المينوية الثالثة) فقط في أوجاريت، على الساحل السوري، حيث استقر وعاش القبارصة من أجل التجارة. اختفت هذه الأنظمة الثلاثة مع نهاية العصر البرونزي، لكن حل محلها في نهاية القرن التاسع قبل الميلاد، نظام كتابي مقطعي، مستمدٌ من الكتابة القبرصية-المينوية، حاملاً بعض التطورات. تضمن هذا النظام الكتابي المقطعي، على الأقل، نسختين محليتين، استخدمتا حتى نهاية العصر الهلنستي، إذ كان استخدام النظام الكتابي المقطعي في جزيرة قبرص مرتبطًا باستمرار السيادة الملكية على الجزيرة من العصور القديمة، وحتى العصر الكلاسيكي. ثم ما انفك أن اختفى النظام الكتابي القبرصي نتيجة لاستيلاء اللاغيدين/ البطالمة (Lagides) عليها (انظر الأشكال ص ٨٤ من النسخة الفرنسية).

ومن الواضح أن استخدام النظام الكتابي قد اختلف في تلك الفترة، إذ لم يستخدم في تدوين النصوص الإدارية مثلما كان الحال في العصر البرونزي. لكن استخدم النظام الكتابي في تدوين نصوص التكريس والإهداء، ونصوص الملْكِية، بالإضافة إلى نصوص القرارات الملكية. أما أكبر النصوص الكتابة القبرصية طولاً، فهو نقش إيداليون. يخلد هذا النص ذكرى تكريم عائلة من الأطباء قامت بالاعتناء بالجرحى خلال عملية حصار تمت في بداية القرن الخامس قبل الميلاد. كتبت هذه النصوص باللغة اليونانية، لكنها باللهجة القبرصية، ونشير هنا بشكل سريع ومختصر إلى استخدام الألفبائية اليونانية في تدوين نصوص باللغة اليونانية العامية، لذلك لا تعتبر لهجة منفصلة. كذلك شهدت تلك الفترة ظهور النصوص ثنائية الخط، والتي يجب أن نفرق بينها وبين النصوص ثنائية اللغة. على جانب آخر، ظهرت في أماثوس نصوص كتبت بلغة أخرى، وقد أطلق عليها المتخصصون اللغة القبرصية الحقيقية أو اللغة القبرصية الأصيلة، وما زالت معلوماتنا قليلة عن هذه اللغة. لقد كان النظام الكتابي القبرصي هو آخر الأنظمة الكتابية التي تمثل الكتابات الإيجية، إذ ظهرت فيه العلامات والرموز الكتابية، والبناء المقطعي، وقواعد الهجاء. ومنذ عام ١٨٧٠، أمكن قراءة نصوص الكتابة القبرصية المقطعية بفضل النصوص ثنائية الخط وثنائية اللغة (اليونانية، والفينيقية)، والتي لعبت دورًا هامًا في فك رموز الكتابة الخطية الثانية.

قرص فايستوس

اكُتشف القرص عام ١٩٠٨ على يد الأثري «لويجي بيرنيير» بين أطلال قصر في فايستوس في جنوب كريت. ويوحي السياق الأثري بأن تاريخ هذا القرص يعود إلى الفترة ما بين ١٨٥٠-١٦٠٠ ق.م.، أو بعبارة أخرى فإنه كان معاصرًا للكتابة الخطية الأولى والكتابة الهيروغليفية الكريتية. ويبلغ قطر القرص حوالي ١٦ سم (٦,٥ بوصة) كما يبلغ سمكه ١,٩ سم (٠,٧٥ بوصة) وهو مصنوع من الطمي الناعم. وعلى وجهيّ القرص (أ و ب) هناك نقش يتكون من رموز أو علامات مضغوطة فوق الطمي الرطب المبلل قبل حرقه عن طريق مثقاب أو ختم. ويحتوي القرص على ٢٤١ أو ٢٤٢ رمزًا (إذ تهشم أحدها) تشكل في مجموعها ٤٥ علامة أساسية، وتنقسم هذه الرموز إلى أقسام قصيرة تفصل بينها خطوط (٣١ قسمًا على الوجه الأول A و٣٠ قسمًا على الوجه الثاني B). وقد رُتبت هذه الأقسام بطريقة حلزونية حول المركز على الوجهين.

فك رموز كتابات المايا

بقلم: جان-ميشيل هوبان
دكتوراه في علم الآثار، مدير دراسات في المركز الوطني للبحث العلمي،
ومدرس في مدرسة الدراسات العليا، متخصص في كتابات المايا

جرت العادة على اعتبار كتابة المايا أنها نظام كتابي تصويري (يضم هذا النظام بضع مئات من العلامات التصويرية، وما يقرب من ١٥٠ علامة صوتية-مقطعية). تم تطويع هذا النظام التصويري للتعبير عن عدة لغات تنتمي إلى نفس العائلة اللغوية، التي استخدمت في الفترة من ٤٠٠ ق.م (في بعض المناطق)، وحتى نهاية القرن السابع عشر الميلادي. (Davoust 1995, Coe &Van Stone 2001, Macri & Looper 2003, Hoppan 2014).أطلق على هذه العائلة اللغوية: لغة/ لغات المايا، والتي يمثلها ملايين المتحدثين في أمريكا الوسطى بداية من المكسيك، وجواتيمالا، وبيليزي، إلى جانب أجزاء من غرب هندوراس. وقد أطلق علماء اللغة والأنثروبولوجيا اسم «لغة المايا» على هذه العائلة اللغوية، استنادًا إلى انتشار هذه اللغة بين شعوب حضارة المايا، وتحديدًا في منطقة يوكاتان (والتي تمتد، تقريبًا، عبر ثلاث بلدات مكسيكية: يوكاتان، كامبيتشي، وكوينتانا رو). هناك ما يقارب مليون شخص يستخدم، حاليًا، لغة يوكاتان، والتي يطلق عليها اللهجة اليوكاتك، تمييزًا لها عن بقية لهجات لغة المايا الأخرى مثل (لهجة الكينشيه، أو لهجة كاكشيكل) المستخدمتين في الجنوب، بالقرب من جواتيمالا. بالرغم من ذلك، فإنه يمكن اعتبار متحدثي لهجة اليوكاتك، هم شعب المايا الحقيقي، بل يمكنهم التعرف على الناطقين بلغة المايا (انظر الأشكال ص٩٢ من النسخة الفرنسية).

الرونجو رونجو: كتابات الرابانوي

بقلم: بول هورلي
دكتوراه في اللغويات، ومتخصص في كتابات الرونجورونجو بجزيرة إيستر (جزيرة القيامة)

في عام ١٨٦٤، عثر المبشر جوزيف يوجين إيرود على قطع أثرية تحمل كتابات الرونجو-رونجو على جزيرة أيستر (رابا نوي). في عام ١٨٦٩، جاءت أول خطوة لجمع وحفظ القطع الأثرية على يد واحد من رجال الدين هو تيبانو جاوسن، بعدما تسلم من أهالي جزيرة أيستر بعض الألواح المنقوش. وفي عام ١٨٧٠، تم الحصول على قطع أثرية أخرى، وفي حالة ممتازة من الحفظ. يصل مجموع نقوش كتابات الرونجو رونجو إلى ٢٧ قطعة أثرية (يوجد منها قطعتان تم حفظهما من خلال الصور الفوتوغرافية والرسم التخطيطي). ولقد فشلت محاولات فك رموز هذه الكتابة في نهاية القرن التاسع عشر، اعتمادًا على سكان جزيرة إيستر، إذ تم انقطاع تعلم ومعرفة كتابة الرونجو رونجو بعد الأحداث الدرامية التي تمت بين عامي ١٨٦٢-١٨٦٣. شهدت تلك الفترة أحداثًا درامية تتعلق بالهجمات المتكررة على الجزيرة لجلب العبيد، بالإضافة إلى انتشار الأوبئة. ومما لا شك فيه، أن فك رموز كتابات الرونجو رونجو يعتبر من الأهمية بمكان لاستعادة جزء من الذاكرة المنسية لشعب الرابانوي. لكن الصعوبات المتعددة والعقبات الكثيرة تقف حائلاً أمام عملية فك رموزها، رغم أنه تم إحراز تقدم كبير منذ ما يربو عن ١٥٠ عامًا من الدراسات المتعمقة. ولم تزل كتابة الرونجو رونجو مشفرة حتى يومنا هذا.

نقشت العلامات والرموز الكتابية على القطع المصنوعة من الخشب (بالأخص الألواح الخشبية)، ويبدأ اتجاه الكتابة من اليسار إلى اليمين، بطريقة المحراث المقلوب، حيث مع نهاية السطر الثاني، يعاد قلب اللوح مرة ثانية رأسًا على عقب بنفس الدرجة لقراءة السطر الثالث من اليسار إلى اليمين. كما يلاحظ الطابع التصويري لكتابة الرونجو رونجو، إذ تحتوي على الكثير من العلامات المعروفة مثل الصور المقولبة للبشر، صور الحيوانات، صور الأشياء المستمدة من الطبيعة المادية لشعب الرابانوي. كما تم تشكيل العلامات المستخدمة في النقوش بطريقة قياسية وفي إطار محكم. ومن خلال التحليل التصويري لكتابات الرونجو رونجو يظهر لنا التشابه الشديد مع الفن الصخري، المرسوم على صخور جزيرة إيستر، إذ تم تصوير العديد من عناصر من الحياة البرية (النباتات والحيوانات) المنتشرة على الجزيرة، مما يشير إلى أن نظام كتابة الرونوجو رونجو قد تم تطويره من قبل سكان الجزيرة، دون التأثر بالعوامل الخارجية (انظر الأشكال ص١٠٩ من النسخة الفرنسية).

فك رموز الكتابات الأتروسكية: معضلة بحثية لم تنشأ من الأساس

بقلم: دومينيك بريكل

أستاذ زائر في جامعة السوربون، مدير الدراسات الزائر في مدرسة الدراسات العليا، متخصص في حضارات ولغات إيطاليا في عصر ما قبل الفترة الرومانية

في كثير من الأحيان، يسود الانطباع بأن الكتابات الأتروسكية لا تزل مشفرة، ويأتي هذا الانطباع من الغموض الذي يحيط بالحضارة الأتروسكية التي ازدهرت في إيطاليا في الألف الأولى قبل الميلاد. ولقد تميزت الحضارة الأتروسكية بتأثيرها الشديد على الحضارة الرومانية، إذ كان حكام روما في الفترة من ٦١٦ إلى ٥٠٩ ق.م من أصول أتروسكية (تاركوين الأصغر، وسيرفيوس توليوس، تاركوين المهيب). وفي حقيقة الأمر، لقد خلف الأتروسكيون العديد من النقوش الأثرية (١٤٠٠٠ نقشًا مرتبًا)، لكن كان الجزء الأكبر من هذه النقوش يمثل عبارات رثاء قصيرة، تخلو من أسماء المتوفيين، وفي بعض الأحيان كان يتم تحديد اسم المتوفي مثل (فلان بن فلان) أو (فلانة بنت أو زوجة فلان). ساهمت هذه الجمل القصيرة في التعرف على معني كلمة ابن باللغة الأتروسكية؛ وهي *clan*، وابنة *sech*، وزوجة *puia*. وفي الواقع، لم تشكل هذه العبارات أية صعوبة في فهمها أو ترجمتها، لذلك من الخطأ أن نطلق مصطلح «فك الرموز» عند قراءة مثل هذه الجمل القصيرة. لقد ظهرت الكتابة الأتروسكية في نهاية القرن الثامن قبل الميلاد، واشتقت من الكتابة اليونانية، حيث مهدت الطريق، بدورها، لظهور الكتابة اللاتينية في منتصف القرن السابع قبل الميلاد. قام الأتروسكيون في بداية الأمر بتعلم فنون الكتابة من اليونانيين، الذين استوطنوا في إيطاليا، ثم قام الأتروسكيون، بدورهم، بنقل وتعليم الألفبائية اليونانية إلى اللاتين، وذلك إبان سيطرة الأتروسكيين على منطقة وسط إيطاليا (انظر الأشكال ص١١٩ من النسخة الفرنسية).

تاريخ علم التشفير

بقلم: إيرينيه بريكل
دكتوراه في علم الحاسوب، أستاذ مساعد في قسم علم الحاسوب بجامعة سيرجي باريس
متخصص في علم الحاسوب النظري

يعد علم التشفير، والذي يضرب بجذوره في القدم، هو فن ترميز الرسائل بحيث لا يمكن لأي شخص قراءتها سوى المنوط به استلامها.

كذلك نقل لنا المؤرخ اليوناني بلوتارخ أن سكان إسبرطة استعملوا أداة للتشفير تدعى سيتال (*Scytale*) للاتصالات السرية بين القادة العسكريين؛ وهو عبارة عن عود أو عصى تُلف أو تُلوى عليها قطع من الفلجان أو الجلد التي تدون عليها الرسالة، وعندما لا تكون ملفوفة فإن الرسائل لا تقرأ، وتشكل بهذا أداة التشفير؛ إلا إنه عندما يلف قطعة الجلد حول عصى مماثلة فإن النص يظهر بوضوح.

أما يوليوس قيصر، فقد استخدم شفرته الخاصة، والتي أطلق عليها «شفرة أو خوارزمية قيصر»، وهي نوع من شفرات الاستبدال، التي يتم فيها استبدال كل حرف في النص الصريح بالحرف المقابل له بعد عكس الترتيب الأبجدي للحروف. على سبيل المثال، استخدمت هذه الشفرة، طريقة الاستبدال الثلاثي كالتالي: A تصبح D، وB تصبح E، وصولاً إلى الحرف Z ليصبح C.

هكذا تأسس علم التشفير الحديث على المثالين السابقين، واللذين أصبحا يمثلان مدرستين كبيرتين في علم التشفير؛ وهما التشفير من خلال استخدام أداة السيتال، والتي تحافظ على حروف الرسالة الأصلية مع تغيير ترتيب حروفها، أو التشفير من خلال استبدال الحروف، أي أن حروف الرسالة الأصلية تظل مرتبة كما هي، لكن يتم استبدال كل حرف في النص الأصلي بالحرف المقابل له بعد عكس الترتيب الأبجدي للحروف.

ومنذ ذلك الحين، استمرت تقنيات التشفير في التقدم، وذلك استجابة للتقدم الذي حدث في مجال فك الشفرات، دون الحصول على كود التشفير الأصلي.

كذلك أننا ندين بالفضل إلى العالم العربي (الكندي)، والذي قام في القرن التاسع الميلادي، بحساب تردد تكرار الحروف العربية، كما فسر الأسباب التي وراء هذه الظاهرة؛ فمن أجل فك الشفرة وجب حساب تردد وتواتر التكرارات لرموز النص المشفر، ثم مقارنة الترتيب العالي لتواتر الرموز بترتيب التواتر العالي للحروف في الترتيب الهجائي لها، وبعدها يقوم بتكرار المحاولات للربط بين القائمتين طبقا لتسلسلهما التدريجي في النص المشفر.